pfeiffer
bei Klett-Cotta

Zu diesem Buch

Die bekannte amerikanische Psychotherapeutin Virginia Satir regt in ihrem neuen Buch den Leser an, eine Bestandsaufnahme der eigenen Familie vorzunehmen: Die wesentlichen Elemente des Zusammenlebens (Selbstwertgefühl der Familienglieder, Kommunikation, Familienregeln und -systeme) sollen analysiert und, wenn nötig, verändert werden. Die Entwicklung einer Familie, vom Paar beginnend über Kindererziehung bis hin zu den Problemen von Tod oder Scheidung wird behandelt; Gespräche, Experimente und Übungen werden vorgeschlagen, mit denen sich jeweils eine Klärung der Beziehungen, eine Verbesserung der Kommunikation erreichen läßt. Ein Buch, das der Familie, in der ja die soziale Person geformt wird, Chancen einer gesunden Entwicklung zeigt — das witzig, locker, aber nie platt geschrieben ist.

Virginia Satir, Sozialarbeiterin und Dozentin für Familientherapie, Mitarbeiterin an zahlreichen Kliniken und sozialpsychologischen Instituten, Leiterin von Seminaren und Gruppentrainings in vielen Ländern, große therapeutische Praxis. Veröffentlichung: »Familienbehandlung« (1973).

Virginia Satir

Selbstwert und Kommunikation

Familientherapie für Berater
und zur Selbsthilfe

Aus dem Amerikanischen übersetzt
von Maria Bosch und Elke Wisshak

Pfeiffer bei Klett-Cotta

Leben lernen 18

Pfeiffer bei Klett-Cotta
Die Originalausgabe erschien unter dem Titel "Peoplemaking"
© 1972 by Science and Behavior Books Inc., Palo Alto, Kalifornien
Für die deutsche Ausgabe
© J. G. Cotta'sche Buchhandlung Nachfolger GmbH, gegr. 1659,
Stuttgart 1975
Alle Rechte vorbehalten
Fotomechanische Wiedergabe
nur mit Genehmigung des Verlages
Printed in Germany
Umschlag: Michael Berwanger, München
Titelbild: Hundertwasser, Nr. 831, Tender Dinghi, 1982
© 1993 Joram Harel, Wien
Auf holz- und säurefreiem Werkdruckpapier gedruckt
und gebunden von Ludwig Auer GmbH, Donauwörth
14. Auflage, 2000
ISBN 3-608-89619-8

Die Deutsche Bibliothek – CIP-Einheitsaufnahme
Ein Titeldatensatz für diese Publikation
ist bei der Deutschen Bibliothek erhältlich.

Inhalt

Vorwort der Übersetzer

Nur wenige therapeutische Fachbücher stehen so kurz nach ihrem Erscheinen bereits auf der (amerikanischen) Bestsellerliste wie dieses. Die Autorin hat offensichtlich in diesem Werk ein zentrales Bedürfnis breiter Schichten aufgenommen, verstanden und in einer Art beantwortet, die weiterhilft.

Diese außerordentliche Fähigkeit ist tatsächlich, was Menschen im Zusammensein mit Virginia Satir erleben. Auf einmal erkennen und wissen sie, wie sie ihre Kräfte gebrauchen und Freude haben können, obwohl einige jahrelang ihre Hoffnungen auf befriedigendes Leben aufgegeben oder unterschiedlichste Anstrengungen erfolglos unternommen haben, ihre Probleme zu lösen. Es ist vielen, als ob sie das erste Mal wirklich leben, als Menschen menschlich sind und mit anderen in echten Kontakt treten können. Und, was uns Übersetzern, die wir bei Virginia gelernt haben, sehr wichtig erscheint: viele können selber weiterkommen und eine Menge ihrer Konflikte allein lösen.

Was ist Virginias Wirkkraft, und was gibt sie anscheinend den vielen verschiedenartigen Personen wie ein Werkzeug in die Hand? Es ist ein dreifaches: ihre Grundeinstellung, ihre Art, sich selbst zu handhaben und anderen Menschen zu begegnen, sowie ihr Wissen, das sie erfahrbar und umsetzbar vermittelt.

Virginia selbst ist zutiefst von »leben« überzeugt und sieht alle Menschen und alles Verhalten als Ausdrucksform dieses »Lebens« an sich. Sie zeigt fortlaufend, daß jeder sich und »seine eigenen Kräfte anders handhabt, sobald er mit diesem »Leben« in sich selbst in Berührung tritt. Ohne inneren, sich selbst akzeptierenden Kontakt verhalten sich die Menschen auf Weisen, die zu Leid, Stagnation und anderen unerwünschten Ergebnissen führen. Sie ist überzeugt, daß der Umgang mit sich und anderen erlernt ist und umgelernt werden kann.

7

Aus dieser Grundeinstellung heraus bringt Virginia jeder Person maximales Vertrauen entgegen. Ihr Gegenüber bekommt ihre volle Aufmerksamkeit zum Zeitpunkt der Begegnung, was beide in ihrer eigenständigen Persönlichkeit bestätigt. Sie ermöglicht dadurch Vertrauen, Verstehen und die Bereitschaft, Risiken auf sich zu nehmen, um Neues auszuprobieren. Dann fragt sie, ob das, was sie anbieten kann, dem anderen etwas bedeutet und von ihm gewünscht wird. Sie achtet sorgsam darauf, ihm nur so nahe zu kommen, wie er selbst gern möchte.

Der dritte Teil ihrer Wirkkraft ist ihr Wissen und ihre einmalige, lebendige, unkonventionelle Art, es zu vermitteln. Das versucht sie in gelungener Weise in diesem Buch. Sie beschenkt damit jene Leser und ihre Familien, die bereit sind, sich zu öffnen und mit Neuem zu experimentieren, um sich weiterzuentwickeln. Virginia bietet ihnen hiermit − unter anderem in einer sorgfältig ausgearbeiteten Übungsfolge − ein Stück Selbsttherapie in abgerundeter Form an wie niemand bisher.

Virginia Satir gab dem Ganzen den Titel »Peoplemaking«. Sie will Eltern befähigen, daß sie sich selbst und ihre Kinder zu Menschen heranreifen lassen, die ein tragendes Selbstwertgefühl haben, sich und andere achten und lieben, alle ihre unterschiedlichen Gefühle bewußt wahrnehmen können, sowie mit den eigenen Kräften und Fähigkeiten und den Gegebenheiten der Umwelt kreativ und positiv umzugehen. − Das sind keine neuen Ziele in der Psychotherapie, doch scheinen sie hier genial, umfassend, gültig, lebenswirklich und zugleich leicht praktikabel angegangen zu sein und mindestens ein Stück weit erreichbar. Dem Fachmann eröffnet sich dadurch in diesem Werk eine Fundgrube für sein persönliches und berufliches Weiterkommen.

Als Übersetzer sind wir traurig darüber, wie schwer − und an einigen Stellen fast unmöglich − es war, Virginias sprühende Vitalität, Direktheit, Wärme, ganzheitlich ansprechende und doch schonend zarte Art in der deutschen Sprache zu vermitteln. Ein Beispiel dafür ist das Wort »nurturing«, von uns häufig mit »nährend«, »entwicklungsfördernd« übersetzt. Es drückt im Englischen allgemein und in Virginias Gebrauch speziell das Ganzheitliche, Integrierende, gegenseitig Wirkende im Kontakt-Sein aus, worauf es ihr ankommt. Zum anderen hat der Verlag sich entschieden, ihr direkt ansprechendes, höchst persönliches »you« meist durch das distanzierte »Sie« zu ersetzen, um die deutsche Leserschaft nicht zu schockieren. Trotz sprachlicher Hindernisse sind wir überzeugt, dem Leser mit diesem Buch eine Chance zur Weiterentwicklung in Richtung »Mensch-Sein« zu eröffnen.

Heidelberg, im August 1975　　　　*Maria Bosch / Elke Wisshak*

Vorwort

Vor sieben Jahren schrieb ich das Buch »Familienbehandlung«, das sich in erster Linie an Professionelle wendete, die versuchen, Familien in ihrem Leiden zu helfen. Seitdem erhielt ich viele Bitten, ein weiteres Buch zu schreiben, das sich mit Familienprozessen befaßt. Dieses Buch ist eine teilweise Antwort auf diese Anfragen.

Da ich nicht glaube, daß das letzte Wort bisher oder in Zukunft jemals über irgendeine Sache gesprochen werden wird, experimentierte ich weiterhin mit neuen Aspekten des *Selbstwertes*, der *Kommunikation*, des *Systems* und der *Regeln* innerhalb der Familie. Ich brachte mehrere Familiengruppen in Seminaren zusammen, in denen sie jeweils für den Zeitraum einer Woche zusammenlebten, teilweise mit 24-Stunden-Kontakt am Stück. Was ich daraus lernte, machte bisherige Familienkonzepte nicht ungültig, erweiterte sie jedoch enorm.

Alle Bestandteile, die in einer Familie Geltung haben, sind veränderbar und korrigierbar — der Selbstwert des Individuums, die Kommunikation, das System und die Regeln —, und zwar zu jeder Zeit. In der Tat möchte ich so weit gehen zu sagen, daß jedes Teilchen eines Verhaltens in einem Moment das Ergebnis einer vierfachen Wechselwirkung ist, nämlich zwischen dem Zustand des Selbstwertgefühls der Person und dem Zustand ihres Körpers zu diesem Zeitpunkt, sowie zwischen ihrer Interaktion mit einer anderen Person und der Interaktion mit ihrem System und Standort in bezug auf Zeit, Raum und Situation. Wenn ich das Verhalten der Person erklären soll, muß ich etwas über all diese Tatsachen sagen, nicht nur über eine, und muß gleichzeitig darauf achten, wie diese Teile sich gegenseitig beeinflussen.

Ich glaube, daß, was gegenwärtig vor sich geht, die natürliche Konsequenz der eigenen Lebenserfahrung ist. Es kann dabei wenig oder gar keine Beziehung haben zur *Bewußtheit* oder zur *Intention* des Individuums. Alte Verletzungen werden durch gegenwärtig stattfindende Interaktionen »über« sie fortgepflanzt und verstärkt.

Somit besteht Hoffnung, daß alles sich ändern kann.

Anerkennung

Als ich darüber nachdachte, welche Leute meine Kreativität aktiviert und inspiriert haben, fand ich, daß es so viele sind, daß ihre Namen ein Buch füllen würden. Unter all diesen Menschen treten die Familien und deren Mitglieder hervor, die mir freien Zugang zu ihren Schmerzen und Kämpfen erlaubten und mich dadurch zu einem tieferen und genaueren Verständnis brachten, was menschliches Sein alles bedeutet. Damit haben sie mich befähigt, dieses Buch zu schreiben. Ich möchte mich auch all den Kollegen gegenüber erkenntlich zeigen, die von mir lernen wollten und mich dabei befähigten, von ihnen zu lernen. Besonders erwähnen möchte ich die nimmermüden Bemühungen von Pat Kollings und Peggy Granger sowie den Angestellten von Science and Behavior Books, die sich freigebig einsetzten.

1. Kapitel

Einleitung

Als ich fünf Jahre alt war, entschloß ich mich, wenn ich einmal groß wäre, ein »Detektiv der Kinder ihren Eltern gegenüber« zu werden. Ich wußte nicht genau, nach was ich suchen würde, jedoch war damals für mich schon deutlich, daß in Familien viel vor sich geht, das mit dem, was sichtbar ist, nicht übereinstimmt. Da gibt es viele Rätsel.

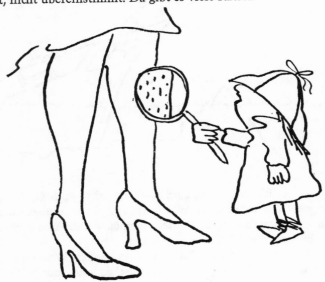

Heute, fünfundvierzig Jahre später — nachdem ich mit etwa dreitausend Familien, zehntausend Menschen, gearbeitet habe — finde ich, daß da tatsächlich eine Menge Rätsel bestehen. Familienleben gleicht etwa einem Eisberg. Die meisten Menschen sind sich nur etwa eines Zehntels des tatsächlich Vor-sich-Gehenden bewußt — dem Zehntel, das sie sehen und hören können —, und sie denken oft, daß das alles ist, was besteht. Einige vermuten, daß da noch mehr sein könnte, aber sie wissen nicht, was es ist, und haben keine Idee, wie sie es herausfinden könnten. Es jedoch nicht zu wissen kann die Familie in eine gefährliche Richtung treiben. Genau wie das Schicksal eines Seemanns davon abhängt, daß er etwas über den Eisberg *unter* Wasser weiß, so hängt das Schicksal einer Familie davon ab, ob die Gefühle, Bedürfnisse und Verhaltensmuster verstanden werden, die hinter den täglichen familiären Geschehnissen liegen.

Glücklicherweise fand ich über die Jahre auch Lösungen für viele Rätsel, und ich möchte sie mit dir in diesem Buch teilen. In den folgenden Kapiteln werden wir die untere Seite des Eisbergs anschauen.

In diesem Zeitalter des sich ausweitenden Wissens über Atome, Weltraum, Genetik des Menschen und andere Wunder unseres Universums lernen wir auch Neues über die Beziehungen der Menschen mit Menschen. Ich glaube, daß die Geschichtsschreiber in tausend Jahren auf unsere Zeitepoche deuten werden als den Beginn einer neuen Epoche der menschlichen Entwicklung, als die Zeit nämlich, in der die Menschheit begann, mit ihrer Menschlichkeit besser zurechtzukommen.

Über die Jahre hin entwickelte ich ein Bild davon, wie es aussieht, wenn ein menschliches Wesen menschlicher lebt: es ist eine Person, die ihren Körper versteht, wertschätzt und entwickelt, ihn schön und nützlich findet; eine Person, die real und ehrlich zu und über sich selbst und andere ist; eine Person, die bereit ist, Risiken auf sich zu nehmen, kreativ zu sein, kompetent zu sein, sich zu ändern, wenn es die Situation erfordert, und Wege zu finden, um Neues und Verschiedenartiges aufzunehmen, den Teil des Alten, der noch nützlich ist, zu behalten und den Teil, der es nicht ist, abzulegen.

Wenn du all dies zusammenziehst, hast du ein körperlich gesundes, geistig waches, fühlendes, liebendes, spielerisches, authentisches, kreatives und produktives menschliches Wesen. Es kann auf den eigenen beiden Füßen stehen, es kann tief lieben sowie fair und effektiv kämpfen. Es steht sich in gleicher Weise gut mit seiner Zartheit und Zähigkeit und kennt die Unterschiede zwischen beidem. Es kann sich deswegen wirksam bemühen, seine Ziele zu erreichen.

Die Familie ist die »Fabrik«, in der diese Art Person entsteht. Ihr, die Erwachsenen, seid die »Menschenmacher«.

In meinen Jahren als Familientherapeutin fand ich heraus, daß in den leidenden Familien, die zu mir um Hilfe kamen, stets vier Aspekte des Familienleben auftauchten. Es sind:

die Gefühle und Vorstellungen, die man über sich selbst hat; ich nenne sie *Selbstwert;* die Arten und Weisen, die die Leute ausarbeiten, um einander zu verstehen und Bedeutungen miteinander zu finden; ich nenne sie *Kommunikation;*

die *Regeln,* die die Leute dafür benutzen, wie sie sich verhalten oder fühlen sollen; sie entwickeln sich schließlich zu dem, was ich Familien*system* nenne; und die Art, wie die Leute zu anderen Menschen und Institutionen außerhalb der Familie in Beziehung treten, was ich die *Verbindung zur Gesellschaft* nenne.

Gleichgültig, was für eine ·Art Problem eine Familie zuerst in meine Praxis führte — ob es eine nörgelnde Ehefrau oder einen untreuen Gemahl, einen straffälligen Sohn oder eine schizophrene Tochter betraf —, ich fand bald, daß das Rezept gleich lautete. Um ihren Schmerz zu verringern mußte irgendein Weg gefunden werden, diese vier Schlüsselfaktoren zu verändern. In all den geplagten Familien entdeckte ich:

Der Selbstwert war niedrig,

Kommunikation fand indirekt, vage und nicht wirklich ehrlich statt,

Regeln waren starr, unmenschlich, durften nicht angesprochen werden und galten für ewig, und die Verbindung zur Gesellschaft war voll Furcht, anklagend oder beschwichtigend gestimmt.

Glücklicherweise lernte ich zu meiner Freude auch nichtgestörte und fördernde Familien kennen — insbesondere in meinen neueren Seminaren, in denen ich Familien helfe, ihr eigenes Potential als menschliche Wesen voller zu entwickeln. In diesen vitalen und fördernden Familien sehe ich durchweg ein anderes Muster:

Der Selbstwert ist hoch,

die Kommunikation ist direkt, klar, spezifisch und ehrlich,

die Regeln sind flexibel, menschlich, entsprechend den gegenwärtigen Bedürfnissen und Situationen — also eine veränderbare Angelegenheit, und die Verbindung zur Gesellschaft ist offen und voll Hoffnung.

Es ist gleichgültig, wo ein Chirurg Medizin studierte, er ist fähig, Menschen überall in der Welt zu operieren, weil die inneren Organe und die Glieder gleich sind. Durch meine Arbeit mit Familien, gestörten und fördernden, lernte ich in den USA, Mexiko und Europa, daß auch Familien überall bestimmte Funktionen gemeinsam haben. In allen Familien:

hat jedes Mitglied ein Gefühl seines Wertes — positiv oder negativ (die Frage ist: welches?);

steht jede Person in Kommunikation (die Frage ist: wie und mit welchem Ergebnis?);

folgt jede Person bestimmten Regeln (Die Frage ist: was für einer Art von Regeln, und welchen Erfolg ermöglichen sie ihr?)

steht jede Person in Verbindung zur Gesellschaft (die Frage ist: wie und mit welchem Resultat?).

Dies alles gilt, gleichgültig, ob es sich um eine *natürliche* Familie handelt, wo der Mann und die Frau, die das Kind zeugten und empfingen, fortgesetzt für es sorgen, bis es erwachsen ist, ob es sich um eine Familie mit *einem Elternteil* handelt, in der der andere die Familie allein ließ, indem er starb, sich scheiden ließ oder wegging, und wo alle elterlichen Aufgaben vom zurückbleibenden Elternteil übernommen werden, ob es eine *gemischte Familie* ist, wo die Kinder von Stief-, Pflege- oder Adoptiveltern versorgt werden, oder ob es *Institutionen* sind, wo Erwachsenengruppen Kindergruppen erziehen, wie etwa in Heimen oder den modernen Tageskommunen.

Jede dieser Familienformen hat ihre eigene Art spezieller Probleme im Zusammenleben, und wir werden darauf später zurückkommen. Grundsätzlich sind jedoch die gleichen Kräfte in jeder von ihnen am Werk: *Selbstwert, Kommunikation, Regeln* und die *Verbindung zur Gesellschaft.*

In diesem Buch werde ich mehr über jeden dieser entscheidenden Faktoren sprechen, um Ihnen entdecken zu helfen, wie sie in Ihrer Familie funktionieren und wie sie verändert werden können, um Probleme zu verringern und die Vitalität und Freude zu vergrößern, die Sie mit den anderen und untereinander finden können. Sehen Sie meine Worte nicht als die Stimme eines sogenannten Experten an, sondern

als die angesammelte Erfahrung von jemandem, der Glück und Leid, Verletzung, Ärger und Liebe in vielen Familien teilte.

Ich werde in diesem Buch niemanden ausschimpfen oder beschuldigen. In der Tat sollte ich vermutlich vielen von Ihnen Medaillen anstecken dafür, daß ihr das Beste, was ihr wußtet, in einer schwierigen Situation getan habt. Die Tatsache allein, daß Sie ein Buch wie dieses lesen, sagt mir, daß Ihnen das Wohl Ihrer Familie wirklich am Herzen liegt. Ich hoffe jedoch, daß ich Ihnen etwas Wertvolleres als Medaillen geben kann, nämlich ein paar neue Wege, die der Familie ein besseres Zusammenleben ermöglichen.

Die Beziehungen sind in einer Familie extrem komplex. Um sie etwas besser verständlich zu machen, werde ich viele »als wenn« gebrauchen. Sie werden sich zu keinem intellektuellen Modell zusammenfügen, wie es Wissenschaftler konstruieren, sondern sie werden Ihnen eine Vielzahl von Möglichkeiten bieten, Ihr Familiensystem anzuschauen, in der Hoffnung, daß Sie einige finden werden, die wirkliche Bedeutung für Sie gewinnen.

Beim Lesen werden Sie vorgeschlagene Experimente und Übungen vorfinden. Ich hoffe, daß Sie alle nacheinander ausführen werden, selbst wenn sie zunächst einfach oder albern erscheinen. Etwas *über* das Familiensystem zu wissen verändert nichts. Sie müssen selbst lernen, *wie* Sie dieses System dazu bringen, lebensfördernd zu arbeiten. Diese Experimente bieten positive, konkrete Schritte an, die Ihre Familie gehen kann, um weniger gestört und mehr fördernd zu werden. Je mehr von den Familienmitgliedern daran teilnehmen, desto effektiver werden sie sein. Sie werden beginnen zu fühlen, wie Ihr System funktioniert, und erspüren, ob es zu Schwierigkeiten oder Wachstum führt.

Vielleicht fragen Sie sich, wie Sie es anstellen könnten, daß Sie die anderen Mitglieder Ihrer Familie dazu bringen, an diesen Übungen teilzunehmen. Das dürfte speziell dann der Fall sein, wenn in Ihrer Familie bereits Spaltungen bestehen.

Ich schlage vor, daß Sie sich gründlich darauf einstellen, worum Sie bitten möchten, so daß Sie fähig werden, Ihre Frage klar zu stellen. Wenn Sie sich begeistert und hoffnungsvoll fühlen im Hinblick darauf, was Ihrer Vorstellung nach geschehen könnte, werden Sie vermutlich ein Gefühl freudiger Spannung übermitteln, das die Einladung anziehend machen wird und Ihre Familienmitglieder bereiter, mit Ihnen etwas zu versuchen. Indem Sie Ihre Bitte einfach und geradeheraus stellen — zum Beispiel: bist du bereit, mit mir zusammen ein Experiment zu machen, von dem ich glaube, daß es für uns beide hilfreich ist? — so werden Sie die Möglichkeit einer positiven Antwort vergrößern.

Die meisten Leute machen es sich schwer, indem sie versuchen, ihre Familienmitglieder zu drängen, zu kritisieren oder etwas von ihnen zu fordern, um sie zum Mitmachen zu bewegen. Ihr Versuch wird dann zu einem Machtkampf, der gewöhnlich in die gegenteilige Richtung führt. Es ist möglich, daß zu diesem Zeitpunkt die Verhältnisse so zerrissen sind, daß nichts auszurichten ist. Die Chancen stehen jedoch gut, daß Ihre Familienmitglieder bereit sind, wenigstens einen Versuch zu machen, wenn sie unter dem gleichen Dach wohnen.

Ich habe viel Leid in Familien gesehen. Jedes einzelne hat mich tief bewegt. Durch dieses Buch hoffe ich, dieses Leid in Familien zu lindern, denen ich kaum je persönlich begegnen kann. Indem ich das tue, hoffe ich ebenfalls, Leid

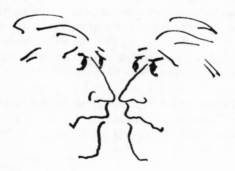

zu verhindern, das in den Familien ihrer Kinder entstehen würde. Einiges an menschlichem Leid ist selbstverständlich unvermeidbar. Aber wir setzen unsere Kräfte nicht immer am richtigen Platz ein, um zu ändern, was wir ändern können, und kreative Wege auszuarbeiten, um mit dem zu leben, was wir nicht ändern können.

Es ist nicht ausgeschlossen, daß allein das Lesen dieses Buches in Ihnen etwas Schmerz auslöst. Schließlich ist es oft schmerzlich, wenn wir uns selbst anschauen. Aber wenn Sie meinen, daß es bessere Arten geben könnte, als die, wie Sie jetzt zusammenleben, denke ich, daß Sie dieses Buch lohnend finden werden.

2. Kapitel

Wie schaut Ihre Familie aus?

Leben Sie im Augenblick gern in Ihrer Familie?

Diese Frage wäre bei den meisten Familien, mit denen ich gearbeitet habe, nie aufgekommen. Ehe sie zu mir kamen, war das Zusammenleben für sie eine Selbstverständlichkeit. Gab es keine sichtbare Familienkrise, nahm jeder an, daß alle anderen mit ihrer Situation zufrieden wären. Ich vermute, daß viele der einzelnen Familienmitglieder es nicht gewagt haben, solch einer Frage gegenüberzutreten. Sie gehörten unentrinnbar in die Familie, zum Guten oder auch zum Schlechten, und wußten nicht, wie sie etwas ändern konnten.

Glauben Sie, daß Sie in Ihrer Familie unter Freunden leben, die Sie mögen und denen Sie vertrauen und die wieder Sie mögen und Ihnen vertrauen?

Diese Frage hat mir gewöhnlich die gleichen verdutzten Antworten eingebracht. »Ach Gott, darüber habe ich nie nachgedacht, es ist eben meine Familie« — als ob Familienmitglieder sich von Menschen irgendwie unterscheiden würden!

Macht es Spaß und ist es anregend, ein Mitglied Ihrer Familie zu sein?

Ja, es gibt wirklich Familien, deren Mitglieder ihr Zuhause für einen der interessantesten und ergiebigsten Orte halten. Aber viele Menschen leben Jahr für Jahr in einer Familie, die sie bedroht, belastet und langweilt.

Wenn Sie diese drei Fragen mit »ja« beantworten können, bin ich sicher, daß Sie in einer, wie ich sagen würde, »fördernden« Familie leben. Wenn Sie mit »nein« oder »nicht oft« antworten, wohnen Sie wahrscheinlich in einer Familie, die mehr oder weniger gestört ist.

Nachdem ich Hunderte von Familien kennengelernt habe, glaube ich, daß jede irgendwo auf einer Skala von ›sehr fördernd‹ bis ›sehr gestört‹ eingeordnet werden kann. Obwohl die fördernden Familien individuell recht unterschiedlich sind, sehe ich viele Ähnlichkeiten in der Art und Weise, wie diese Familien funktionieren. Belastete Familien scheinen auch vieles gemeinsam zu haben, ganz gleich, welcher Art ihre sichtbaren Probleme sind. Ich möchte Ihnen nun mit Worten ein Bild von jedem Familientyp zeichnen, den ich beobachtet habe. Natürlich wird kein Bild irgendeiner speziellen Familie genau entsprechen, aber vielleicht können Sie in der einen oder anderen etwas erkennen, was in Ihrem Familienleben ebenso vorkommt.

Die Atmosphäre in einer gestörten Familie ist leicht zu spüren. Jedes Mal, wenn ich in einer solchen Familie bin, merke ich bald, daß ich mich nicht wohl fühle. Manchmal fühlt es sich kalt an, als ob jeder erfroren wäre. Alle sind äußerst höflich, und alle sind offensichtlich gelangweilt.

Manchmal ist es so, als würde sich alles dauernd drehen, wie ein Kreisel; man wird schwindelig und kann sein Gleichgewicht nicht mehr finden. Oder es ist, als läge eine Ahnung in der Luft, wie die Ruhe vor dem Sturm, wenn es jeden Augenblick losdonnern und blitzen kann. Manchmal ist die Luft voller Heimlichkeit, wie in einer Zentrale von Spionen.

Sobald ich in einer dieser belasteten Atmosphären bin, reagiert mein Körper heftig. Mein Magen ist überempfindlich, mein Rücken und meine Schultern sowie mein Kopf beginnen bald zu schmerzen. Ich habe mich oft gefragt, ob die Körper der Menschen, die in dieser Familie lebten, wie meiner reagiert haben. Später, als ich sie besser kannte und sie gelöst genug waren, mir zu berichten, wie es sich in ihrer Familie leben läßt, erfuhr ich, daß sie tatsächlich genauso empfinden. Nachdem ich diese Erfahrung immer wieder gemacht hatte, begann ich zu verstehen, warum so viele Mitglieder von gestörten Familien mit physischen Leiden behaftet waren. Ihre Körper reagierten einfach menschlich auf eine sehr unmenschliche Atmosphäre*.

In gestörten Familien erzählen die Körper und Gesichter von ihrer Not. Die Körper sind entweder steif, gespannt oder schlaff. Die Gesichter sehen mürrisch oder traurig aus, oder

---

* Vielleicht finden Sie die Reaktionen, die ich hier beschreibe, überraschend. Jeder (everybody) — jeder Körper — hat eine Art physischer Reaktion auf die Individuen um ihn herum, aber viele Menschen sind sich dessen nicht bewußt. Den meisten von uns wurde in unserer Kindheit beigebracht, diese Gefühle »abzuschalten«. Nach jahrelanger Übung kann man sie so erfolgreich abschalten, daß man sich seiner Reaktion vollkommen unbewußt ist, bis man Stunden später Kopfschmerzen hat, eine schmerzende Schulter oder einen nervösen Magen. Selbst dann versteht man eventuell noch nicht, warum man das hat. Als Therapeut habe ich gelernt, auf diese Gefühle in mir selbst eingestellt zu sein und Anzeichen von ihnen in meinen Patienten zu erkennen. Sie geben mir eine Menge davon zu erkennen, was tatsächlich in ihnen vorgeht, in bezug auf uns beide. Ich hoffe, dieses Buch wird Ihnen helfen, diese nützlichen Zeichen in Ihnen selbst zu erkennen.

einfach leer wie Masken. Die Augen blicken nach unten und an den Leuten vorbei. Die Ohren hören offensichtlich nicht. Die Stimmen sind entweder rauh und scharf oder kaum hörbar.

Es gibt kaum Anzeichen von Freundschaft unter den einzelnen Familienmitgliedern und wenig Freude aneinander. Die Familie scheint nur aus Pflichtgefühl zusammenzubleiben; die Menschen versuchen nur, einander zu tolerieren. Hin und wieder sah ich jemanden, der in einer gequälten Familie um Leichtigkeit bemüht war, aber seine Worte fielen wie dumpfe Schläge. Des öfteren ist ihr Humor ätzend, sarkastisch, ja sogar grausam. Die Erwachsenen sind so damit beschäftigt, ihrem Kind zu sagen, was es tun oder lassen soll, daß sie es nie kennenlernen und sich nie an seiner Person erfreuen können. Folglich wird es sich ebenfalls nie seiner Eltern als Personen erfreuen können. Es ist für Mitglieder einer gestörten Familie oft eine große Überraschung, daß sie sich tatsächlich aneinander freuen können.

eine Anstrengung, locker zu sein

Wenn ich ganze Familien in meiner Praxis sah, die versuchten, in einer solchen Atmosphäre zusammenzuleben, habe ich mich oft gewundert, wie sie es fertigbrachten zu überleben. Bei einigen Leuten habe ich beobachtet, daß sie sich einfach mieden. Sie waren so mit Arbeit und anderen äußeren Aktivitäten beschäftigt, daß sie kaum je echten Kontakt mit ihrer Familie hatten.

Mit solchen Familien zusammenzusein, erlebe ich als sehr traurig. Ich sehe die Hoffnungslosigkeit, die Hilflosigkeit, die Einsamkeit. Ich sehe den Mut von Leuten, die zuzudecken versuchen, eine Tapferkeit, die sie am Ende umbringen kann. Es gibt jene, die sich noch an ein bißchen Hoffnung hängen, die sich noch anschnauzen, nörgeln oder anjammern können. Andere kümmern sich um nichts mehr. Diese Menschen leben Jahr für Jahr so weiter und erdulden das Elend selbst oder zwingen es in ihrer Verzweiflung anderen auf.

Gewöhnlich haben wir die Familie als den Ort betrachtet, an dem wir Liebe, Verständnis und Unterstützung finden können, selbst wenn alles andere versagte. Sie ist der Platz, an dem wir uns erfrischen können und an dem wir auftanken, um mit der Welt draußen besser fertig zu werden. Aber für Millionen belasteter Familien ist das ein Mythos.

In unserer großen, städtisch-industriellen Gesellschaft wurden die Institutionen, mit denen wir leben müssen, so eingerichtet, daß sie praktisch, leistungsfähig, ökonomisch und gewinnbringend sind — aber kaum um die menschlichen Belange zu schützen und den Menschen zu dienen. Fast jeder erfährt entweder Armut oder Diskriminierung, unerbittlichen äußeren Druck oder andere Konsequenzen unserer inhumanen sozialen Institutionen. Für Leute aus gestörten Familien, die unmenschliche Bedingungen auch zu Hause vorfinden, sind diese Schwierigkeiten noch schwerer zu ertragen.

Niemand würde sich absichtlich diesen belasteten Lebensweg aussuchen. Familien akzeptieren ihn nur deshalb, weil sie keinen anderen Weg kennen.

Hören Sie für ein paar Minuten auf zu lesen, und denken Sie über einige Familien nach, von denen Sie denken, daß sie der Beschreibung »gestört und belastet« entsprechen.

*Hatte die Familie, in der Sie aufgewachsen sind, einige dieser
Charakteristika? Hat die Familie solche, in der Sie jetzt leben?
Können Sie irgendein Zeichen von Belastung entdecken,
dessen Sie sich vorher nicht bewußt waren?*

Wie anders ist es, in einer ›fördernden‹ Familie zu
leben! Sofort kann ich die Lebendigkeit, die Ehrlichkeit, die
Echtheit und Liebe spüren. Ich erlebe Herz und Seele als
genauso voll da wie den Kopf.

Ich fühle, daß ich, wenn ich in einer solchen Familie
leben würde, angehört würde und interessiert wäre, anderen zuzuhören. Auf mich würde Rücksicht genommen, deshalb wäre es auch mein Wunsch, auf andere Rücksicht zu
nehmen. Ich könnte meine Zuneigung sowie meinen Kummer und meine Mißbilligung offen zeigen. Ich hätte keine
Angst, etwas zu riskieren, weil jeder in meiner Familie erkennen würde, daß einige Fehler mit Sicherheit dabei vorkommen — daß meine Fehler aber ein Zeichen dafür sind,
daß ich reife. Ich würde mich als unabhängiger Mensch fühlen — beachtet, geschätzt, geliebt und klar dazu aufgefordert,
andere zu beachten, zu schätzen und zu lieben.

Man kann die Vitalität in solch einer Familie tatsächlich
sehen und hören. Die Körper sind anmutig, der Ausdruck
der Gesichter ist entspannt. Die Menschen sehen sich gegenseitig *an*, sie sehen nicht durch den anderen *hindurch* auf
den Boden. Sie sprechen mit voller, klarer Stimme. In ihren
Beziehungen zueinander geht es lebendig zu und auch har-
monisch. Die Kinder erscheinen — selbst wenn sie noch ganz
klein sind — offen und freundlich, und der Rest der Familie
behandelt sie als vollwertige Personen.

Das Haus, in dem diese Leute leben, hat gewöhnlich viel
Licht und Farbe. Es ist offensichtlich ein Ort, an dem Menschen *leben*, ein Ort, der für ihre Behaglichkeit und Freude
geplant ist und nicht als Sehenswürdigkeit für die Nachbarn.

Wenn es hier ruhig ist, so ist es eine friedvolle Ruhe,
nicht die Stille von Furcht und Vorsicht. Wenn es laut ist,
so ist es der Lärm bedeutungsvoller Aktivität, nicht der

Donner, der versucht, alle anderen zu übertönen. Jede Person scheint zu wissen, daß sie ihre Chance, angehört zu werden, bekommen wird. Wenn sie jetzt nicht drankommt, dann nur deshalb, weil gerade keine Zeit dazu ist — nicht, weil sie nicht geliebt wird.

Den Menschen scheint es angenehm zu sein, einander zu berühren und sich ihre Zuneigung zu zeigen, gleichgültig, wie alt sie sind. Der Beweis der Liebe und des Besorgtseins ist nicht darauf beschränkt, den Müll herauszutragen, Mahlzeiten zu kochen oder die Lohnabrechnung nach Hause zu bringen. Die Leute zeigen es auch, indem sie offen miteinander reden und interessiert zuhören, indem sie geradeheraus und echt miteinander umgehen und indem sie einfach zusammen sind.

Mitglieder einer ›fördernden‹ Familie fühlen sich frei, einander zu sagen, wie sie empfinden. *Über alles* kann geredet werden — über Enttäuschungen, Ängste, Verletzungen und Kritik genauso wie über die Freuden und Leistungen. Wenn Vater einmal aus irgendeinem Grund schlechte Laune hat, kann sein Sohn frei heraus sagen: »Mensch, Papa, du bist heute abend aber brummig!« Er hat keine Angst, daß der Vater zurückschimpfen wird: »Wie kannst du es wagen, so mit deinem Vater zu reden!« Statt dessen kann der Vater auch offen sein: »Ich bin wirklich brummig, ich hatte einen verdammt schlechten Tag heute.« Worauf der Sohn erwidern darf: »Danke, daß du mir das gesagt hast. Ich dachte schon, du hast dich über mich geärgert.«

›Fördernde‹ Familien zeigen, daß sie planen, aber wenn etwas dazwischenkommt, können sie sich leicht umstellen. Auf diese Weise sind sie in der Lage, mit den Problemen des Lebens fertig zu werden, ohne in Panik zu geraten. Nehmen wir zum Beispiel an, daß ein Kind sein Glas fallen läßt und es zerbricht. In einer gestörten Familie könnte dieser Vorfall zu einer halbstündigen Predigt führen, zu einer Prügelstrafe und vielleicht dazu, das Kind mit seinen Tränen in sein Zimmer zu schicken. In einer ›fördernden‹ Familie dürfte eher jemand bemerken: »Jonny, jetzt hast du dein

Glas zerbrochen; hast du dich geschnitten? Wenn du willst, bringe ich dir ein Pflaster.«

Dann holt Jonny vermutlich einen Besen und fegt die Scherben zusammen. Wenn der Erwachsene bemerkt hat, daß Jonny das Glas ungeschickt gehalten hat, kann er hin-

zufügen: »Ich glaube, das Glas ist hinuntergefallen, weil du es nicht mit beiden Händen angefaßt hast.« So würde das Geschehene als Gelegenheit zum Lernen benutzt, das den Eigenwert (Selbstwertgefühl) des Kindes fördert; es wird nicht als Grund zur Strafe gesehen, die das Selbstwertgefühl in Frage stellt. In einer ›fördernden‹ Familie kann die Botschaft leicht aufgenommen werden, daß das menschliche Leben und menschliche Gefühle wichtiger sind als alles andere.

Diese Eltern sehen sich selbst als Anleitende, nicht als Chefs; sie sehen ihre Aufgabe in erster Linie darin, ihrem Kind beizubringen, wie man in allen Situationen wahrhaft menschlich ist. Sie gestehen ihrem Kind bereitwillig ihre fraglichen wie auch ihre guten Ansichten; sie gestehen ihm auch ihren Kummer, ihren Ärger, ihre Enttäuschungen und ihre Freude. Ihr Verhalten ihm gegenüber entspricht dem, was sie sagen. (Wie anders ist das bei belasteten Familien, die von ihren Kindern fordern, anderen nicht weh zu tun, sie aber selbst schlagen, wenn sie ihnen mißfallen.)

Vitale, ›fördernde‹ Eltern wissen, daß sie erst lernen müssen, entsprechend zu führen. Es ist ihnen nicht automatisch in den Schoß gefallen, als ihr erstes Kind geboren wurde. Wie alle guten Führer sind sie vorsichtig im Umgang mit der Zeit. Sie warten auf eine Gelegenheit, dann mit ihrem Kind zu sprechen, wenn es sie wirklich hören und verstehen kann. Wenn ein Kind sich schlecht verhalten hat, bieten Vater oder Mutter ihm durch körperliche Nähe Unterstützung an. Das wird dem kleinen Missetäter helfen, seine Angst und seine Schuldgefühle zu überwinden und den besten Nutzen aus der Belehrung zu ziehen, die ihm seine Eltern anbieten.

Neulich sah ich, wie eine Mutter in einer ›fördernden‹ Familie mit einer schwierigen Situation sehr geschickt und menschlich umging. Als sie bemerkte, daß sich ihre beiden Söhne, fünf und sechs Jahre alt, stritten, trennte sie die beiden Jungen ruhig, nahm jeden bei der Hand und setzte sich mit ihnen hin. Sie hielt weiter ihre Hände und bat jeden, ihr zu sagen, was geschehen war. Sie hörte dem einen und dann dem anderen zu, und indem sie Fragen stellte, klärte sie allmählich den Ablauf des Geschehenen: der Fünfjährige hatte einen Groschen aus der Kommode des Sechsjährigen genommen. Während die beiden Jungen ihre Verletztheit und ihre Gefühle von Ungerechtigkeit ausdrückten, konnte sie ihnen helfen, neuen Kontakt miteinander zu schließen, den Groschen seinem Besitzer zurückzugeben und den Weg für ein besseres Miteinanderumgehen zu ebnen. Außerdem erlebten die Jungen, wie man Streit konstruktiv löst.

Eltern in solchen Familien wissen, daß ihre Kinder nicht absichtlich böse sind. Wenn sich jemand destruktiv verhält, erkennen sie, daß es zu einem Mißverständnis gekommen ist oder daß das Selbstwertgefühl von jemandem gefährlich niedrig ist. Sie wissen, daß ein Kind nur lernen kann, wenn es sich selbst schätzt und sich von anderen anerkannt fühlt. Deshalb reagieren sie auf seine Handlungen nicht so, daß es sich entwertet fühlt. Sie wissen, daß Verhalten zwar durch Beschimpfen und Strafen zu ändern ist, daß aber die dadurch entstehende Wunde nur schwer und langsam heilt.

Wenn ein Kind korrigiert werden muß — wie alle Kinder hin und wieder —, verlassen sich entwicklungsfördernde Eltern auf das Zuhören, Berühren, Verstehen und auf vorsichtiges Abstimmen des Zeitpunktes. Sie beachten bewußt die Gefühle des Kindes und seinen natürlichen Wunsch, zu lernen und zufriedenzustellen. All diese Dinge helfen ihnen beim wirksamen Anleiten.

Eine Familie zu bilden ist sicher die schwierigste Aufgabe der Welt. Es erinnert an die Verschmelzung von zwei Geschäftsfirmen. Sie werfen ihre Mittel zusammen, um ein einziges Produkt herzustellen. Alle bei solch einem Unternehmen möglichen Probleme entstehen, wenn ein Mann und eine Frau zusammen ein Kind bis zum Erwachsenen leiten. Die Eltern in einer fördernden Familie erkennen, daß es Probleme geben wird, weil das Leben sie einfach stellt; aber sie werden wachsam kreative Lösungen für jedes einzelne Problem suchen, das auftaucht. Gestörte Familien dagegen verlegen ihre ganze Energie auf den hoffnungslosen Versuch, Probleme fernzuhalten. Tauchen sie doch auf —

was mit Sicherheit geschieht —, haben diese Leute keine Energie zur Lösung mehr übrig.

Vielleicht ist es eines der entscheidendsten Merkmale fördernder Eltern, daß sie erkennen, daß Veränderungen unausweichlich sind: Kinder wachsen schnell von einem Stadium ins andere, und auch reifende Erwachsene hören nie auf zu lernen und sich zu verändern. Die Welt um uns herum steht nie still. Sie akzeptieren Veränderungen als einen unvermeidbaren Teil des Lebens und versuchen, sie kreativ zu nutzen, um ihre Familie noch fördernder zu machen.

Können Sie sich an eine Familie erinnern, die Sie zumindest zeitweise als fördernd bezeichnen konnten? Fällt Ihnen aus jüngster Vergangenheit etwas ein, wo Sie Ihre Familie als fördernd beschreiben könnten? Versuchen Sie sich zu erinnern, wie Sie sich zu diesem Zeitpunkt in Ihrer Familie gefühlt haben. Kommen solche Zeiten häufig vor?

Einige Menschen mögen mein Bild von der fördernden Familie verlachen und sagen, daß es keiner Familie möglich sei, so zu leben. Ihnen würde ich sagen, daß ich das Glück hatte, eine Anzahl solcher Familien *gut zu kennen* — *daß es also möglich ist.* Jedoch nur vier von vielleicht hundert wissen, wie man das macht.

Andere Leute mögen erwidern, daß die meisten Menschen bei dem Druck des täglichen Lebens einfach nicht genug Zeit haben, ihr Familienleben zu überprüfen. Ihnen würde ich sagen, daß sie sich lieber die Zeit nehmen sollen; *es ist eine Frage des Überlebens.* Ich halte es für das Allerwichtigste. Aus leidenden Familien kommen gestörte Menschen; so tragen sie zur Kriminalität bei, zu Gemütskrankheiten, zu Geisteskrankheiten, Alkoholismus, Drogenmißbrauch, Armut, feindlich eingestellten Jugendlichen, politischen Extremisten und vielen anderen sozialen Problemen. Wenn wir uns nicht die größte Mühe geben, die Familie zu entwickeln und Menschen heranzubilden, die wirklich menschlich sind, sehe ich unsere gegenwärtigen sozialen Probleme immer schlimmer werden und vielleicht in der

Vernichtung von uns allen enden. Aber ebenso wie der Preis für das Versagen hoch wäre, die Belohnung für den Erfolg ist höher.

Jeder, der eine Machtposition innehat oder einflußreich ist, war einmal ein Kind. Wie er seine Macht oder seinen Einfluß nutzt, hängt zu einem großen Teil davon ab, was er in der Familie lernte, in der er aufwuchs. Wenn wir gestörten, leidenden Familien helfen könnten, fördernd zu werden — und fördernden noch fördernder zu werden —, würde ihre höhere Humanität auf alle Gebiete einwirken, die die Qualität unseres Lebens bestimmen, beispielsweise auf Politik, Erziehungswesen, Geschäftsleben und Religion.

Ich bin davon überzeugt, daß jede gestörte Familie eine fördernde werden kann. Das meiste von dem, was in einer Familie zu Störungen führt, wird nach der Geburt erlernt. Da es erlernt ist, kann es auch verlernt werden, durch neues Lernen ersetzt werden. Die Frage ist: wie?

Erstens: Sie müssen erkennen, daß Ihre Familie leidet und gestört *ist*.

Zweitens: Sie benötigen etwas Hoffnung, daß es anders sein kann.

Drittens: Sie müssen etwas unternehmen, um mit dem Veränderungsprozeß zu beginnen.

Wenn Sie anfangen, die Schwierigkeiten in Ihrer Familie klarer zu sehen, werden Sie einsehen, daß alles, was in der

Vergangenheit passierte, aus Ihrem besten Wissen damals stammte. Niemand in einer Familie hat einen Grund, sich schuldig zu fühlen oder andere zu beschuldigen. Es ist wahrscheinlich, daß die Ursachen des Leidens in eurer Familie für alle unsichtbar waren — nicht weil ihr sie nicht sehen wolltet, sondern weil ihr entweder nicht wußtet, wo sie zu suchen sind, oder weil ihr gelernt habt, das Leben durch eine innere Brille zu betrachten, die verhindert, bestimmte Dinge wahrzunehmen.

Beim Durcharbeiten dieses Buches werden Sie beginnen, diese Brille abzunehmen und direkt anzusehen, was Freude oder Leid im Familienleben verursacht. Das erste ist das *Selbstwertgefühl.*

3. Kapitel

Selbstwert: Der Pott, auf den niemand achtgibt

Als kleines Mädchen lebte ich auf einer Farm in Wisconsin. Vor unserem Hintereingang stand ein großer schwarzer Eisentopf. Er war rund und schön und stand auf drei Beinen. Meine Mutter machte unsere Seife selber, und so war einige Zeit im Jahr der Topf voller Seife. Wenn es im Herbst Dreschzeit wurde, füllten wir den Topf mit Eintopf. Und zu anderen Zeiten benutzte ihn mein Vater, um Dünger für die Blumenbeete meiner Mutter darin aufzubewahren. Im Laufe der Zeit nannten wir den Topf »SED-Topf«. Immer wenn irgend jemand den Topf benutzen wollte, mußte er sich folgende zwei Fragen stellen:

1. *Was* ist gerade im Topf?
2. *Wie* voll ist er?

Viele Jahre später, wenn Menschen mir über ihre Gefühle von Selbstwert berichteten — ob sie sich voll davon fühlten oder leer, schmutzig oder vielleicht sogar »zerbrochen« —, mußte ich an jenen alten Pott denken.

Eines Tages vor ein paar Jahren saß eine Familie in meinem Büro. Die einzelnen Mitglieder versuchten jeweils den anderen zu erklären, wie sie über sich selber fühlten. Ich dachte wieder an den schwarzen Pott und erzählte ihnen seine Geschichte. Bald begannen die Familienmitglieder jeder über seinen eigenen individuellen Pott zu sprechen und was

er enthielt: Gefühle des Selbstwerts oder der Schuld, Scham oder Wertlosigkeit.

Es dauerte nicht lange, bis dieses einfache Stenogrammwort vielen meiner Familien half, Gefühle auszudrücken, über die sie vorher nur mit Schwierigkeiten sprechen konnten. Wenn z. B. ein Vater sagte: »In meinem Pott ist heute viel«, wußte die übrige Familie, daß er sich Herr der Lage fühlte, voll guten Mutes und voll Energie und sicher im Wissen darum, daß er für seine Familie etwas bedeute. Oder ein Sohn sagte: »In meinem Pott ist heute wenig.« Dann wußten die anderen, daß er sich nicht fühlte, als ob er für sie viel bedeutete, daß er sich müde oder gelangweilt oder vielleicht verletzt fühlte und sicher nicht besonders liebenswert. Es könnte sogar bedeuten, daß er sich im allgemeinen nicht viel wert fand und daß er gewöhnt war zu nehmen, was kam, ohne daß er die Möglichkeit hatte, sich zu beklagen.

Pott ist ein einfaches Wort, und so wie es hier gebraucht wird, fast Unfug. Übrigens brauchte ich es lange, bevor Marihuana in Gebrauch kam — ich erhebe also den ersten Anspruch darauf. So viele der Wörter, die Fachleute gebrauchen, um über Menschen und menschliches Verhalten zu sprechen, klingen steril und trocken und völlig unlebendig. Ich fand, daß es Familien viel leichter zu fallen schien, sich mit dem Wort Pott verständlich zu machen und andere zu verstehen. Sie scheinen sich damit plötzlich viel wohler zu fühlen, irgendwie befreit von dem Tabu, mit dem in unserem Kulturkreis das Sprechen über Gefühle belegt ist. Eine Ehefrau, die sich normalerweise scheuen würde, ihrem Mann zu sagen, daß sie sich unzulänglich und deprimiert und wertlos fühlt, kann ohne Umschweife zu ihm sagen: »Laß mich in Ruhe, mein Pott leckt!«

Wenn ich also von jetzt ab hier im Buch das Wort »Pott« gebrauche, meine ich immer »Selbstwert« oder »Selbstachtung«; und über Pott werden wir in diesem Kapitel sprechen.

In den vielen Jahren, in denen ich Kinder unterrichtet habe, in denen ich Familien aller sozialen Schichten behandelt habe und Menschen der verschiedensten Lebensrichtungen ausgebildet habe – in all den alltäglichen Erfahrungen meines beruflichen und privaten Lebens gelangte ich zu der Überzeugung, daß der entscheidende Faktor für das, was sich in einem Menschen abspielt, die Vorstellung von dem eigenen Wert ist, die jeder mit sich herumträgt – also sein Pott.

Integrität, Ehrlichkeit, Verantwortlichkeit, Leidenschaft, Liebe – alles strömt frei aus dem Menschen, dessen Pott voll ist. Er weiß, daß er etwas bedeutet und daß die Welt ein kleines Stückchen reicher ist, weil er da ist. Er glaubt an seine eigenen Fähigkeiten. Er ist fähig, andere um Hilfe zu bitten, aber er glaubt an seine eigene Entscheidungsfähigkeit und an die Kräfte in sich selbst. Weil er sich selber wertschätzt, kann er auch den Wert seiner Mitmenschen wahrnehmen und achten. Er strahlt Vertrauen und Hoffnung aus. Er hat seine Gefühle nicht mit Regeln belegt. Er akzeptiert alles an sich selbst als menschlich.

Sehr vitale Menschen sind die meiste Zeit »oben« (high-pot). Natürlich gibt es für jeden Zeiten, wo er am liebsten alles hinwerfen möchte, wo er erschöpft und müde ist und wo das Leben ihm zu viele Enttäuschungen zu schnell nacheinander beschert, wo die Probleme plötzlich zu viele sind oder zu groß aussehen, als daß sie bewältigt werden könnten. Aber der vitale Mensch geht mit diesen momentanen Tiefpunkten (low-pot-feelings) so um, wie sie es verdienen, nämlich als Krisen des Augenblicks, aus denen er heil wieder auftauchen kann, als etwas, was im Augenblick sehr mühsam und unangenehm ist und dessen man sich nicht zu schämen braucht.

Andere Menschen dagegen verbringen die meiste Zeit ihres Lebens im Zustand des fast leeren Potts (low-pot), weil sie sich selber wenig wert finden, erwarten sie von ihren Mitmenschen, daß sie sie hintergehen, mit Füßen treten und verachten. Da sie immer das Schlimmste erwarten, beschwören sie es selbst herauf und bekommen es auch häufig. Um sich zu schützen und zu verteidigen, verstecken sie sich hinter einer Wand von Mißtrauen und versinken in den grausamen Zustand des Menschseins, der Einsamkeit und Isolation heißt. Auf diese Weise von anderen Menschen entfernt, werden sie unansprechbar und gleichgültig gegen sich selbst und andere. Sie haben es schwer, noch wirklich klar zu sehen, zu hören oder zu denken, und deshalb kommen sie mehr in Gefahr, andere zu übergehen oder zu verletzen.

Als natürliche Konsequenz von Einsamkeit und Mißtrauen stellt sich Angst ein. Angst beengt dich und trübt deinen Blick. Sie läßt nicht zu, daß du etwas Neues versuchst, um Schwierigkeiten zu meistern, und deshalb entsteht immer mehr unbefriedigendes Verhalten. (Im übrigen: Angst ist immer auf die Zukunft gerichtet. Ich habe beobachtet, daß der Mensch immer dann, wenn er das, was er fürchtet, wirklich ins Auge faßt und anpackt, seine Angst verliert.)

Wenn der Mensch mit dem ständig niedrigen Pott noch irgendeine Niederlage erlebt — eine Niederlage, die auch einem Menschen, der sich normal stabil fühlt, für eine Weile einen niedrigen Pott bringt —, wird er verzweifelt. Er fragt sich, wie er wertloser Mensch mit solchen Sorgen fertig werden soll. Es überrascht nicht, daß ein Mensch mit solch niedrigem Pott, wenn er unter starken Druck gerät, unter Umständen eben Drogen oder Selbstmord oder Mord als einzigen Ausweg sieht. Ich bin ganz überzeugt, daß der größte Teil der Probleme, Schmerzen und Scheußlichkeiten im Leben — auch Kriege — das Ergebnis von niedrigem Pott irgendwelcher Menschen ist, über den sie nicht offen reden können.

Können Sie sich an einen Moment in letzter Zeit erinnern, an dem Sie sich richtig gut fühlten? Vielleicht hat Ihnen Ihr Chef gerade gesagt, daß Sie befördert werden, oder ein hübsches neues Kleid veranlaßte die Leute zu Komplimenten. Oder Sie konnten eine Schwierigkeit mit Ihren Kindern so lösen, daß alle froh waren. Versetzen Sie sich nochmal in dieses Gefühl: so ist es, wenn der Pott »hoch« ist.

Können Sie sich jetzt eine Situation vorstellen, wo Ihnen etwas Peinliches passiert ist oder wo ein Irrtum Sie viel Geld kostete oder wo Sie Ihr Vorgesetzter oder Ehepartner

ausschimpfte, oder Sie fühlten sich hilflos im Hinblick auf Ihre Kinder. Versuchen Sie, auch dieses Gefühl nochmal zu spüren, auch wenn es sehr unangenehm ist. So fühlt sich »niedriger« Pott an.

Sich »unten« fühlen ist nicht ganz dasselbe wie niedriger Pott. Niedriger Pott bedeutet ganz genau ausgedrückt: du hast im Moment unangenehme Gefühle und versuchst aber, dich so zu verhalten, als ob sie nicht da wären, du versuchst sie zu überspielen. Es braucht eine Menge Vertrauen, um ein niedriges Selbstwertgefühl auszudrücken. Niedriger Pott heißt, du willst etwas vor dir und vor den anderen nicht wahrhaben.

Jetzt entspannen Sie sich einen Moment und fühlen: wie ist Ihr Pott jetzt gerade? Hoch oder niedrig? Hat es einen besonderen Grund, daß Sie sich so fühlen, oder fühlen Sie sich meistens so?

Ich hoffe, daß mehrere Mitglieder Ihrer Familie gemeinsam dieses Gefühl ausprobieren. Teilt euch eure Gefühle mit. Vergleicht: Was verursacht hohen Pott und was niedrigen Pott? Es werden euch übereinander neue Dinge aufgehen, und ihr werdet euch einander näher fühlen.

Ich bin überzeugt, daß das Gefühl des Wertes nicht angeboren ist, es ist *erlernt*. Und es ist in der Familie erlernt. Du hast dein Gefühl von Wert oder Unwert in der Familie gelernt, die deine Eltern gegründet haben, und deine eigenen Kinder lernen es in ihrer Familie jetzt gerade.

Ein neugeborenes Kind hat keine Vergangenheit, keine Erfahrungen im Umgang mit sich selbst und keinen Maßstab, an dem es seinen eigenen Wert messen könnte. Es muß sich verlassen auf die Erfahrungen mit seiner Umwelt und die Botschaften, die es von dort bekommt hinsichtlich seines Wertes als Mensch. In den ersten 5 oder 6 Lebensjahren wird das Selbstwertgefühl des Kindes ausschließlich von seiner Familie bestimmt. Wenn es in die Schule kommt, erweitert sich der Einflußbereich, aber bis hin zur Pubertät bleibt die Familie sehr wichtig. Die Einflüsse außerhalb der Familie unterstützen im allgemeinen nur, was das Kind zu Hause gelernt hat. Das Kind mit hohem Pott kann Fehlschläge in der Schule und mit Gleichaltrigen gut aushalten, während das Kind mit niedrigem Pott viel Erfolg erleben kann und trotzdem nie den Zweifel über seinen eigenen Wert los wird. Jedes Wort, jeder Ausdruck im Gesicht oder in der Haltung und jede Handlung der Eltern gibt dem Kind einen Hinweis über seinen Wert. Es ist traurig, wie viele Eltern nicht ahnen, was ihre Botschaften für das Kind bedeuten: oft wissen sie nicht mal, was sie an Botschaft aussenden. Eine Mutter kann den Fäustchen ihres 3jährigen einen Strauß entnehmen und sagen: »Wo hast du den gepflückt?«, während in ihrer Stimme mitschwingt: »Wie lieb von dir, daß du ihn mir bringst; wo wachsen solche schönen Blumen?« Diese Botschaft gibt dem Kind ein Gefühl seines eigenen Wertes ... Oder sie sagt: »Wie hübsch« und fügt hinzu, »hast du ihn etwa in Frau Randalls Garten geholt?« Sie läßt mitschwingen, daß das Kind schlecht ist, weil es stiehlt. Diese Botschaft läßt das Kind sich bös und unwert fühlen. Oder sie sagt: »Wie hübsch, wo hast du ihn ge-

pflückt?« Gleichzeitig zeigt ihr Gesichtsausdruck, daß sie glaubt, der Strauß ist gestohlen. In diesem Fall wird das Kind einen niederen Pott empfinden, aber die Mutter merkt nicht, daß sie dies verursacht.

Was für ein Selbstwertgefühl kann in eurer Familie aufgebaut werden? Versuchen Sie mit folgendem kleinen Experiment eine Antwort auf diese Frage zu finden.

Wenn ihr euch heute abend alle zum Abendbrot zusammenfindet, versuchen Sie herauszubekommen, was mit Ihrem Pott passiert, jedesmal wenn irgend jemand etwas zu Ihnen sagt. Es gibt sicher manche Bemerkungen, die gar nichts mit Pott zu tun haben. Aber vielleicht werden Sie überrascht sein, daß sogar ein »Gib mir mal bitte die Kartoffeln« Sie entweder sich gut und geschätzt fühlen lassen kann oder aber getadelt; es hängt ab vom Klang der Stimme, vom Gesichtsausdruck und vom Zeitpunkt, zu dem er gesagt wurde (vielleicht hat es Sie unterbrochen oder war sogar dazu bestimmt, über etwas, was Sie gerade sagten, wegzugehen).

Wenn das Abendbrot halb vorüber ist, ändern Sie das Experiment. Achten Sie jetzt darauf, was Sie zu den anderen sagen. Meinen Sie, daß Ihre Bemerkungen so sind, daß der andere sich dabei gut fühlen kann? Zeigen sein Gesichtsausdruck oder seine Antwort an, daß es so ist? Wenn nicht, geben Ihr Gesicht, Ihr Ton und Ihre Bewegungen vielleicht ein Signal, das Ihnen gar nicht bewußt ist? Versuchen Sie dabei spontan zu sein, und reden Sie so, wie Sie auch ohne dies Experiment reden würden, auch wenn das nicht leicht ist. Wahrscheinlich werden Sie zu allen dadurch, daß Sie plötzlich so aufpassen, so reden, daß Sie Selbstwert aufbauen. Aber dann ist das für sich schon ein gutes Resultat des Experiments.

Morgen abend können Sie dieses neue Spiel den anderen Familienmitgliedern weitersagen. Lassen Sie sie dieses Kapitel vor dem Essen lesen, wenn sie alt genug sind. Dann experimentiert ihr alle gleichzeitig und tauscht euch später darüber aus.

Gefühle von positivem Selbstwert können nur in einer Atmosphäre gedeihen, in welcher individuelle Verschiedenheiten geschätzt sind, in welcher Fehler toleriert werden, wo man offen miteinander spricht und wo es bewegliche Regeln gibt — kurz in einer Atmosphäre, die eine »nährende«, wachstumsfördernde Familie ausmacht. Nicht zufällig fühlen sich Kinder aus solchen Familien im allgemeinen gut. Kinder aus Familien mit viel Mühsal dagegen fühlen sich oft weniger wert. Sie sind aufgewachsen in verschleierter Kommunikation, mit starren Regeln, harter Kritik an den verschiedenen Eigenheiten und mit viel Strafen.

Die gleichen Unterschiede findet man auch zwischen Erwachsenen aus fördernden und aus schwierigen Familien. Allerdings glaube ich, daß die Familien nicht in erster Linie den Pott der Erwachsenen bestimmen (zum Teil sicher auch), sondern daß eher andersrum Erwachsene mit hohem Pott fördernde Familien bilden und Erwachsene mit niedrigem Pott schwierige Familien.

Nachdem ich viele Jahre mit Familien gearbeitet habe, merkte ich, daß mir nicht mehr danach zumute ist, Eltern zu beschuldigen, auch wenn sie noch so dumm oder zerstörerisch in ihrem Verhalten sind. Ich suche dagegen jetzt Möglichkeiten, ihr Selbstwertgefühl zu erhöhen. Damit ist ein guter erster Schritt getan in Richtung auf Besserung für die ganze Familie.

Glücklicherweise kann man jedem — ganz gleich wie alt er ist — dazu verhelfen, den Pott zu heben. Da das Gefühl des Wert- oder Nichtwertseins erlernt ist, kann es auch verlernt und neu gelernt werden. Und diese Möglichkeit besteht von der Geburt bis zum Tod, so daß es nie zu spät ist. Ein Mensch kann an jedem Punkt in seinem Leben beginnen, sich besser zu fühlen.

Folgendes ist für mich die wichtigste Aussage in diesem ganzen Buch:

Es ist immer Hoffnung da, daß dein Leben anders werden kann, denn du kannst jederzeit neue Erfahrungen machen und so Neues lernen.

Menschen können reifen und ihr Leben ganz verändern. Es wird mit zunehmendem Alter etwas schwerer und dauert ein wenig länger. Doch zu wissen, daß Veränderung möglich ist, und der Wunsch, Veränderungen vorzunehmen — dies sind zwei große erste Schritte. Wir sind möglicherweise langsame Lerner, aber wir sind alle lernfähig.

Ich möchte dieses Kapitel mit einem Stückchen Prosa

abschließen, welches meine Gedanken und Gefühle in bezug auf Selbstwert wiedergibt:

MEIN BEKENNTNIS ZUR SELBSTACHTUNG

Ich bin ich selbst.

Es gibt auf der ganzen Welt keinen, der mir vollkommen gleich ist. Es gibt Menschen, die in manchem sind wie ich, aber niemand ist in allem wie ich. Deshalb ist alles, was von mir kommt, original mein; *ich* habe es gewählt. Alles, was Teil meines Selbst ist, gehört mir — mein Körper und alles, was er tut, mein Geist und meine Seele mit allen dazugehörigen Gedanken und Ideen, meine Augen und alle Bilder, die sie aufnehmen, meine Gefühle, gleich welcher Art: Ärger, Freude, Frustration, Liebe, Enttäuschung, Erregung; mein Mund und alle Worte, die aus ihm kommen, höflich, liebevoll oder barsch, richtig oder falsch, meine Stimme, laut oder sanft, und alles, was ich tue in Beziehung zu anderen und zu mir selbst.

Mir gehören meine Fantasien, meine Träume, meine Hoffnungen und meine Ängste. Mir gehören alle meine Siege und Erfolge, all mein Versagen und meine Fehler.

Weil alles, was zu mir gehört, mein Besitz ist, kann ich mit allem zutiefst vertraut werden. Wenn ich das werde, kann ich mich liebhaben und kann mit allem, was zu mir gehört, freundlich umgehen. Und dann kann ich möglich machen, daß alle Teile meiner selbst zu meinem Besten zusammenarbeiten.

Ich weiß, daß es manches an mir gibt, was mich verwirrt, und manches, was mir gar nicht bewußt ist. Aber solange ich liebevoll und freundlich mit mir selbst umgehe, kann ich mutig und voll Hoffnung darangehen, Wege durch die Wirrnis zu finden und Neues an mir selbst zu entdecken ...

Wie immer ich in einem Augenblick aussehe und mich anhöre, was ich sage und tue, das bin *ich*. Es ist original (authentisch) und zeigt, wo ich in diesem einen Augenblick stehe.

Wenn ich später überdenke, wie ich aussah und mich anhörte, was ich sagte und tat, und wie ich gedacht und gefühlt habe, werde ich vielleicht bei manchem feststellen, daß es nicht ganz paßte. Ich kann dann das aufgeben, was nicht passend ist, und behalten, was sich als passend erwies, und ich erfinde etwas Neues für das, was ich aufgegeben habe.

Ich kann sehen, hören, fühlen, denken, reden und handeln. Ich habe damit das Werkzeug, das mir hilft zu über-

legen, anderen Menschen nahe zu sein, produktiv zu sein und die Welt mit ihren Menschen und Dingen um mich herum zu begreifen und zu ordnen.

Ich gehöre mir, und deshalb kann ich mich lenken und bestimmen.

Ich bin Ich, und ich bin o. k.

4. Kapitel

Kommunikation: Sprechen und Hören

In meinen Augen ist Kommunikation wie ein riesiger Regenschirm, der alles umfaßt und beeinflußt, was unter menschlichen Wesen vor sich geht. Sobald ein Mensch zur Welt gekommen ist, *ist Kommunikation der einzige und wichtigste Faktor, der bestimmt, welche Arten von Beziehungen er mit anderen eingeht und was er in seiner Umwelt erlebt.*

Wie er zurechtkommt mit seinem Leben, wie er vertraute Beziehungen knüpft, wie produktiv er ist, wie er einen Sinn findet, wie er mit seinem persönlichen Gott verbunden ist, all dies hängt weitgehend von seinen Kommunikationsfähigkeiten ab.

Kommunikation ist der Maßstab, mit dem zwei Menschen gegenseitig den Grad ihres Selbstwerts messen, und sie ist auch das Werkzeug, mit dem dieser Grad für beide geändert werden kann. Kommunikation umfaßt alle Möglichkeiten, mit denen die Menschen Informationen hin und her senden; sie umfaßt die Nachricht, die sie geben und empfangen, und die Weise, wie von dieser Nachricht Gebrauch gemacht wird. Zur Kommunikation gehört auch, wie die Menschen diese Nachricht mit einer Bedeutung versehen. Jede (Art der) Kommunikation ist erlernt. Wenn wir 5 Jahre alt sind, haben wir wahrscheinlich eine Billion Erfahrungen gemacht, was die Kommunikation anbelangt. Bis zu diesem

Alter haben wir Ideen darüber entwickelt, wie wir uns selbst sehen, was wir von anderen erwarten können und was uns als möglich oder unmöglich in der Welt erscheint. Wenn wir keine überaus ungewöhnlichen Erfahrungen haben, werden jene Ideen zu festen Führern für den Rest unseres Lebens werden.

Sobald einer merkt, daß seine ganze Kommunikation erlernt ist, kann er sich daranmachen, sie zu ändern, wenn er es will. Zum besseren Verständnis sei daran erinnert, daß jedes Baby, das zur Welt kommt, nur mit Rohmaterialien kommt. Es hat keine Konzeption von sich selbst, keine Erfahrung in der Interaktion mit anderen und keine Erfahrung darin, was es mit seiner Umwelt anfangen kann. Es lernt all das durch die Kommunikation mit den Menschen, die von seiner Geburt an für es verantwortlich sind.

Zuerst möchte ich die Bestandteile der Kommunikation in Erinnerung bringen. Zu jedem Zeitpunkt, ausgenommen

bei Blindheit und Taubheit, bringt jeder dieselben Bestandteile zu seinem Kommunikationsprozeß mit.

Er bringt seinen *Körper* mit, der sich bewegt und Form
und Gestalt hat.

Er bringt seine *Werte* mit, jene Konzepte, die zeigen,
wie er versucht zu überleben und das »richtige« Leben zu
leben (seine »Sollte« und »Müßte« für sich selbst und andere).

Er bringt seine *Erwartungen* an den Augenblick mit,
die aus vergangenen Erfahrungen gesammelt sind.

Er bringt seine *Sinnesorgane* mit, Augen, Ohren, Nase,
Mund, Hand, Haut, die es ihm ermöglichen zu sehen, zu
hören, zu schmecken, zu riechen, zu berühren und berührt
zu werden.

Er bringt seine *Fähigkeit zu sprechen* mit, seine Worte
und seine Stimme.

Er bringt sein *Gehirn*, welches das Lagerhaus seines
Wissens ist, es umfaßt das, was er aus vergangener Erfahrung gelernt hat, was er gelesen hat und was ihm beigebracht wurde.

Kommunikation gleicht einer Filmkamera mit Ton. Sie
arbeitet nur in der Gegenwart, ganz hier und jetzt, zwischen
dir und mir.

Sie arbeitet folgendermaßen: Du bist mir gegenüber.
Deine Sinne nehmen auf, wie ich aussehe, wie meine
Stimme klingt, wie ich rieche, was du, falls du mich zufällig
berührst, fühlen kannst. Dein Gehirn berichtet dann, was
dies für dich bedeutet, indem es sich auf deine vergangene
Erfahrung stützt, besonders auf die, die du mit deinen Eltern
und anderen Autoritätspersonen gemacht hast; auf das, was
du aus Büchern gelernt hast, und auf deine Fähigkeit, diese
Information zu gebrauchen, um die Nachricht von deinen
Sinnen zu deuten. Je nachdem, was dein Gehirn berichtet,
fühlst du dich wohl oder unwohl, ist dein Körper entspannt
oder gespannt.

Unterdessen geht in mir etwas Ähnliches vor. Auch ich

sehe, höre, fühle etwas, denke etwas, habe eine Vergangenheit, habe Werte und Erwartungen, und mein Körper tut etwas. Du weißt nicht genau, was ich begreife, was ich fühle, welches meine Vergangenheit ist, welche Wertvorstellungen ich habe, was mein Körper nun gerade tut. Du hast nur Vermutungen und irgendwelche Vorstellungen von mir und ich ebenso von dir. Wenn diese Vermutungen und Vorstellungen nicht überprüft werden, werden sie zu »Tatsachen«, und als solche können sie zu Fallen werden oder sogar zum Bruch führen.

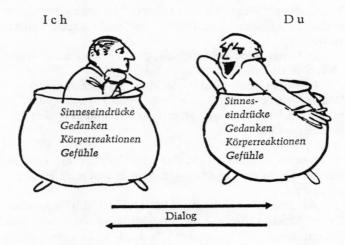

Darstellung der Kommunikation zwischen 2 Personen

Um die Nachricht aus den Sinnesorganen, deren gedankliche Interpretation und die sich daraus ergebenden Empfindungen und Empfindungen über die Empfindungen zu illustrieren, müssen wir folgendes erwägen:

Ich bin in deiner Gegenwart; du bist ein Mann. Ich denke: »Deine Augen liegen sehr weit auseinander, also mußt du ein tiefer Denker sein.« Oder: »Du hast lange Haare, also mußt du ein Hippie sein.«

Um dem, was ich sehe, eine Bedeutung zu geben, ziehe ich meine Erfahrung und mein Wissen hinzu; und das, was ich mir selbst sage, beeinflußt mich, gewisse Empfindungen über mich und über dich zu haben, noch bevor ein Wort gesprochen ist.

Wenn ich mir z. B. sage, du bist ein Hippie und ich mich vor Hippies fürchte, dann könnte ich Furcht in mir selbst und Ärger über dich empfinden. Ich würde vielleicht aufstehen und diese schreckerregende Situation verlassen, oder ich könnte dich schlagen. Vielleicht würde ich mir sagen, du sähest wie ein Gelehrter aus. Da ich intelligente Leute bewundere und ich merke, daß du mir ähnlich bist, könnte ich eine Konversation mit dir anfangen wollen. Falls ich mir selbst andererseits dumm vorkomme, würde ich mich, da ich dich ja für einen Gelehrten halte, meiner selbst schämen. Dann würde ich meinen Kopf senken und käme mir gedemütigt vor.

Inzwischen machst du dir auch ein Bild von mir und versuchst, mich zu begreifen. Vielleicht riechst du mein Par-

füm, kommst zu der Überzeugung, ich sei eine Nachtclub-sängerin, was dir anstößig vorkommt; darauf kehrst du mir den Rücken zu. Andererseits läßt dich vielleicht mein Parfüm zu der Überzeugung gelangen, ich sei ein ordentliches Mädel; und dann würdest du bestimmt versuchen, irgendwie mit mir in Kontakt zu kommen. Wieder findet all dies im Bruchteil einer Sekunde statt, noch bevor irgend etwas gesagt ist.

Ich habe eine Reihe von Spielen oder Übungen entwickelt, die zur Vertiefung des Bewußtseins und der Wertschätzung von Kommunikation beitragen werden; in diesem Kapitel liegt dabei das Schwergewicht auf Sehen, Hören, Aufpassen, Verstandenwerden und Verstehen.

Am besten versucht man diese Spiele mit einem Partner. Wähle irgendein Familienmitglied. Wenn niemand sich so frei fühlt, sich dir anzuschließen, dann versuche es allein in deiner Vorstellung, aber jeder, der an diesen Übungen teilnimmt, wird lernen und wachsen.

Setze dich deinem Partner direkt gegenüber, aber nahe genug, um ihn leicht berühren zu können. Vielleicht tust du das, was ich dich bitten werde zu tun, normalerweise nicht; es kann sogar dumm oder unangenehm aussehen. Wenn du so empfindest, versuche trotzdem weiterzumachen, und sieh zu, was geschieht.

Stellt euch nun vor, ihr seid zwei Personen, wobei jeder von euch mit einer Kamera ausgerüstet ist und den anderen photographiert. So ist es, wenn zwei Personen sich gegenüber sind. Da können noch andere Leute anwesend sein, aber in jedem Augenblick können sich nur zwei Leute genau gegenüber sein. Ein Bild muß entwickelt werden, damit man sehen kann, was tatsächlich photographiert wurde. Die Menschen entwickeln ihre Bilder im Gehirn, das sie interpretiert, und dann wissen sie ›vielleicht‹, was das Bild bedeutet.

Lehne dich zuerst bequem auf deinem Stuhl zurück und schaue die Person vor dir nur an. Vergiß, was Mutter oder Vater sagten, z. B. daß es unhöflich ist, jemanden anzustarren. Erlaub dir das Vergnügen, den Partner genauestens

*anzusehen. Beachte, was die Augen, die Augenlider, Augen-
brauen, Nasenlöcher, Gesichts- und Halsmuskeln tun und wie
sich die Haut verfärbt. Wird sie rötlich, rot, weiß, blau? Du
betrachtest aufmerksam den Körper, seine Größe, Form und
Kleidung. Und du wirst sehen können, wie der Körper sich
bewegt, was Arme und Beine tun und wie die Haltung des
Rückens ist.*

*Tue das etwa eine Minute lang und schließe die Augen.
Achte darauf, wie klar du Gesicht und Körper dieser Person
innerlich (wörtlich: mit deinem geistigen Auge) sehen
kannst.*

*Wenn du etwas ausgelassen hast, öffne deine Augen
und nimm die Einzelheiten, die du vielleicht übersehen
hast, noch auf.*

Dies ist der Prozeß der Bildaufnahme.

Unser Gehirn könnte das Bild folgendermaßen entwickeln: »Seine Haare sind zu lang; er sollte aufrecht sitzen.
Er ist genau wie seine Mutter.« Oder: »Mir gefallen seine

Augen. Mir gefallen seine Hände. Ich mag die Farbe seines Hemdes nicht. Ich mag sein Stirnrunzeln nicht.« Oder du kannst dich selbst fragen: »Runzelt er immer die Stirn? Warum schaut er mich nicht mehr an? Warum verunstaltet er sich selbst?« Du magst dich mit ihm vergleichen. »Ich könnte nie so gescheit sein wie er.« Du magst dich an altes Leid erinnern. »Er hatte einst eine Affäre, wie kann ich ihm vertrauen?«

Das ist ein Teil deines inneren Dialogs. Bist du dir dessen bewußt, daß irgendein Dialog immer in deinem Kopf vor sich geht? Wenn deine Sinne sich auf etwas konzentrieren, wird dieser innere Dialog verstärkt.

Indem du dir deiner Gedanken bewußt wirst, merkst du vielleicht, daß einige davon dich schlecht stimmen, und dein Körper reagiert darauf. Er kann steif werden, du kannst es in den Magen bekommen, deine Hände können feucht werden, deine Knie wackelig, dein Herz kann schneller schlagen. Du könntest benommen werden oder du könntest erröten. Falls du andererseits Gedanken hast, die dich gut stimmen, wird sich dein Körper entspannen.

Gut. Wir sind bereit, mit der Übung fortzufahren. Du hast deinen Partner wirklich angeschaut. Schließe nun deine Augen. Erinnert er dich an jemanden? Fast jeder erinnert einen an jemanden anderen. Es könnte ein Verwandter, ein früherer Freund oder eine frühere Freundin sein, ein Filmstar — irgend jemand. Wenn du eine Ähnlichkeit entdeckst, mache dir klar, wie du über jene Person fühlst. Es kann nämlich gut sein, daß bei entsprechend starker Erinnerung du manchmal jene Person mit der, die vor dir ist, verwechselst. Du würdest auf die Person von dir so reagieren, als wäre sie die Erinnerungsperson. Sollte dies geschehen, dann würde die Person vor dir im unklaren sein und würde merken, daß das, was zwischen euch vor sich geht, nicht der Realität entspricht.

Öffne nach etwa einer Minute deine Augen und teile deinem Partner mit, was du in dir erfahren hast. Wenn du eine andere Person vor dir hattest, während du deine Augen geschlossen hieltest, erzähle deinem Partner, wer es war und welcher Teil von ihr dich an deinen Partner erinnerte. Füge hinzu ,wie du darüber empfindest. Natürlich soll dein Partner dasselbe tun.

Wenn so etwas vor sich geht, findet Kommunikation mit Schatten aus der Vergangenheit, aber nicht mit realen Personen statt. Ich bin tatsächlich auf Leute gestoßen, die 30 Jahre zusammenlebten und miteinander umgingen, als wäre jeder jemand anderes (unbewußt natürlich). Sie erlitten folglich ständig Enttäuschungen. »Ich bin nicht dein Vater!« schreit der Ehemann wütend. Wie schon gesagt, treten alle diese Reaktionen fast im selben Moment des Schauens auf. Welche Worte ausgesprochen werden, hängt davon ab, wie frei ihr, du und dein Partner, euch gegenüber fühlt, wie selbstsicher du bist und wie bewußt du dir deiner selbst bist, während du sprichst.

Jetzt hast du deinen Partner angeschaut, und du bist dir dessen bewußt geworden, was in deinem Inneren vor sich geht.

Schließe deine Augen eine Minute lang. Mach dir klar, was du gefühlt und gedacht hast, als du geschaut hast — deine körperlichen Gefühle und auch, wie du einige deiner Gedanken und Gefühle empfunden hast. Stell dir vor, du erzähltest deinem Partner alles dir Mögliche über das, was in deinem Inneren vor sich geht.

Läßt dich unmittelbar der Gedanke daran erzittern und erschrecken? Bist du erregt? Wagst du es? Kleide alles in Worte, was du sagen willst und/oder kannst über das, was in deinem Inneren vor sich geht; sprich still für dich darüber, was in dir vorging, so, als würdest du es mitteilen.

Wieviel von dem, was in dir vorging, warst du gewillt deinem Partner bei deinem inneren Gespräch mitzuteilen? Die Antwort darauf kann dir eine glänzende Vorstellung davon geben, wie frei du deinem Partner gegenüber bist. Wenn du bei dem Gedanken, das mitzuteilen, erzitterst, dann wolltest du wahrscheinlich nicht viel erzählen. Wenn du negativ empfunden hättest, dann wolltest du dies wahrscheinlich verbergen. Wenn diese negative Reaktion sehr stark war, machtest du dir wahrscheinlich Sorgen wegen deiner Beziehung. Wenn du empfandest, du müssest vorsichtig sein, kannst du dir denken, warum? Oder konntest du ehrlich und offen sein?

Wenn du zuviel von deinem Innenleben für dich behältst, dann sind schnell Barrieren aufgebaut, was oft zu Einsamkeit führt und ein erster Schritt ist zur Trennung auf emotionaler Ebene. Trennungen auf emotionaler Ebene können zwischen Eltern und Kindern, zwischen Geschwistern wie auch zwischen einem verheirateten Paar bestehen. Wenn du es wagen kannst, dein Interesse mitzuteilen, dann können allmählich einige Barrieren abgebaut werden.

Nun sind wir so weit, daß der Tonteil deiner Kamera in Betrieb genommen werden kann. Wenn dein Partner anfängt, schwer zu atmen, zu husten, irgendwelche Geräusche zu machen oder zu sprechen, dann melden dir das deine Ohren. Dein Hören regt deine innere Aufmerksamkeit an, genau so wie es das Sehen tut.

Die Stimme deines Partners drängt gewöhnlich andere Laute der Umgebung in den Hintergrund, außer bei jemandem, der seine Hörfähigkeit erweitert hat. Seine Stimme ist laut, weich, hoch, tief, klar, gedämpft, langsam, schnell. Wiederum hast du Gedanken und Empfindungen darüber, was du hörst. Fast jeder bemerkt Stimmqualität und reagiert auf sie manchmal dermaßen, daß die Worte einem entgehen können und man den Partner bitten muß, doch zu wiederholen.

Ich bin davon überzeugt, daß wenige Leute so, wie sie tatsächlich reden, reden würden, wenn sie wüßten, wie es sich anhört. Stimmen sind wie Musikinstrumente, sie können verstimmt oder gut gestimmt sein. Aber die Melodie unserer Stimme ist uns nicht angeboren; deshalb haben wir Hoffnung. Wenn die Leute sich wirklich selbst hören könnten, könnten sie ihre Stimme verändern. Ich bin davon überzeugt, daß die Leute nicht hören, wie sie sich wirklich anhören, sondern wie sie sich anhören *wollen*.

Einmal waren eine Frau und ihr Sohn in meinem Büro. Sie sagte laut zu ihm: »Du schreist immer!« Der Sohn antwortete ruhig: »Jetzt schreist du.« Die Frau verneinte das. Zufällig hatte ich mein Tonbandgerät an, und ich bat sie, sich selbst anzuhören. Danach sagte sie ziemlich nüchtern: »Ach du meine Güte, diese Frau sprach aber laut!« Sie war sich nicht bewußt, wie ihre Stimme klang, sie war sich nur ihrer Gedanken bewußt, die aber nicht zum Ausdruck kamen, weil ihre Stimme sie erstickte. Sie alle waren wahrscheinlich schon unter Leuten, deren Stimmen laut und hart, oder leise und kaum hörbar waren, die sprachen, als ob sie den Mund voller Brei hätten, und ihr habt erfahren, wie dies dann den Ohren weh tut. Die Stimme einer Person kann Ihnen helfen oder Sie daran hindern, die Bedeutung ihrer Worte zu verstehen.

Teile deinem Partner mit, wie seine Stimme für dich klingt, und bitte ihn, dasselbe zu tun.

Wenn wir besser lernen, unsere Stimmen richtig zu hören, werden sie sich m. E. beträchtlich ändern. Wenn du Gelegenheit hast, dich auf einem Tonband zu hören, tue es auf alle Fälle. Mache dich auf eine Überraschung gefaßt. Wenn du es in Gegenwart anderer anhörst, wirst du wahrscheinlich der einzige sein, dem die aufgenommene Stimme anders vorkommt. Jedem anderen wird sie normal vorkommen. Es ist kein Defekt an dem Tonbandgerät!

Nun zu einer anderen Übung.

Setz dich wieder in Reichweite deines Partners und seht euch eine Minute lang an. Dann nimmt jeder des anderen Hände und schließt die Augen. Untersuche langsam die Hände deines Partners. Denke über ihre Form und Struktur nach. Sei dir jeder Regung bewußt, die du spürst im Hinblick auf das, was du in diesen Händen entdeckst. Finde heraus, wie es ist, wenn du diese Hände berührst oder von ihnen berührt wirst.

Sieh zu, wie es sich anfühlt, wenn man den Puls jeweils in den Fingerspitzen spürt. Öffne nach etwa 2 Minuten deine Augen und taste die Hände weiter ab, indem du schaust. Laß dich erleben, was geschieht. Ist es anders, wenn du schaust, während du die Hände abtastest? Schließ nach etwa 30 Sekunden deine Augen, taste weiter und finde jede mögliche Veränderung heraus. Nimm nach 1 Minute deine Hände weg im Sinne von einem »sich Trennen«, aber nicht »Zurückweisen«; lehne dich zurück und fühle die Wirkung des ganzen Erlebnisses. Öffne deine Augen und teile dich deinem Partner mit.

Versuch's mit folgender Variation: einer schließt die Augen, und der andere gebraucht seine Hände, um alle Gesichtsteile des anderen tastend zu erfassen. Vertauscht die Rollen und teilt euch eure Erfahrung mit.

An diesem Punkt wird es vielen Leuten nach ihrer Aussage unangenehm. Einige sagen, daß sie sexuell gereizt werden und daß es so sei, als habe man Verkehr in der Öffentlichkeit. Mein Kommentar dazu ist: »Ihr habt eure *Hände* und *Gesichter* berührt!«

Einige sagen, sie empfänden nichts; das Ganze erscheint dumm und töricht. Das macht mich traurig, da es bedeuten könnte, daß diese Leute Wände um sich gebaut haben; so können sie niemals in den wahren Genuß körperlichen Behagens gelangen. Wächst denn wirklich jemals jemand über seinen Wunsch und sein Bedürfnis nach körperlicher Zärtlichkeit hinaus?

Ich habe bemerkt, daß, wenn Paare derartige Gefühle

allmählich abbauen und allmählich Freude am Berühren haben, ihre Beziehung sich in jeder Hinsicht verbessert. Das Tabu gegen Berühren und Berührtwerden reicht weithin aus, um sterile, unbefriedigende, absurde Erfahrungen, die viele in ihrem Sexualleben haben, zu erklären.

Dieses Tabu trägt für mich auch viel zur Erklärung bei, warum Jüngere so frühzeitig sexuelle Erfahrungen haben. Sie empfinden das Bedürfnis nach körperlichem Behagen und glauben, daß für sie der einzige geeignete Weg dazu Geschlechtsverkehr ist.

Wenn Sie so alle Experimente durchgegangen sind, haben Sie wahrscheinlich auch gemerkt, daß diese von der individuellen Interpretation abhängig sind. Wenn unsere Hände sich berühren, empfinden du und ich die Berührung anders. Meiner Meinung nach ist es sehr wichtig, daß man sich sagt, wie man die Berührung des anderen empfindet. Wenn ich eine zärtliche Berührung beabsichtige und du sie als hart empfindest, so ist es für mich doch ziemlich wichtig, das zu wissen. Dieses Nichtwissen, wie wir aussehen, wie wir sprechen oder wie jemand unsere Berührung empfindet, ist sehr allgemein verbreitet, und es ist auch die Ursache für viel Enttäuschung und Kummer in der Beziehung.

Nun versucht, euch gegenseitig zu riechen. Das mag etwas ordinär klingen. Jede Frau jedoch, die jemals Parfüm benutzt hat, weiß, daß der Geruchsinn wichtig dafür ist, wie sie ankommt. Manch eine mögliche intime Beziehung ist verkümmert oder auf Distanz geblieben aufgrund schlechter Gerüche. Sieh, was geschieht, sobald du deine Tabus gegen das Riechen durchbrichst, sprich und hör darüber, was du und wie du riechst.

An diesem Punkt angelangt, ist es möglich, daß ihr, nachdem ihr durch Augen, Ohren, Haut und Austausch über die inneren Vorgänge Kontakt aufgenommen habt, von euch gegenseitig schon eine höhere Meinung habt. Es ist ebenfalls möglich, daß beim ersten Schauen die Erinnerungen an altes Unrecht so stark waren, daß das alles war, das du sehen konntest. Ich nenne dies »das Müllauto fahren«. Solange du nun schaust, jedoch nur das Gestern siehst, werden die Barrieren nur höher werden. Falls du auf das »Müllauto« stößt, sage es und lade es ab.

Es ist so wichtig, darauf aufzupassen, *den anderen unbedingt in der Gegenwart, im Hier und Jetzt zu sehen.* Augen, die aus Bedauern über die Vergangenheit oder Furcht vor der Zukunft getrübt sind, begrenzen euren Blick und bieten wenig Gelegenheit für Wachstum oder Veränderung.

Glaubt es oder nicht, ich habe viele Hunderte von Ehepartnern getroffen, die einander niemals, außer im Zorn oder Sex, berührt haben, und die sich niemals angeschaut haben, außer in der Phantasie oder von der Seite.

Die nächste Übungsreihe betrifft körperliche Positionen, und wie diese die Kommunikation beeinflussen.

Dreht eure Stühle herum, Rücken an Rücken, etwa einen halben Meter voneinander entfernt und setzt euch hin. Sprecht miteinander. Sehr schnell werdet ihr einige Änderungen bemerken. Ihr fühlt euch körperlich unwohl, der Sinn für die Freude am anderen nimmt ab, und es fällt schwer, zuzuhören.

Erweitert die Übung noch um eine Dimension und stellt eure Stühle in etwa 4¹/₂ m voneinander auf, bleibt aber Rücken zu Rücken. Achtet auf die drastischen Änderungen in eurer Kommunikation. Es ist sogar möglich, den Kontakt zum Partner ganz zu verlieren.

Eine meiner ersten Entdeckungen, nachdem ich begann, Familien in Aktion zu studieren, war, wieviel von ihrer Kommunikation auf genau diese Weise betrieben wurde. Der Ehemann sitzt im Zimmer hinter seiner Zeitung; die Frau bügelt. Jeder hat seine Aufmerksamkeit auf etwas anderes gerichtet; jetzt sprechen sie über etwas Wichtiges. »Ich hoffe, du hast heute die Hypotheken bezahlt.« Der andere brummt. Zwei Wochen später ist die Exmissionsmeldung da. Du kannst dich wohl an viele, viele eigene Beispiele erinnern.

Denkt bloß nicht, daß es aus Gründen der Höflichkeit große körperliche Distanz zwischen Leuten geben muß. Wenn mehr als 1 m zwischen den Leuten liegt, ist ihre Beziehung m. E. sehr anstrengend.

Nun wollen wir etwas anderes versuchen. Entscheidet euch, wer von euch A und wer B sein will. In der ersten Runde steht A., und B sitzt direkt vor ihm auf dem Boden. Sprecht darüber, wie das empfunden wird. Hört nach 2 Minuten auf. Sprecht euch miteinander aus, wie es ist, in dieser Position zu reden. Wechselt dann die Plätze und tauscht wieder eure Erfahrungen aus!

Einmal waren wir alle in der Auf-dem-Boden-Position in bezug auf die Erwachsenen um uns herum. Das ist die Position, in der sich jetzt gerade jedes kleine Kind in deiner Familie befindet.

Macht euch in dieser Position klar, wie ihr euch körperlich fühlt. Derjenige, der sitzt, muß aufblicken. Innerhalb von 30 Sekunden werden ihn Hals und Schultern zu schmerzen anfangen, seine Augen und Augenmuskeln werden sich spannen, und sein Kopf wird wahrscheinlich anfangen wehzutun. Du, der du stehst, wirst deinen Rücken beugen müssen, um herabzusehen, und deine Rücken- und Nackenmuskeln werden allmählich weh tun. Es wird wahrschein-

lich schwieriger werden, zu schauen, je mehr die Spannung
wächst.

(Haltet jeder gerade 30 Sekunden in diesen Positionen
aus; so werdet ihr wissen, wovon ich rede. Es wird wirklich
schrecklich bei 60 Sekunden.)

Jeder wurde klein geboren, und jeder von uns erlebt
10 bis 15 Jahre (manchesmal mehr,) während deren er kleiner war als seine Eltern. Betrachtet man die Tatsache, daß
der größte Teil unserer Kommunikation in den oben beschriebenen Positionen stattfindet, wundert es einen wenig,
daß sich so viele Leute ihr ganzes Leben lang so klein ›vorkommen‹. Wenn wir dies verstehen, dann können wir auch
verstehen, warum so viele mit verdrehten Ansichten über
sich selbst und ihre Eltern aufwachsen.

Nun wollen wir diese Übung aus einer etwas anderen
Perspektive betrachten.

Ihr schaut, wieder in derselben Position wie in der
letzten Übung, geradeaus und beobachtet die Szenerie. Vom
Boden aus seht ihr Knie, Beine, und wenn ihr niederschaut,
seht ihr Füße und was für große. Schaut hoch, und ihr seht

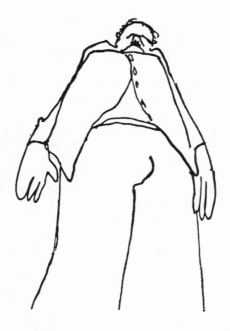

alle vorstehenden Teile — Genitalien, Bäuche, Brüste, Kinne und Nasen.

So oft schon habe ich Berichte von Leuten über das schreckliche Ansehen ihrer Eltern gehört, deren großen Brüste, Bäuche, großen Genitalien und Kinne usw. Wenn ich dann den Eltern begegnete, sah ich oft genau das Gegenteil. Das Kind hat sich sein drohendes Bild von seiner die Perspektive verzerrenden Position aus gemacht.

Die Eltern sehen das Kind ebenso aus verzerrter Perspektive. Sie können dich immer noch als klein betrachten. Diese Bilder aus der frühen Kindheit werden zur Grundlage, worauf andere Erfahrungen folgen, und diese ändern sich für unheimlich viele Leute niemals.

Versucht es mit dieser Variation. Ihr seid in denselben Positionen: Der eine sitzt, der andere steht. Faßt euch an den Händen. Der eine auf dem Fußboden muß offensichtlich

Hand und Arm hochhalten; der andere, der steht, hält seinen Arm herunter.

30 Sekunden sind genug, daß man in dem hochgehaltenen Arm kein Gefühl mehr hat.

Da ein Erwachsener sich einer bequemeren Position mit seinem herabgehaltenen Arm erfreut, könnte es für ihn schwierig sein, das Unbehagen, das er bei dem Kind damit hervorruft, zu begreifen. Das Kind könnte herumzappeln, um wegzukommen, und der Erwachsene könnte durch dieses »negative Benehmen« gereizt werden, wo doch das arme Kind nur eine bequeme Haltung sucht.

Wie oft hat man schon ein Kind gesehen, das beide Arme hochgestreckt hält und buchstäblich zwischen seinen Eltern mitgeschleift wird! Oder eine eilende Mutter, die ihren Sprößling an einem Arm diagonal mit sich zieht!

Begebt euch wieder für eine halbe Minute in eure stehende und sitzende Position. Dann laßt das gegenseitige Anblicken und achtet darauf, wie schnell diese Positionsänderung euren Nacken, euren Augen, Schultern und Rücken etwas Erleichterung verschaffen wird.

Stellt euch nun wiederum vor, wie leicht es für einen Erwachsenen wäre, diese Handlung von seiten des Kindes als respektlos zu interpretieren. Andererseits könnte das Kind, das ja versucht, mit seinen Eltern Kontakt zu bekommen, deren Wegschauen als Gleichgültigkeit oder sogar Zurückweisung interpretieren.

Es erschiene ihm als natürlich, an seinen Eltern zu zupfen, um auf sich aufmerksam zu machen. Das könnte die Eltern dermaßen verärgern, daß sie das quengelige Kind schlagen oder ohrfeigen könnten. All das wäre demütigend, erniedrigend für das Selbstwertgefühl, und das Kind könnte verletzt werden.

Diese ganze Interaktion ist eine Brutstätte für Angst- und Haßgefühle im Kind und Ablehnung auf seiten der Erwachsenen.

Angenommen, die Eltern antworten auf das Zupfen mit einem ihrer Vermutung nach besänftigenden Klaps auf

den Kopf, aber wägen die Kraft, mit der sie das tun, nicht sorgfältig ab?

Übung: Wer steht, gibt dem Sitzenden einen ziemlich deutlichen Klaps auf den Kopf. Wird dies als tröstlich oder als »Kopfnuß« empfunden?

Wie bedeutend der Kontakt mit den Augen ist, kann an dieser letzten Übungsreihe gesehen werden. Damit die Leute wirklich miteinander erfolgreich in Kontakt kommen, müssen sie mit ihren Augen auf gleicher Höhe sein, wobei jeder von seinen eigenen zwei Füßen getragen den anderen anblickt. Ich hoffe, es ist jetzt klar, wie wesentlich Auge-in-Auge-Kontakt zwischen Erwachsenen und Kindern ist, zu der Zeit, wo man sich Bilder und Erwartungen vom anderen macht. Wir dürfen nie vergessen, daß die ersten Erfahrungen eine große Wirkung haben und daß, wenn nicht zufällig etwas das ändert, diese Erfahrung der Bezugspunkt für die ganze Zukunft sein wird.

Falls Sie kleine Kinder haben, richten Sie es so ein, daß Sie in Augenhöhe mit ihnen Kontakt haben. Die meiste Zeit bedeutet das, daß die Erwachsenen in die Hocke gehen werden müssen und Möbel für solchen Kontakt bauen müssen.

Nun möchte ich gern an einige Übungen herangehen,
die zur Vertiefung des gegenseitigen Verständnisses zwischen
zwei Personen beitragen werden. Gute zwischenmenschliche
Beziehungen hängen stark davon ab, daß der eine jeweils
die Bedeutung, die der andere mit dem Gesagten verbindet,
versteht, welche Wörter auch immer sie gebrauchen. Zu bedenken ist auch: da unser Gehirn so viel schneller als unser
Mund arbeitet, gebrauchen wir oft eine Art »Kurzschrift«,
welche für die andere Person eine ganz andere Bedeutung als
die von uns beabsichtigte haben könnte.

Bei der Seh-Übung erlebten wir, daß wir — obwohl wir
dachten, wir *sähen* —, tatsächlich viel von dem, was wir
sahen, erfanden. Dasselbe ist mit Worten möglich. Wir
wollen nun folgende Übung versuchen.

*Gib deinem Partner eine deiner Meinung nach wahre
Erklärung ab. Er soll sie dir dann Wort für Wort wiederholen und deine Stimme, Tonfall, Modulation, Gesichtsausdruck, Körperhaltung, Bewegung nachahmen. Weise ihn
auf Exaktheit hin, und wenn er es richtig macht, sag es,
wenn es nicht stimmt, zeig und beweis es ihm. Drücke dich*

klar aus; mach kein Ratespiel daraus. Vertauscht dann die Rollen.

Diese Übung trägt zur Konzentration auf das einander wirklich Zuhören und wirklich Sehen bei. Hören und Sehen erfahren die ganze Aufmerksamkeit. Das nicht akkurate Sehen und Hören kommt uns teuer zu stehen, da wir letztlich Vermutungen anstellen und sie als Fakten handhaben.

Eine Person kann entweder mit oder ohne Aufmerksamkeit schauen. Wer auch immer angeschaut wird, braucht dabei nicht den Unterschied zu merken und kann vermuten, daß er angesehen wird, selbst wenn dies nicht der Fall ist. Und eine Person berichtet immer, was sie zu sehen glaubt. Wenn nun dieses Individuum zufällig in einer Machtposition ist — ein Elternteil, Lehrer oder Verwaltungsbeamter —, kann er einem anderen persönlich Kummer machen.

Wir wollen nun einen Augenblick die Worte in Betracht ziehen. Wenn jemand mit dir spricht, sind dir seine Worte verständlich? Glaubst du ihnen? Sind sie seltsam oder klingen sie wie Unsinn? Empfindest du etwas über diese andere Person und über dich selbst? Kommst du dir dumm vor, weil du nicht verstehst? Bist du verwirrt, weil du keinen Sinn erkennen kannst? Wenn dies der Fall ist, kannst du es sagen und Fragen stellen? Wenn nicht, rätst du dann nur? Stellst du keine Fragen aus Furcht, man könnte dich für dumm halten, und bleibst du folglich dumm? Wie steht's mit dem Gefühl, still sein zu müssen?

Wenn du dich auf derartige Fragen konzentrierst, hörst du auf zuzuhören. Ich sage es so: »In dem Maße, wie du in deinen eigenen inneren Dialog verwickelt bist, hörst du auf, zuzuhören.«

Wenn du wirklich versuchst, der anderen Person zuzuhören, bist du allermindestens in einer Art Zirkus mit drei Manegen. Du achtest auf den Klang der Stimme der anderen Person, empfindest vergangene und zukünftige Befürchtungen, die euch beide betreffen, wirst deiner eigenen Freiheit bewußt, zu sagen, was du fühlst, und konzentrierst dich schließlich angestrengt darauf, den Sinn der Worte deines Partners zu erfassen.

Dies ist das komplizierte Innenraum-Erleben, das jeder hat, aus dem sich die Kommunikation entwickelt und wovon jeweils die Interaktion zwischen zwei Menschen abhängt.

Kehren wir zu den Übungen zurück.

Kannst du allmählich fühlen, wie es war, alles in dir allein dafür zu verwenden, um den Bedeutungsgehalt der Worte des anderen zu erfassen? Kennst du den Unterschied zwischen vollständigem und halbem Zuhören? Fandest du, als du imitiertest, daß deine Aufmerksamkeit nicht immer voll da war und du nicht richtig sahst?

Ich hoffe, daß du es lernen kannst, dich selbst voll zu engagieren, wenn du zuhörst und nicht nur so tust als ob. Wenn du nicht zuhören willst oder kannst, tu nicht so, als ob. Auf diese Weise wirst du weniger Fehler machen. Das trifft besonders zu für das Verhältnis zwischen Erwachsenen und Kindern.

Nun zum nächsten Teil der Verstehensübungen.

Setzt euch, wie vorhin, gegenüber. Jetzt gibt einer von euch eine Erklärung ab, die er für wahr hält. Der andere antwortet mit: »Meinst du, daß . . .«, um zu zeigen, ob er oder ob er nicht verstanden hat. Dein Ziel ist, dreimal die Antwort Ja zu erhalten. Z. B.

»Ich glaube, es ist heiß hier drinnen.«
»Meinst Du, daß Du Dich schlecht fühlst?«
»Ja.«
»Meinst Du, daß ich auch schwitze?«
»Nein.«
»Meinst Du, Du möchtest, daß ich Dir ein Glas Wasser bringe?«
»Nein.«
»Meinst Du, ich sollte dagegen etwas unternehmen?«
»Ja.«

Durch diese Frage- und Antwort-Kette hat der eine wenigstens die Meinung des anderen verstanden. Könnte der Partner überhaupt kein Ja erzielen, dann müßte der andere einfach sagen, was er meinte.

Versucht dies mehrmals mit derselben Behauptung, jedesmal aber mit einem anderen Partner. Versucht es dann mit einer Frage. Bedenkt, daß ihr versucht, die Bedeutung der Frage, nicht die Antwort darauf zu erfassen. Macht mehrere Runden!

Du entdeckst wahrscheinlich, wie leicht man jemanden mißverstehen kann, wenn man Vermutungen anstellt über das, was er meinte. Das kann ernste Folgen haben, wie wir gezeigt haben, aber auch ulkige.

Ich erinnere mich da an eine junge Mutter, die unbedingt bei ihrem Sohn einen Ansatzpunkt für sexuelle Aufklärung suchte. Eines Tages bot sich ihr die Gelegenheit, als er sie fragte: »Mutti, wie kam ich hierher?« Sie können mir glauben, sie nutzte die Gelegenheit voll aus! Als sie ihre Erklärungen beendet hatte, sagte ihr Sohn, der ganz verwirrt dreinschaute: »Ich wollte wissen, ob wir mit dem Zug oder dem Flugzeug kamen.« (Die Familie war einige Monate zuvor zugezogen.)

Als Sie die Verstehensübungen machten, konnten Sie sich des Vertrauens und der Freude bewußter werden, die entstehen können, wenn man sich intensiv bemüht zu verstehen?

Geschah dies jemals bei Ihnen zu Hause: Sie treffen mit Ihrem Mann oder Ihrer Frau am Ende des Tages zusammen. Einer von euch sagt: »Nun, wie war's heute?« Der andere antwortet: »Oh, nichts Besonderes.«

Welche Bedeutungen sind offensichtlich in diesem Wortwechsel enthalten? Eine Frau, die dies sehr häufig erlebte, sagte, daß dies so die Art ihres Mannes sei, sie vom Weiterreden abzuhalten. Ihr Mann sagte mir, daß dies die Art seiner Frau sei, ihm zu zeigen, daß sie kein Interesse für ihn habe. »So, wie war's heute«, kann bedeuten: »Ich hatte einen harten Tag, und jetzt bin ich froh, daß du da bist. Jetzt geht's mir hoffentlich besser.«

Es kann bedeuten: »Du bist gewöhnlich so ein Griesgram; bist du immer noch griesgrämig?«

Es kann bedeuten: »Es interessiert mich, wie es dir erging. Ich würde ganz gerne alles Interessante, das dir zustieß, hören.«

»Oh, nichts Besonderes« kann bedeuten: »Bist du wirklich daran interessiert? Das wäre mir lieb.«

Es kann bedeuten: »Wie willst du mich denn jetzt hereinlegen? Ich werde mich vorsehen.«

Wie wäre es mit ein paar Beispielen aus Ihrer Familie?

Es gibt eine Menge sehr allgemeiner Kommunikationsfallen, die auf der Vermutung so vieler Leute beruhen, nämlich, daß jeder andere schon alles über sie wisse. Da gibt es die ›Andeut-Methode‹, wobei Einwort-Antworten gebraucht werden. Erinnert ihr euch an jene alte Geschichte, die diesen Punkt deutlich macht?

Ein neugieriger Reporter besuchte ein ziemlich luxuriöses Altersheim. Als ihn der Direktor stolz herumführte, hörte der Reporter, wie jemand von einem nahegelegenen Zimmer aus »31« ausrief. Darauf ertöne schallendes Gelächter. Dieses wiederholte sich mit mehreren anderen Nummern weiter, und es erfolgte immer dieselbe Antwort. Schließlich rief jemand aus: »Nummer 11«! Darauf herrschte Totenstille. Der Reporter fragte, was denn vor sich gehe, und der Direktor erwiderte, daß diese Männer schon so lange hier seien, daß jeder die Witze des anderen kenne. Um sich nicht zu überanstrengen, hatten sie jedem Witz eine Nummer gegeben. »Ich verstehe das!« sagte der Reporter. Aber was ist mit Nummer 11?« Der Direktor antwortete: »Dieser arme Kerl konnte nie einen Witz gut erzählen!«

Die andere Kommunikationsfalle ist die, daß so oft Leute annehmen, ganz gleich wie sie sich ausdrücken, jeder andere müßte wissen, was sie sagen wollen (= *die Gedankenlese-Methode*).

Ich erinnere mich an einen jungen Mann, dessen Mutter ihn beschuldigte, er habe ihre Vereinbarung, ihr zu sagen, wenn er ausginge, verletzt. Er jedoch bestand darauf, es ihr gesagt zu haben. Als Beweis führte er an: »Du sahst, wie ich an jenem Tag ein Hemd bügelte, und du weißt, daß ich selbst nie ein Hemd bügele, außer wenn ich ausgehe.«

Ich denke doch, daß wir wenigstens so weit gekommen sind, zu verstehen, daß man sich in der menschlichen Kommunikation immer Bilder vom anderen macht, aber daß die davon betroffenen Leute nicht dieselben Bilder noch Bedeutungen, die sie den Bildern geben, noch die Gefühle, die die Bilder erwecken, haben müssen. Die Bedeutungen werden dann vermutet, und die Tragödie besteht darin, daß die Vermutungen dann als Fakten genommen werden.

An diesem Punkt kann es kaum Zweifel daran geben, daß unsere Vermutungen über den anderen keineswegs 100prozentig stimmen. Ich glaube jedenfalls, daß dieses sich auf Vermutungen stützende Vorgehen an einem Großteil unnötiger menschlicher Entfremdung schuld ist.

Zum Teil besteht das Problem darin, daß wir so nachlässig sprechen! Wir gebrauchen Wörter, wie etwa ›es‹, ›das‹, ›dies‹, ohne sie näher zu erklären. Dies ist besonders für das Kind schwierig, weil es weniger auf Erfahrung begründete Inhaltspunkte hat, die ihm helfen könnten. Jeder in dieser Situation ist in einer unmöglichen Klemme, wenn seine Regeln ihm gebieten, zu tun, als ob er verstehe.

Tausendmal und mehr hörte ich einen zum anderen sagen: »Hör auf damit!« Was meint »damit«? Die zweite

Person braucht keine Ahnung davon zu haben. Nur weil ich sehe, daß du etwas tust, womit »ich möchte, daß du aufhörst«, heißt noch nicht, daß du weißt, worüber ich spreche. Sehr viele nachteilige Minderwertigkeitsreaktionen können vermieden werden, wenn man sich einfach angewöhnte, jemand anderem zu sagen, was man buchstäblich sieht und hört.

Dies führt uns zu einer der m. E. unmöglichsten Hürden in den menschlichen Beziehungen. Das ist die Vermutung, daß ›du‹ immer weißt, was ›ich‹ meine. Die Prämisse scheint die zu sein, daß, wenn wir einander gern haben, wir auch gegenseitig unsere Gedanken lesen könnten und sollten.

Die häufigste Klage, die ich Leute über ihre Familienmitglieder machen hörte, ist »Ich weiß nicht, wie es ihm geht«, was in einem Gefühl des Ausgeschlossenseins endet. Das belastet jegliche Beziehung enorm, besonders eine familiäre. Die Leute sagen mir, sie fühlten sich in einer Art Niemandsland, wenn sie versuchen, irgendeine Brücke zu einem Familienmitglied zu schlagen, das nicht zeigt oder sagt, was es empfindet.

Es ist jedoch wichtig, darauf hinzuweisen, daß viele, die man dessen beschuldigt, oft sehr stark empfinden, aber nicht wissen, daß sie es nicht zeigen. Sie glauben, daß sie für andere ebenso durchsichtig wie für sich selbst sind. Ich habe da ein kleines Experiment, das ich gebrauche, um den Leuten in ihren Problemen des Gewahr-Werdens zu helfen. Ich bitte zwei Leute, über etwas zu diskutieren, und nehme es auf. Dann spiele ich das Band zurück und bitte jeden, auf das zu antworten, was sich ihm jetzt darbietet im Vergleich zu dem, was er, als es geschah, empfand. Viele sind erstaunt, wenn sie Dinge hören, deren sie sich nicht im entferntesten bewußt waren, als die Bandaufnahme gemacht wurde.

Ich erinnere mich an einen schrecklichen Krach in einer Familie, weil der Vater seinen Sohn zum Holzplatz schickte, ein längeres Brett zu holen. Das Kind gehorchte, wollte seinen Vater erfreuen und glaubte zu wissen, was erwartet

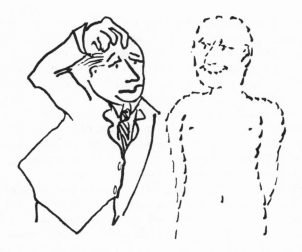

wurde. Es ging pflichtbewußt weg und kam mit einem Brett
zurück, das jedoch etwa 1 m zu kurz war. Sein Vater war
enttäuscht, wurde ärgerlich und beschuldigte seinen Sohn,
dumm und unaufmerksam zu sein. Der Vater wußte, ein
wie langes Brett er wollte, aber offensichtlich kam er nicht
darauf, daß sein Sohn das nicht wußte. Er hatte buchstäblich
nie daran gedacht und sah es nicht ein, bis wir das in der
Sitzung durchdiskutierten.

Hier noch ein Beispiel: Ein 16 Jahre alter Sohn sagte
um 5.30 Uhr an einem Freitag abend: »Was machst du heute
abend, Vati?« Sein Vater Ted erwiderte: »Du kannst es
haben!« Sohn Tom antwortet: »Ich will es nicht jetzt.« Gereizt schimpft Ted: »Warum fragst du?« Darauf antwortet
Tom ärgerlich: »Was hat es überhaupt für einen Zweck?«

Worüber sprechen sie? Tom wollte herausfinden, ob sein
Vater beabsichtigte, ihm an diesem Abend beim Basketball-
spielen zuzuschauen. Tom fragte seinen Vater nicht direkt,
weil er fürchtete, er könnte nein sagen; deshalb bediente
er sich der andeutenden Methode.

Ted erhielt die Nachricht, die Tom andeutete, richtig,
aber er dachte, es sei ein Frage nach dem Familienauto diesen

Abend. Tom dachte, sein Vater wollte ihn von sich weisen. Ted hielt Tom für undankbar. Diese Interaktionen endeten damit, daß Vater und Sohn verärgert waren, und jeder empfand, der andere mache sich nichts aus ihm. Ich glaube, daß diese Arten des Wortwechsels allzu häufig unter Menschen vorkommen.

Manchmal haben sich die Leute so daran gewöhnt, bestimmte Dinge in bestimmten Situationen zu sagen, daß ihre Antworten automatisch werden. Wenn es jemandem nicht gut geht und er gefragt wird, wie es ihm gehe, wird er »gut« antworten, weil er sich in der Vergangenheit so oft gesagt hat, daß es ihm gut gehen *sollte*. Außerdem folgert er wahrscheinlich, daß niemand wirklich daran interessiert sei; warum sollte man deshalb nicht die erwartete Antwort herausgreifen? Er hat sich selbst daraufhin programmiert, nur eine Saite auf seiner Violine zu haben, und mit nur einer Saite muß er sie gebrauchen, ob es paßt oder nicht.

Die Menschen können ihre inneren Bilder entwickeln, wenn sie beschreiben, was sie sehen oder hören, indem sie *beschreibende*, nicht *beurteilende* Sprache gebrauchen. Viele Menschen beabsichtigen zu beschreiben, aber ihre Bilder sind verzerrt, weil sie sich beurteilender Worte bedienen. Wenn ich dir erzählen kann, welche Bedeutung ich mit einem gegebenen Bild verbinde, dabei vermeide, ein Urteil abzugeben, und dir sage, was ich davon halte, und du dasselbe mit mir machst, dann sind wir wenigstens ehrlich zueinander. Wir brauchen die Bedeutung, die wir herausfinden, nicht zu mögen, aber wir verstehen uns wenigstens. Mein Kamerabild zeigt z. B., daß du einen Schmutzfleck auf deinem Gesicht hast. Wenn ich sage: »Ach du lieber Himmel, was für ein Dreckfink!« dann urteile ich. Wenn ich beschreibende Worte gebrauche, würde ich sagen: »Ich sehe einen Schmutzfleck auf deinem Gesicht«.

Zwei Fallen sind hier impliziert: Ich interpretiere dich mit meinen Begriffen, und ich etikettiere dich. Für mich ›bist‹ du das Etikett. Du bist z. B. ein Mann, und ich sehe Tränen in deinen Augen. Da ich glaube, daß Männer nie-

mals weinen sollten, weil das von Schwäche zeugt, schließe ich, daß du schwach bist, und ich behandle dich dementsprechend. (Persönlich meine ich zufällig gerade das Gegenteil, aber das oben Gesagte ist eine allgemein verbreitete Ansicht.) Ich denke, daß Sie nun soweit sind, den letzten Versuch mit Ihrem Partner zu riskieren.

Mach es dir dieses Mal selbst zur Aufgabe, ihn mit drei Behauptungen über ihn zu konfrontieren, die deines Erachtens wahr sind, und drei Behauptungen über dich, die deiner Meinung nach wahr sind. Du wirst wahrscheinlich merken, daß dies deine Wahrheiten von jetzt sind; es sind nicht die richtigen Wahrheiten für alle Zeit. Damit du dich ständig darauf konzentrieren kannst, deine jetzigen Wahrheiten zu sagen, versuche mit folgenden Worten zu beginnen: »Zu diesem Zeitpunkt glaube ich, daß dies und jenes über dich zutrifft.« Wenn du eine negative Wahrheit hast, sieh zu, ob du sie in Worte fassen kannst. Meiner Meinung nach kann keine Beziehung fruchtbar sein, in der nicht alle Feststellungen und Aspekte offen und frei kommentiert werden können.

Ich pflegte meinen Studenten zu sagen, daß sie es geschafft hätten, wenn sie jemandem offen sagen könnten, daß er einen schlechten Geruch an sich habe, aber so, daß er die Information als Geschenk empfängt. Am Anfang ist es peinlich, am Ende aber gewiß nützlich. Viele Leute berichteten mir, daß entgegen ihren Erwartungen Beziehungen eine festere, fruchtbarere und weitaus würdigere Basis bekamen, wenn sie feststellten, daß sie sowohl Negatives wie auch Positives offen sagen konnten.

Andererseits verlieren viele niemals ein Wort, um Wertschätzung auszudrücken. Sie nehmen nur an, daß die anderen davon wüßten. Verbunden mit der Tatsache, daß die meisten Leute sich nicht im geringsten scheuen, Einwendungen zu machen, führt dies zu Entfremdung und Ressentiment. Wer möchte (und braucht) denn nicht ab und zu ein anerkennendes Schulterklopfen!

Ich empfehle, daß es in Familien wenigstens einmal in der Woche, wenn nicht täglich, dieselbe Art des Auseinandersetzens wie die gerade beschriebene gibt. Schließlich findet der erste und grundlegende Lernpozeß bezüglich der

Kommunikation in der Familie statt. Teilt man dem anderen sein Interesse mit, so werden zwei wichtige Dinge erreicht: wirklich mit der anderen Person bekannt zu werden und so Fremdheit in etwas Vertrautes umzuändern und sich der Kommunikation zu bedienen, um fruchtbare, lebensspendende Beziehungen zu entwickeln, etwas, das wir alle ständig brauchen.

Nun sollte es klarer geworden sein, daß jedesmal, wenn zwei Menschen zusammen sind, jeder eine Erfahrung macht, die ihn irgendwie beeinflußt. Die Erfahrung kann zur Verstärkung dessen, was erwartet wurde, entweder positiv oder negativ beitragen. Sie kann Zweifel über den Wert des anderen hervorrufen und so Mißtrauen erzeugen. Sie kann aber auch den Wert eines jeden vertiefen und stärken, ebenso das Vertrauen und das enge Verhältnis zwischen ihnen. Jede Interaktion zwischen zwei Menschen hat eine mächtige Wirkung auf den entsprechenden Selbstwert eines jeden und darauf, was zwischen ihnen geschieht.

Wenn Begegnungen bei einem Paar Zweifel hervorrufen, wird bei beiden das Selbstwertgefühl sinken. Sie beginnen, anderswohin ihr Augenmerk zu richten, auf die Arbeit, die Kinder, auf andere heterosexuelle Partner.

Wenn Frau und Mann beginnen, unfruchtbare und leblose Begegnungen zu haben, gehen sie sich letzten Endes gegenseitig auf die Nerven. Langeweile führt zu Gleichgültigkeit, wahrscheinlich eines der schlimmsten Gefühle,

die es gibt und, nebenbei bemerkt, einer der wirklichen Gründe für eine Ehescheidung. Ich bin davon überzeugt, daß irgend etwas Aufregendes, selbst wenn es gefährlich ist, der Langeweile vorzuziehen ist. Kämpfen ist besser als sich zu langweilen. Man könnte davon getötet werden, aber man fühlt sich wenigstens am Leben, solange gekämpft wird.

Falls andererseits die Kommunikation zwischen einem Ehepaar Neues und Interessantes hervorbringt, dann entsteht Lebendigkeit und/oder neues Leben; eine vertiefende, erfüllende Beziehung entwickelt sich, und jeder kommt mit sich selbst und dem anderen besser zurecht.

Ich hoffe, daß nun nach den vielen Übungen, die Sie gemacht haben, meine früheren Worte über den Kommunikationsprozeß verständlicher sein werden. *Kommunikation ist der wichtigste Einzelfaktor, der die Gesundheit einer Person und ihre Beziehung zu anderen beeinflußt.*

5. Kapitel

Kommunikationsmuster

Nachdem ich 30 Jahre lang Tausende von menschlichen Interaktionen miterlebt hatte, entdeckte ich bestimmte offensichtlich universelle Muster in der Art und Weise, wie Menschen untereinander in Beziehung treten.

Wenn es irgendwelche Spannungen gab, beobachtete ich immer wieder vier Methoden, mit denen die Menschen sie handhaben. Diese vier Methoden kamen nur vor, wenn jemand auf Spannung reagierte und zur gleichen Zeit spürte, daß seine Selbstachtung mit im Spiel war — wenn das Selbstwertgefühl erschüttert war. Außerdem meinte der Betroffene, daß er darüber nicht sprechen könnte. Dabei braucht das Vorhandensein von Spannung allein Ihr Selbstwertgefühl noch nicht zu erschüttern. Spannung kann schmerzlich oder ärgerlich sin, aber das ist nicht das gleiche wie das Anzweifeln seines eigenen Wertes.

Die vier Muster der Kommunikation (die ausführlich noch in diesem Kapitel behandelt werden) sind: versöhnlich stimmen (beschwichtigen), anklagen (beschuldigen), berechnen (rationalisieren), ablenken (irrelevant reagieren.)

Als ich mich intensiver damit beschäftigte, begann ich zu erkennen, daß das Selbstwertgefühl (Pott) leichter erschüttert wird, wenn der Mensch nicht wirklich ein festes und anerkennendes Gefühl seines eigenen Wertes entwickelt hat. Wenn er keine eigene Selbstachtung hat, gebraucht er die Handlungen und Reaktionen eines anderen, um sich selbst zu definieren. Wenn ihn jemand als grün bezeichnen würde, stimmte er ihm ohne Überprüfung zu und nähme des anderen Bemerkung an, als eine, die auf ihn zutrifft. Er ist grün, weil die andere Person das sagt. Es ist für jeden, der Zweifel an seinem eigenen Wert hat, leicht, in diese Falle zu geraten.

Kennen Sie Ihre inneren Gefühle, wenn Ihr Selbstwertgefühl angegriffen ist? Wenn mir das passiert, bekomme ich einen Kloß im Magen, meine Muskeln verkrampfen sich, ich merke, wie ich meinen Atem anhalte, und manchmal fühle ich mich schwindelig. Während all dies geschieht, merke ich, daß meine Gedanken in einem Selbstwert-Dialog kreisen, den ich mit mir selbst halte. Die Worte sind Variationen von »Wer macht sich was aus mir? Ich bin nicht liebenswert! Ich kann nie irgend etwas richtig machen! Ich bin ein Nichts!« Worte, die diesen Zustand beschreiben, sind: verlegen, ängstlich, unfähig.

Was ich dann sage, mag ganz verschieden sein von dem, was ich fühle oder denke. Wenn ich glaube, daß der einzige Weg aus meinem Dilemma darin besteht, mich dir entsprechend darzustellen, damit du denkst, daß ich liebenswert und so weiter bin, werde ich alles das sagen, was ich als dafür hilfreich ansehe. Es wäre egal, ob es wahr ist oder nicht. Wichtiger ist mein Überleben, und das habe ich in deine Hände gelegt.

Nehmen wir statt dessen an, ich behielte die Sorge für mein Überleben in meiner Regie. Wenn dann mein Selbstwertgefühl gefährdet wäre, könnte ich geradeheraus sagen, was ich denke und empfinde. Es könnte mir anfangs schwerfallen, meine »Schwächen« offen darzulegen und das dazu nötige Risiko einzugehen, aber dafür würde ich den größeren Schmerz vermeiden, nämlich mich selbst physisch, emotional, intellektuell, sozial und geistig zu verletzen sowie dir doppeldeutige Botschaften zu geben.

Hierbei ist es wichtig zu verstehen, daß immer, wenn Sie sprechen, alles an Ihnen spricht. Wann immer Sie Wörter äußern, sprechen Ihr Gesicht, Ihre Stimme, Ihr Körper, Ihr Atem und auch Ihre Muskeln. Einfach dargestellt sieht dies folgendermaßen aus:

Verbale Kommunikation	=	Worte
Körper- und Stimmklang-	=	Gesichtsausdruck
Kommunikation		Körperhaltung
		Muskelspannung
		Atemgeschwindigkeit
		Klang der Stimme

Im wesentlichen reden wir bei diesen vier Methoden der Kommunikation über doppeldeutige Botschaften. In jedem der vier Fälle sagt deine Stimme etwas Bestimmtes, und alles andere an dir sagt etwas anderes. Solltest du mit jemandem interagieren, der auch mit doppeldeutigen Botschaften antwortet, so werden die Ergebnisse eurer Interaktionen oft schmerzlich und unbefriedigend sein.

Alle gestörten Familien, die ich kennengelernt habe, haben ihre Kommunikation doppeldeutig geführt. Doppeldeutige Botschaften treten auf, wenn eine Person folgende Ansichten hat:

I. Sie hat ein geringes Selbstwertgefühl (niedrigen Pott) und meint, sie sei schlecht, weil sie so empfindet.

2. Sie befürchtet, Gefühle anderer zu verletzen.

3. Sie befürchtet Vergeltung von seiten der anderen.

4. Sie befürchtet einen Abbruch der Beziehung.

5. Sie möchte sich nicht aufdrängen.

6. Sie mißt der Person selbst oder der Wechselbeziehung keine Bedeutung bei.

Bei fast allen diesen Gelegenheiten ist die Person sich nicht bewußt, daß sie doppeldeutige Aussagen macht.

So wird der Zuhörer mit zwei Botschaften konfrontiert, und das Ergebnis der Kommunikation wird von seiner Reaktion stark beeinflußt sein. Im großen und ganzen gibt es die folgenden Möglichkeiten: Er nimmt die Worte auf und ignoriert den Rest. Er nimmt den non-verbalen Anteil heraus und ignoriert die Worte. Er ignoriert die ganze Aussage, indem er das Thema wechselt. Er schläft ein, verläßt den Raum oder macht eine Bemerkung zu der doppeldeutigen Natur der Botschaft.

Zum Beispiel, wenn ein Lächeln auf meinem Gesicht steht und ich die Worte »Ich fühle mich fürchterlich« sage, wie würden Sie dann antworten?

Nehmen wir die Möglichkeiten auf, die im letzten Absatz dargestellt wurden, so könnten Sie auf meine Worte erwidern und sagen »Das ist aber schade«, worauf ich erwidern kann »Ich habe doch nur Spaß gemacht«.

Ihre zweite Möglichkeit wäre, auf das Lächeln zu reagieren und zu sagen, »Du siehst großartig aus«. In diesem Fall kann ich sagen: »Wie kannst du das nur behaupten!« Ihre dritte Möglichkeit ist, die ganze Sache zu ignorieren und sich wieder Ihrer Zeitung zuzuwenden, wobei ich erwidern würde: »Was ist los, interessiert dich das gar nicht?«

Ihre vierte Möglichkeit ist, etwas zu meiner doppeldeutigen Aussage zu bemerken: »Ich weiß nicht, was du mir sagen willst. Du lächelst, aber du sagst, daß es dir schlecht geht. Was zählt denn nun?« In diesem Fall habe ich die

Gelegenheit zu erwidern: »Ich wollte mich dir nicht aufdrängen«, und so weiter.

Stellen Sie sich einmal vor, zu welchen Ergebnissen es führen würde, wenn jedes der soeben angeführten Muster die Kommunikationsbasis zwischen zwei Menschen wäre.

Ich glaube, daß jede Familienkommunikation, die nicht zu Echtheit und zu einer direkten, eindeutigen Bedeutungsebene führt, auf keinen Fall das Vertrauen und die Liebe aufbaut, die ganz sicher der Nährboden sind für ein inneres Wachstum der Familienmitglieder.

Bedenken Sie, daß was in einem Augenblick zwischen zwei Menschen vorgeht, viel mehr Ebenen hat, als oberflächlich sichtbar wird. Die Oberfläche repräsentiert nur einen kleinen Teil dessen, was vorgeht, ähnlich wie bei einem Eisberg, bei dem auch nur ein kleiner Teil sichtbar ist.

Ein Beispiel dazu:

»Wo warst du gestern abend?«

»Du nörgelst immer an mir herum.«

Etwas geschieht jeder Person hinsichtlich ihrer selbst. Etwas geschieht hinsichtlich der Wahrnehmung und Auffassung der einen vom anderen und umgekehrt.

Die daraus folgende Richtung, in die sich die Beziehung bewegt, kann auf Mißtrauen, persönliche Geringschätzung und Frustration zielen, oder sie kann der Anfang zu neuer Tiefe und zu mehr Vertrauen sein.

Sehen wir uns diese universellen Reaktionsmuster etwas genauer an, die die Menschen gebrauchen, um eine drohende Ablehnung zu umgehen. In jedem Fall fühlt der Mensch die Bedrohung und reagiert auf sie; aber weil er »Schwäche« nicht offen zeigen möchte, versucht er, sie auf folgende Weisen zu verbergen:

1. durch Beschwichtigen (placate), so daß die andere Person nicht ärgerlich wird;

2. durch Anklagen (blame), so daß die andere Person ihn als stark ansieht (wenn sie weggeht, ist es ihre Schuld, nicht seine);

3. durch Rationalisieren (compute), woraus sich ergibt,

daß er die Bedrohung als ganz harmlos ansieht. Er versucht, seinen Selbstwert durch den Gebrauch großer Worte zu festigen;

4. durch Ablenken (distract) ignoriert er die Bedrohung und verhält sich, als sei sie gar nicht da (vielleicht verschwindet sie wirklich, wenn er das lange genug macht).

Unser Körper paßt sich unserem Selbstwertgefühl an, ob wir das erkennen oder nicht. Wenn unser Selbstwert in Frage gestellt ist, zeigt unser Körper das an.

Aufgrund dieser Beobachtungen habe ich gewisse körperliche Haltungen entwickelt, um Menschen zu helfen, mit Teilen ihres Selbst in Berührung zu kommen, die zwar anderen, jedoch nicht ihnen selbst offensichtlich sind. Dabei habe ich die Botschaften von Gesicht und Stimme in den ganzen Körper verlegt, erweitert und übertrieben, so daß niemand es mehr übersehen kann.

Um diese Reaktionsformen klar zu verdeutlichen, habe ich jeder Beschreibung ein einfaches Wortdiagramm vorangestellt (wir werden diese Rollen in Kommunikationsspielen im nächsten Kapitel ausspielen).

1. BESCHWICHTIGEN

Worte: zustimmend (»Was du auch immer willst, ist in Ordnung. Ich existiere nur, um dich glücklich zu machen.«)

Körper: stimmt versöhnlich (»Ich bin hilflos.«)

Gedanken und Gefühle: (»Ich komme mir wie ein Nichts vor; ohne ihn bin ich tot. Ich bin nichts wert.«)

Der Versöhnliche spricht immer in einer einschmeichelnden Art und Weise; er versucht zu gefallen; er entschuldigt sich und stimmt nie gegen etwas, egal was kommt. Er ist ein Ja-Sager. Er spricht, als könnte er nichts für sich selbst tun. Er muß immer jemanden finden, der ihn anerkennt.

Sie werden später merken, daß Ihnen, wenn Sie diese

Rolle nur fünf Minuten spielen, übel wird und Sie brechen möchten. Um echt beschwichtigend zu wirken, hilft es sehr, sich der Vorstellung, man sei nichst wert, hinzugeben. Du kannst dich glücklich fühlen, daß man dir überhaupt erlaubt, zu essen. Du schuldest jedem Dank, und du bist wirklich für alles, was schief läuft, verantwortlich. Du weißt, daß du den Regen hättest verhindern können, wenn du nur deinen Kopf gebraucht hättest, aber du hast gar keinen. Natürlich wirst du jeder Kritik über dich zustimmen. Du bist selbstverständlich dankbar für die Tatsache, daß jemand überhaupt mit dir spricht, egal was oder wie er es sagt. Du würdest nicht auf die Idee kommen, etwas für dich selbst zu fordern. Denn schließlich, wer bist du, daß du Forderungen stellen könntest?

Außerdem, wenn du nur gut genug wärst, würde es schon von selbst kommen.

Sei die klebrigste, leidendste, Füße küssende Person, die du nur sein kannst. Stell dir deinen Körper mit einem Bein kniend vor, ein bißchen wackelnd, eine Hand bittend ausgestreckt, und paß auf, daß dein Kopf stark nach oben gerichtet ist, so daß dein Nacken schmerzt, deine Augen überanstrengt werden und du in kürzester Zeit Kopfschmerzen bekommst.

Wenn du in dieser Position sprichst, wird deine Stimme winselnd und piepsend sein, denn du hältst deinen Körper so geduckt, daß du nicht genug Luft für eine reiche, volle Stimme hast. Du wirst zu allem »ja« sagen, egal was du fühlst oder denkst. Diese beschwichtigende Figur ist die Körperhaltung, die der versöhnlich stimmenden Reaktionsform entspricht.

2. ANKLAGEN

Worte: nicht zustimmend (»Du machst nie etwas richtig. Was ist los mit dir?«)

Körper: anklagend, fordernd (»Ich bin der Chef hier.«)

Gedanken und Gefühle: (»Ich bin einsam und erfolglos.«)

Der Anklagende ist ein »Fehler-Sucher«, ein Diktator, ein Boß. Er handelt überheblich, und er scheint zu sagen: »Wenn du nicht da wärst, wäre alles in Ordnung.« Innerlich fühlen sich die Muskeln und Organe angespannt an. Der Blutdruck steigt an. Die Stimme ist hart, fest, oft schrill und laut.

Überzeugendes »Anklagen« verlangt von Ihnen, so laut und tyrannisch zu sein, wie Sie nur können. Machen Sie alles und jeden fertig.

Um anklagend zu wirken, ist es hilfreich, sich vorzustellen, daß man einen beschuldigend ausgestreckten Finger hat, und mit den Sätzen zu beginnen: »Du tust das

Die Figur des Anklägers sieht wie folgt aus:

nie«, oder »du machst das immer«, oder »warum tust du immer«, »warum tust du nie« und so weiter. Kümmere dich nicht um die Antworten. Das ist unwichtig.

Der Ankläger ist viel mehr darum bemüht, seine Gewichtigkeit herauszustellen, als wirklich etwas herauszufinden.

Ob du davon weißt oder nicht, wenn du beschuldigst, atmest du in kleinen, engen Zügen oder hältst deinen Atem ganz an, weil deine Halsmuskeln so angespannt sind. Hast du einmal einen wirklich erstklassigen Ankläger gesehen, dessen Augen hervorquollen, Halsmuskeln und Nasenflügel hervorstanden, der rot wurde und dessen Stimme sich anhörte wie von jemandem, der Kohlen schippt? Stelle dir dich selbst mit einer Hand an der Hüfte vor, den anderen Arm vorgestreckt mit geradem Zeigefinger. Dein Gesicht ist verzerrt, deine Lippen sind gekräuselt, deine Nasenflügel vibrieren, wenn du Schimpfworte ausrufst und alles unter der Sonne kritisierst.

Du glaubst ebenfalls in Wahrheit nicht, daß du etwas wert bist. Wenn du jemanden findest, der dir gehorcht, dann hast du deshalb das Gefühl, wenigstens etwas zu bedeuten.

3. RATIONALISIEREN

Worte: überaus vernünftig (»Wenn man sorgfältig beobachtet, könnte man die abgearbeiteten Hände eines hier Anwesenden bemerken.«)

Körper: unbewegt, gespannt (»Ich bin ruhig, kühl und gesammelt.«)

Gedanken und Gefühle: (»Ich fühle mich leicht ausgeliefert.«)

Der Rationalisierer ist sehr korrekt und sehr vernünftig, ohne den Anschein eines Gefühls zu zeigen. Er ist ruhig, kühl und gesammelt. Er könnte mit einem Komputer oder einem Nachschlagwerk verglichen werden. Der Körper fühlt sich trocken an, oft kühl und beziehungslos. Die Stimme ist trocken und monoton; die Wörter klingen leicht abstrakt. Wenn du rationalisierend sein willst, gebrauche die längsten

Die Figur des Rationalisierers sieht so aus:

Wörter, die möglich sind, selbst wenn du über ihre Bedeutung nicht sicher bist. So wirst du dich wenigstens in-
telligent anhören. Nach einem Absatz wird ohnehin niemand
mehr zuhören. Um dich selbst richtig in die Stimmung dieser
Rolle zu bringen, stelle dir vor, deine Wirbelsäule wäre
ein langer, schwerer Stab, der von deinem Hinterteil bis zum

Genick reicht, und du hättest einen 30 cm weiten Eisen-
kragen um deinen Hals. Halte alles an dir so bewegungs-
los wie nur möglich, auch deinen Mund. Es wird dir schwerfallen, deine Hände still zu halten, aber versuche es.

Wenn du rationalisierst, wird deine Stimme allmählich
absterben, denn du hast vom Schädel an abwärts kein Gefühl. Dein Hirn strengt sich dauernd an, daß sich nichts an
dir bewegt, und du bist damit beschäftigt, die richtigen Wörter zu wählen. Schließlich darfst du niemals einen Fehler
machen. Das Traurige an dieser Rolle ist, daß sie ein Ideal
für viele Menschen darzustellen scheint.

»Sprich die richtigen Worte: zeige kein Gefühl; reagiere nicht.«

4. ABLENKEN

Worte: ohne Beziehung, belanglos, die Wörter ergeben
keinen Sinn.

Körper: eckig und in verschiedene Richtungen weisend.

Gedanken und Gefühle: (»Niemand macht sich etwas
aus mir. Ich gehöre nirgendwo hin.«)

Was auch immer der Ablenkende sagt oder tut, es hat
keine Beziehung zu dem, was irgendein anderer sagt oder
tut. Er antwortet nie direkt auf eine Frage. Innerlich fühlt er
sich schwindelig oder verschwommen. Die Stimme kann
ein Singsang sein und paßt oft nicht zu den Wörtern; sie
kann sich ohne Ursache auf und ab bewegen, weil sie auf
nichts gerichtet ist.

Wenn du diese ablenkende Rolle spielst, wird es dir
helfen, dir vorzustellen, du habest einen schief sitzenden
Kopf, der sich dauernd dreht, so daß du nicht weißt, wohin
du gehst, und nicht bemerkst, wenn du einmal ankommst.

Du bist zu sehr damit beschäftigt, Mund, Augen, Arme
und Beine zu bewegen. Achte darauf, daß du nie gezielte
Worte gebrauchst. Ignoriere jedermanns Fragen; reagiere
eventuell mit einer eigenen Frage zu einem ganz anderen

Die Figur des Ablenkers sieht so aus:

Thema. Zieh eine imaginäre Faser aus jemandes Kleidung, binde Schnürsenkel auf und so weiter.

Stell dir deinen Körper vor, als weise er gleichzeitig in verschiedene Richtungen. Mach übertriebene X-Beine durch Zusammenstellen der Knie. Das wird dein Gesäß nach hinten drücken und helfen, deinen Rücken zu krümmen sowie deine Arme und Beine in verschiedene Richtungen zu bringen.

Zuerst scheint einen diese Rolle zu erleichtern, aber nach ein paar Minuten Spiel werden die fürchterlichen Einsamkeits- und Zwecklosigkeitsgefühle deutlich. Wenn du dich schnell genug bewegst, wirst du es nicht so sehr merken.

Nehmen Sie nun die vier körperlichen Haltungen zur eigenen Übung ein, welche ich beschrieben habe. Verharren Sie 60 Sekunden so und beobachten, was mit Ihnen geschieht. Da viele Menschen — und vielleicht auch Sie — es nicht gewohnt sind, Körperreaktionen zu fühlen, werden Sie vielleicht zuerst merken: Sie sind so mit Denken beschäftigt, daß Sie gar nichts fühlen. Machen Sie weiter; Sie werden allmählich die Gefühle haben, die Sie oft vorher hatten. Dann werden Sie in dem Augenblick, in dem Sie wieder frei auf Ihren eigenen zwei Beinen stehen, entspannen und fähig sind, sich zu bewegen, bemerken, wie Ihre Gefühle sich ändern.

Ich vermute, daß diese Kommunikationsformen in früher Kindheit gelernt werden. Während das Kind versucht, sich seinen Weg durch die komplizierte und oft bedrohliche Welt, in der es sich befindet, zu bahnen, gebraucht es die eine oder andere dieser Kommunikationsweisen. Nach genügender Wiederholung kann es seine Reaktionen nicht mehr von seinem Selbstwertgefühl oder seiner Persönlichkeit unterscheiden.

Der Gebrauch einer dieser vier Reaktionsformen schmiedet einen Ring um jemandes Gefühl von geringem Selbstwert. Vorherrschende Gewohnheiten in unserer Gesellschaft bekräftigen diese Kommunikationsarten ebenfalls, von denen viele auf Mutters Knien gelernt werden.

»Dräng dich nicht auf. Es ist egoistisch, für sich selbst um etwas zu bitten.« Dies unterstützt den beschwichtigenden Typ.

»Laß dich nur von niemandem heruntersetzen; sei kein Feigling«, unterstützt den Anklagenden.

»Mach doch nicht so ein ernstes Gesicht! Mach das Beste draus. Wem macht das schon was aus?« Das unterstützt die Ablenker.

Jetzt kann es leicht sein, daß du dich fragst, ob es für uns überhaupt noch eine Hoffnung im Leben gibt, wenn diese vier verkrüppelten Kommunikationsformen alles sind, was wir haben. Natürlich sind sie es nicht.

Es gibt eine fünfte Reaktionsform, die ich »kongruent« oder »fließend« genannt habe. Bei dieser Reaktionsmöglichkeit zielen alle Teile der Botschaft in die gleiche Richtung — die Stimme spricht Worte, die mit dem Gesichtsausdruck, der Körperhaltung und dem Ton der Stimme zusammenpassen. Die Beziehungen sind leicht, frei und ehrlich. Es gibt kaum eine Bedrohung für das Selbstwertgefühl. Aus dieser Verhaltensweise entsteht keine Notwendigkeit zu beschuldigen, sich in eine rationalisierende Position zurückzuziehen oder in dauernder Bewegung zu sein.

Unter den fünf Kommunikationsformen hat nur die »fließende« eine Chance, Brüche zu heilen, Stagnation innerhalb einer Beziehung zu durchbrechen oder Brücken zwischen Menschen zu bauen. Falls Kongruenz Ihnen zu unrealistisch erscheint, lassen Sie sich versichern, daß Sie weiterhin versöhnlich sein können, wenn Sie wollen. Sie können auch weiterhin beschuldigen, rationalisieren oder ablenken. Der Unterschied besteht dann darin, daß Sie wissen, was sie tun, und bereit sind, die Konsequenzen dafür zu tragen.

Wenn du kongruent reagierst, entschuldigst du dich tatsächlich, wenn du einsiehst, daß du etwas getan hast, was du nicht wolltest. Du entschduligst dich für eine Handlung, nicht für deine Existenz. Manchmal muß du kritisieren und bewerten. Wenn du dies auf eine ausgleichende Art und

Weise tust, so bewertest du eine Handlung, und du beschuldigst nicht die Person; du bietest dann gewöhnlich etwas Neues an. Manchmal wirst du über intellektuelle Themen reden, wie Referate halten, Erklärungen abgeben, Direktiven geben und so weiter, wo exakte Wortbedeutungen nötig sind. Wenn du auf diesem Gebiet kongruent bist, zeigst du immer noch deine Gefühle, und bewegst dich frei, während du etwas erklärst. Du agierst nicht, als wärst du eine Maschine. Viele Menschen, die ihren Lebensunterhalt durch Kopfarbeit verdienen — Wissenschaftler, Mathematiker, Buchhalter, Lehrer und Therapeuten —, wirken wie Maschinen und spiegeln die Kommunikationsform »Komputer« wider. Außerdem gibt es Momente, wo du das Thema wechseln willst oder mußt. In der fließenden Reaktionsform kannst du sagen, was du willst, anstatt überall herumzuhüpfen.

Die fließende Reaktion entspricht dem, was real ist. Wenn jemand kongruent sagt: »Ich mag dich«, ist seine Stimme warm und er sieht dich dabei an. Wenn er sagt: »Ich bin unheimlich wütend auf dich«, ist seine Stimme hart und sein Gesicht ist gespannt. Die Botschaft ist eindeutig und geradeheraus.

Ein anderer Aspekt der kongruenten Verhaltensweise ist, daß sie *die Wahrheit einer Person zu einem bestimmten Zeitpunkt* repräsentiert. Dies steht zum Beispiel im Gegensatz zu einer anklagenden Reaktion, wo die Person sich hilflos vorkommt, aber ärgerlich handelt — oder wo sie Schmerz erlebt, sich aber mutig zeigt.

Ein dritter Aspekt der Kongruenz ist, daß eine Person ganzheitlich, nicht nur partiell reagiert. Dabei werden Körper, Gedanken, Sinne und Gefühle gezeigt, im Gegensatz zum Rationalisieren zum Beispiel, bei dem sich nur der Mund bewegt und auch der nur leicht.

Eine Person, die kongruent reagiert, strahlt etwas Integrierendes, Fließendes, Lebendiges, Offenes aus und etwas »von Lebenssaft Durchströmtes«, wie ich es bezeichnen möchte.

Du vertraust ihr, du weißt, woran du bist, und du fühlst

dich wohl in ihrer Umgebung. Die Körperhaltung ist ein harmonisches und in der Bewegung freies Ganzes.

Diese Reaktionsform ermöglicht als einzige, wirklich lebendig zu leben, statt bei lebendem Leibe tot zu sein.

Um Ihnen nun zu einer klaren Unterscheidung zu helfen zwischen einem vorgegebenen Thema und den verschiedenen Weisen, sich darüber zu äußern, möchte ich fünf Arten, sich zu entschuldigen, in den fünf Kommunikationsformen vorstellen. Dies kann auch als Demonstration dienen, bevor Sie die Spiele im nächsten Kapitel tatsächlich ausführen.

Stellen Sie sich nun vor, ich sei gerade gegen Ihren Arm gestoßen.

Beschwichtigend: (Ich schaue nach unten und ringe die Hände.)

»Bitte entschuldigen Sie. Ich bin so schrecklich ungeschickt!«

Anklagend: »Herrje! Ich stieß gerade an Ihren Arm. Passen Sie demnächst gefälligst besser auf!«

Rationalisierend: »Ich möchte mich entschuldigen. Ich habe im Vorbeigehen versehentlich Ihren Arm gestoßen. Falls Ihnen etwas passiert ist, so setzen Sie sich mit meinem Anwalt in Verbindung.«

Ablenkend: (Ich schaue jemand anderen an.)
»Na, jemand spinnt da. Ich muß wohl angestoßen worden sein.«

Kongruent: (Ich schaue Sie direkt an.)
»Ich habe Sie angestoßen. Es tut mir leid. Habe ich Sie verletzt?«

Nehmen wir eine andere imaginäre Situation. Ich bin Ihr Vater, und irgend etwas, was Sie, mein Sohn, tun, ist nicht in Ordnung.

Beschwichtigend: (Ich trete mit gedämpfter Stimme und niedergeschlagenem Gesicht auf dich zu.)
»Ich ... hm — hm —, — je, Gott, Hans, es — tut mir leid — geht's dir gut? Weißt du, versprich mir, daß du nicht böse wirst — nein, du machst das schon richtig, es ist nur — vielleicht könntest du es ein wenig besser machen? Nur ein bißchen, ja? Hm?«

Anklagend: »Um Himmels willen, kannst du denn gar nichts, du dummer Kerl?«

Rationalisierend: »Wir machen eine Bestandsaufnahme der Leistungen unserer Familie. Wir meinen, daß die Leistungen in dieser Abteilung, namentlich bei dir, zu sinken beginnen. Hast du irgend etwas dazu zu bemerken?«

Ablenkend: (Ich spreche zu meinem anderen Sohn, der neben dir steht.)
»Sag mal, Arnold, sieht dein Zimmer ungefähr gleich aus wie das von Hans? Nein, es ist nichts los, ich bin nur gerade durchs Haus gegangen. Sag Hans, er soll zu sei-

	ner Mutter kommen, ehe er ins Bett geht.«
Kongruent:	»Hans, dein Zimmer sieht wüst aus. Du hast dein Bett seit gestern nicht gemacht. Mir gefällt das nicht. Wir müssen uns Zeit nehmen und uns zusammen anschauen, was schiefläuft.«

Es ist alles andere als leicht, mit alten Angewohnheiten zu brechen und kongruent zu werden. Eine Möglichkeit, die es Ihnen erleichtern könnte, dieses Ziel zu erreichen, ist, daß Sie einige Ihrer Ängste erkennen, die Sie davon abhalten, zu »fließen«. Um die Ablehnung, die wir so sehr fürchten, zu verringern, neigen wir dazu, uns folgende Sorgen zu machen, mit denen wir uns selbst bedrohen:

1. Ich könnte einen Fehler machen.
2. Jemand könnte das nicht mögen.
3. Jemand wird mich kritisieren.
4. Ich könnte lästig sein und im Wege stehen.
5. Er wird denken, daß ich nichts tauge.
6. Ich könnte für nicht gut genug gehalten werden.
7. Er könnte weggehen.

Wenn Sie sich auf die vorangegangenen Aussagen folgende Antworten geben können, haben Sie mehr echte Reife erlangt:

1. Ich mache ganz sicher Fehler, wenn ich etwas unternehme, besonders wenn es etwas Neues ist.
2. Ich kann ganz sicher sein, daß es jemanden gibt, dem nicht gefällt, was ich tue. Nicht jeder mag das gleiche.
3. Ja, es wird mich jemand kritisieren. Ich bin wirklich nicht vollkommen. Etwas Kritik ist nützlich.
4. Sicher! Jedesmal, wenn ich in Gegenwart einer anderen Person zu ihr spreche und sie unterbreche, dränge ich mich auf.
5. Vielleicht glaubt er wirklich, daß ich nichts tauge. Werde ich das überstehen? Vielleicht bin ich manchmal nicht so hervorragend. Manchmal aber sieht ein

anderer auch nur etwas in mich hinein. Kann ich das unterscheiden?

6. Wenn ich von mir selbst glaube, daß ich perfekt sein müßte, werde ich wohl immer Unvollkommenheit an mir entdecken.

7. Dann geht er halt! Vielleicht sollte er auch gehen, und abgesehen davon, ich werde es überleben.

Diese Einstellungen werden dir eine gute Gelegenheit bieten, auf deinen eigenen zwei guten Beinen zu stehen. Es wird nicht leicht und nicht schmerzlos sein, aber es dürfte ausschlaggebend dafür sein, ob du reifst oder nicht.

Ohne voreilig sein zu wollen, glaube ich doch, daß die meisten Dinge, mit denen wir uns gewöhnlich selbst schrecken und die unser Selbstwertgefühl beeinflussen, sich als Sturm im Wasserglas herausstellen. Eine Art, mir über diese Ängste hinwegzuhelfen, war, daß ich mich fragte, ob ich noch leben würde, wenn all diese Bedrohungen wahr würden. Wenn ich das mit ja beantworten konnte, ging es mir gut. Ich kann sie jetzt alle mit ja beantworten. Ich werde nie den Tag vergessen, an dem ich gemerkt habe, daß viele andere Menschen sich um die gleichen albernen Bedrohungen Sorgen machten, wie ich es tat. Ich hatte jahrelang geglaubt, daß ich die einzige wäre, und ich beschäftigte mich dauernd mit dem Versuch, sie zu überlisten; zur gleichen Zeit versuchte ich mein Bestes, die Ängste zu verbergen. Ich fürchtete immer — »was ist, wenn es jemand herausbekommt?« Nun, was denn, wenn es jemand herausbringt? Wir benutzen alle die gleichen Dinge, um uns Angst zu machen.

Inzwischen müssen Sie erkannt haben, daß dies keine Art Wunderrezept ist, sondern daß die kongruente Kommunikationsform in Wirklichkeit ein Weg ist, in realen Lebenssituationen realen Menschen zu antworten. Sie erlaubt Ihnen, jemandem zuzustimmen, weil Sie tatsächlich seiner Meinung sind und nicht, weil Sie glauben, Sie sollten es sein. Sie erlaubt Ihnen, zu widersprechen, weil Sie tatsächlich nicht einverstanden sind, und nicht, weil Sie glauben, Sie würden sonst keine Beachtung finden.

Diese Kommunikationsform erlaubt Ihnen, Ihren Kopf frei zu benutzen, aber nicht auf Kosten Ihres übrigen Seins. Sie erlaubt, die Richtung zu ändern, aber nicht, um sich aus Verlegenheit zu retten, sondern weil Sie es wollen und weil es notwendig ist. Was kongruente Reaktion bewirkt, ist, daß sie es Ihnen ermöglicht, als eine vollständige Person zu leben — real, in Kontakt mit Ihrem Kopf, Ihrem Herzen, Ihren Gefühlen und Ihrem Körper. Kongruent zu sein befähigt zur Integrität, Verantwortung, Ehrlichkeit, Intimität, Kompetenz, Kreativität und zur Fähigkeit, mit realen Problemen auf eine realistische Art fertig zu werden. Die anderen Kommunikationsformen resultieren in zweifelhafter Integrität, erschwindelter Verantwortlichkeit, Unehrlichkeit, Einsamkeit und unechter Kompetenz, im Gefesseltsein von Tradition und darin, daß man sich in destruktiver Weise mit erdachten Problemen befaßt. Man braucht Mumm, Mut, einige neue Überzeugungen und ein paar neue Fähigkeiten, um ein kongruenter Partner zu werden. *All dies kannst du nicht simulieren!*

Unglücklicherweise gibt es nur wenig in der Gesellschaft, das die kongruente Kommunikationsform bestärkt. Doch in Wirklichkeit hungern die Menschen nach dieser Art von Geradlinigkeit und Ehrlichkeit. Wenn du dir dessen bewußt wirst und mutig genug bist, es zu versuchen, werden die Abstände zwischen den Menschen verkürzt.

Ich bin nicht über die Religion oder durch das Philosophiestudium zu dieser Formulierung gekommen. Ich bin durch einen zähen, von Probieren und Irren (trial-and-error-way) gekennzeichneten Weg dazu gekommen, indem ich versucht habe, Menschen mit ernsthaften Lebensproblemen zu helfen. Ich fand heraus, daß es die Menschen heilte, wenn man sie dazu brachte, ihr Herz, ihr Gefühl, ihre Körper und ihren Geist zu finden. Das brachte sie wiederum zu ihrer Innerlichkeit und damit zu ihrer Menschlichkeit. Sie konnten sich dann als ganze Menschen darstellen, was ihnen zu einem höheren Selbstwertgefühl verhalf (zu vollem Pott), zu fördernden Beziehungen und zu befriedigenden Ergebnissen.

Keines dieser Ergebnisse ist möglich durch den Gebrauch der vier lähmenden Kommunikationsformen. Ich habe übrigens entdeckt, daß diese vier Formen die unausweichlichen Ergebnisse davon sind, wie Autorität in Familien gelebt und von einem großen Teil unserer Gesellschaft verstärkt und begünstigt wird. Es ist traurig, daß diese vier Formen die meist benutzten unter den Menschen geworden sind und von sehr vielen als die bestmöglichen Arten erfolgreicher Kommunikation angesehen werden.

Von dem, was ich gesehen habe, habe ich versuchsweise einige Rückschlüsse gezogen auf das, was ich erwarten kann, wenn ich neue Gruppen treffe. Fünfzig Prozent dieser Menschen werden »ja« sagen, ohne Rücksicht darauf, was sie fühlen oder denken (versöhnlich reagieren); dreißig Prozent werden »nein« sagen, ohne Rücksicht darauf, was sie fühlen oder denken (anklagend reagieren); fünfzehn Prozent werden weder »ja« noch »nein« sagen und nichts von ihren Gefühlen zu erkennen geben (rationalisierend reagieren); ein halbes Prozent wird sich verhalten, als gäbe es weder ja noch nein, noch irgendwelche Gefühle (ablenkend reagieren). Es werden nur viereinhalb Prozent übrig sein, von denen ich erwarten kann, daß sie real reagieren und kongruent sind. Meine Kollegen meinen, daß ich damit optimistisch bin, und glauben, daß kongruente Reaktionen nur bei einem Prozent unserer Bevölkerung vorkommen. Vergessen Sie nicht, daß diese Angaben sich auf keine gültigen Untersuchungen stützen, sie sind lediglich eine klinische Vermutung. Im Jargon gesprochen, scheint es, daß wir alle Schufte sind, die sich selbst verstecken und gefährliche Spiele untereinander spielen.

An dieser Stelle möchte ich eine noch drastischere Aussage anschließen. Wenn du deinen Körper krank machen willst und die Verbindung zu anderen Menschen abreißen lassen willst, wenn du auf deine wunderbaren geistigen

Fähigkeiten verzichten willst und dich selbst taub, stumm und blind machen willst, dann gebrauch die vier lähmenden Kommunikationsformen. Sie werden dir in großem Maße dazu helfen, dies zu erreichen.

Während ich dies schreibe, fühle ich heftig mit. Für mich stellen die Gefühle von Isolation, Hilflosigkeit, Ungeliebtsein, niedrigem Selbstwertgefühl und Inkompetenz das wahre menschliche Übel dieser Welt dar. Bestimmte Kommunikationsweisen verlängern es, andere können es verändern. In diesem Kapitel versuche ich, es jeder Person zu ermöglichen, die kongruente Reaktionsweise zu verstehen, so daß sie sie erkennen und benützen kann.

Ich wünsche mir sehr, daß jedes menschliche Wesen sich selbst schätzen und anerkennen, sich heil fühlen kann, kreativ, kompetent, gesund, offen, schön und liebevoll sein kann.

Obwohl ich diese verschiedenen Arten der Kommunikation zur Verdeutlichung übertrieben dargestellt habe und sie sogar amüsant erscheinen mögen, meine ich es todernst damit, daß die ersten vier Reaktionsstile tödlich wirken.

Wenn Sie anhand des nächsten Kapitels die Spiele ausführen, die ich ausgedacht habe, werden Sie in die Lage versetzt, genau zu erfahren, wie und was diese Kommunikationsformen sind. Sie werden sehr schnell verstehen, welchen Zoll sie von Ihrem Körper fordern, welches Mißtrauen in Ihren Beziehungen zu anderen formuliert ist und welche hohlen, enttäuschenden und häufig verheerenden Ergebnisse die Folgen sind.

6. Kapitel

Kommunikationsspiele

Jetzt sind wir soweit, daß wir uns den Kommunikationsspielen zuwenden können. Ich werde sie detailliert angeben und hoffe, daß ihr angeregt und neugierig genug sein werdet, sie mit Ernst auszuprobieren.

Sie wissen, daß etwas lesen sich sehr davon unterscheidet, etwas zu sehen oder zu tun. Ich wünsche, daß Sie alle drei Erfahrungen machen — die Spiele zu lesen, sie auszuführen und sie anschließend mit einer interessierten Gruppe auszuprobieren, so daß Sie beobachten können. Jeder dieser Ansätze wird eine andersartige Lernerfahrung bringen.

Sie können über Schwimmen lesen, Sie können andere beim Schwimmen beobachten, aber Sie können nicht wirklich wissen, was alles damit verbunden ist, bis Sie selbst ins Wasser tauchen.

Ich habe Tausende von Leuten mit diesen Spielen bekannt gemacht, angefangen von Vorschulkindern (die sie »Zuhause-Spiele« nannten) bis zu unterschiedlichen Gruppen von Erwachsenen — Geschäftsleuten, Pfarrern, Krankenhauspersonal — sowie Hunderten von Familiengruppen. Ich habe niemals jemanden angetroffen, der nicht spielen konnte. Ich habe hie und da einige wenige getroffen, die sich weigerten, und ich glaube, daß sie zu ängstlich waren, es zu versuchen; das vertuschten sie, indem sie sagten, daß sie es nicht könnten.

Es mag seltsam anmuten, daß die Menschen in demselben Moment, wo sie mit dem Rollenspiel beginnen, schon den Dialog kennen. Ich nehme das als eine Bestätigung für die Tatsache, daß meine Spiele die Wirklichkeitserfahrungen vieler reflektieren, die sie in ihren Familien gesammelt haben und — während sie aufwuchsen — in ihrer Gesellschaft. Unabhängig vom wirtschaftlichen Status, der Rasse, dem Alter, dem Geschlecht, der Nationalität und der Religion kennt jeder die Sprache der Kommunikationsspiele.

Nebenbei gesagt, auch wenn es unbescheiden klingen mag, bin ich mir selbst dankbar, daß ich sie erfunden habe. Sie halfen mir sehr, meine Perspektive zurückzugewinnen, als ich sie verloren hatte, und sie sind sicherlich ein Mittel, um sich weiterzuentwickeln. Es kann sein, daß Sie eine ähnliche Erfahrung machen werden.

Ich dränge dich, in diese Spiele einzutauchen. Du hast keine Ahnung davon, wie überrascht du darüber sein wirst, was du über dich und die anderen Mitglieder deiner Familie lernen wirst, und auch darüber, wie ihr alle innerhalb der Familie miteinander umgeht. Nachdem sie sie gespielt haben, sagen die meisten Leute, daß sie eine Möglichkeit bieten, neue Türen zu besserem Verstehen zu öffnen. Ich weiß, daß ich jedes Mal etwas Neues lerne, wenn ich spiele. Fangt an!

Abgesehen vom Lernen und Wachsen können die Spiele auch eine Menge Spaß vermitteln.

Anfang: Laß uns das Spiel mit drei Leuten beginnen — einer Triade — die anderen sehen zu. Ich beginne mit einer Triade, weil dies die Grundeinheit einer Familie ist (Vater, Mutter und Kind). Hier lernten wir alle unsere Kommunikationsmuster. Du kannst mit irgendwelchen dreien deiner Familie beginnen, jedoch schlage ich dir vor, mit den ältesten Kindern anzufangen. Nebenbei gesagt, müssen die Kinder wahrscheinlich mindestens drei Jahre alt sein, bevor sie sich gut in das Spiel einfügen können.

Die erste Triade könnte der Ehemann, die Ehefrau

und das erste Kind sein. *Um dein Bemühen, die Kommunikation in deiner Familie zu verstehen, mit Erfolg zu verwirklichen, schlage ich vor, daß du mit allen möglichen Triaden in deiner Familie spielst — eine nach der anderen.
Sollte es eine fünfköpfige Familie sein, wären es folgende
Triaden:*

    Ehemann, Ehefrau und erstes Kind
    Ehemann, Ehefrau und zweites Kind
    Ehemann, Ehefrau und drittes Kind
    Vater, erstes Kind und zweites Kind
    Vater, zweites Kind und drittes Kind
    Vater, erstes Kind und drittes Kind
    Mutter, erstes Kind und zweites Kind
    Mutter, zweites Kind und drittes Kind
    Mutter, erstes Kind und drittes Kind
    Erstes, zweites und drittes Kind.

*Das ergibt insgesamt zehn Triaden, und das Spiel dürfte
drei bis vier Stunden in Anspruch nehmen. Zwingt euch
nicht! Wenn ihr entdeckt, daß sich etwas öffnet und sich
helfende Erkenntnisse einstellen, dann laßt es zu. Drängt
aber nicht! Morgen ist auch noch ein Tag.*

*Sollte euch ein Tonband oder ein Videogerät zur Ver-
fügung stehen, gebraucht es. Schaut oder hört es später an,
und stellt euch auf Überraschungen ein.*

*Nun gut. Drei von euch haben sich bereitgefunden, mit
dem Spielen zu beginnen. Setzt euch zueinander ohne großen Abstand. Denkt euch neue Namen aus, einschließlich
eines Familiennamens. Gebt eure neuen Namen laut bekannt. Es scheint, daß größere Lerneffekte erzielt werden,
wenn man andere Namen als die eigenen verwendet.*

*Es mag nötig sein, daß ihr euch noch einmal dem Kapitel
zuwendet, in dem ich die verschiedenen Kommunikationsformen diskutiert habe: beschwichtigen, anklagen, rationalisieren, ablenken und kongruent sein.*

*Zum Spielen wählt jeder von euch eine dieser Kommu-
nikationsformen. Zum Beispiel kann einer von euch anklagen, einer kann beschwichtigen und der dritte kann eben-*

*falls anklagen. In der nächsten Runde kann der, welcher
eben anklagte, beschwichtigen und umgekehrt. Der dritte,
der auch anklagte, kann jetzt ebenfalls beschwichtigen. In
der dritten Runde kann der erste versuchen, Komputer zụ
sein (rationalisieren), der zweite irrelevant zu sein (abzulenken), und der dritte kann weiterhin anklagen.*

*Im folgenden zähle ich Kombinationen auf, die ich oft
antreffe:*

Person 1	Person 2	Person 3
anklagen	beschwichtigen	anklagen
beschwichtigen	anklagen	beschwichtigen
anklagen	anklagen	beschwichtigen
rationalisieren	anklagen	ablenken
anklagen	rationalisieren	ablenken
rationalisieren	rationalisieren	anklagen
ablenken	rationalisieren	beschwichtigen
rationalisieren	ablenken	anklagen
beschwichtigen	beschwichtigen	ablenken

*Während ihr diese Kombinationen spielt, könnte es
passieren, daß ihr auf eine stoßt, die euch bekannt
scheint.*

*Nachdem ihr nun entschieden habt, wer welche
Kommunikationsform übernimmt, teilt sie euch gegenseitig
laut mit. Beginnt, indem ihr die körperliche Haltung ein-
nehmt, die zu dieser Form gehört. Ihr erinnert euch an die
Figuren, die wir bereits diskutierten und die den Kommunikationsformen Beschwichtigen, Anklagen, Komputer und Ablenken entsprechen. Auf Seite 109 sind die Figuren in Beziehung zueinander dargestellt.*

*Nehmt nun diese Positionen ein, und verharrt eine
Minute lang wie die Figuren. Während ihr das versucht,
erlaubt euch, bewußt wahrzunehmen, wie ihr euch selbst
und über die anderen fühlt. Setzt euch danach hin und spielt
die gleichen Kommunikationsformen noch einmal, aber
mittels eines gemeinsamen Gespräches.*

Hier ein Beispiel einer möglichen Interaktionsfolge:

Hans   (Vater/Ehemann) — (anklagend):
          Warum hast du unseren Urlaub noch nicht geplant?

Else   (Mutter/Ehefrau) — (anklagend):
          Was schreist du so herum? Du hast genauso viel
          Zeit dazu gehabt wie ich!

Karl   (Sohn) — (anklagend):
          Ach, seid still! Ihr zwei streitet euch immer. Ich
          geh' sowieso nicht in Urlaub.

Hans   (anklagend):
          Du hast dein Maul zu halten. Ich bin der, der hier
          bestimmt, was geschieht.

Else   (anklagend):

	Wer sagt denn das? Nebenbei gesagt, Junge, hast du hier gar nichts zu melden.
Oder:	
Hans	(versöhnlich): Wo möchtest du denn hinfahren, Liebling?
Else	(rationalisierend): Im Sinne der letzten Ausgabe des Frauenblattes hieße das, daß ein Wechsel im Tempo der Aktivitäten im Laufe eines Tages auf jeden Fall im Ferienplan berücksichtigt werden muß.
Hans	(versöhnlich): Was immer du für richtig hältst, Liebes.
Karl	(versöhnlich): Du planst immer schöne Sachen, Mama.
Else	(rationalisierend): Das stimmt. Ich werde morgen früh mit einer Aufstellung anfangen.

Stellt den Wecker auf fünf Minuten. Sollte in eurer Familie ein spezieller Konflikt schwelen, so gebraucht ihn als Thema. Sollte euch keine solche Situation zur Verfügung stehen, versucht, etwas zusammen zu planen — eine Mahlzeit den Urlaub, den Großputz der Garage oder irgend etwas anderes, was die Familie möglicherweise zusammen planen könnte. Fürchtet euch während des Spiels nicht vor Übertreibungen. Wenn der Wecker klingelt, hört auf zu spielen, auch wenn ihr euch mitten in einem Satz befindet. Setzt euch augenblicklich zurück, schließt eure Augen und werdet euch eures eigenen Atems bewußt, sowie eurer Gedanken, eurer Gefühle, eures Körpergefühls und eurer Gefühle den Partnern gegenüber.

Versucht zu fühlen, wie es wäre, wenn ihr in dieser Form immerzu in eurer Familie leben müßtet.

Es könnte sein, daß dein Blutdruck angestiegen ist; du könntest ins Schwitzen gekommen sein oder Schmerzen und Spannungen verschiedener Art bemerken. Erlaub dir selbst, dich zu entspannen, noch immer mit geschlossenen

Augen. Beweg dich ein bißchen hin und her, um Muskel-
verspannungen zu lösen, wenn dies nötig ist. Trenn dich
dann geistig von deinem Rollenspiel-Namen und sag im
stillen deinen eigenen Namen zu dir.

Allmählich öffne deine Augen und berichte dann deinen
Partnern von den inneren Erfahrungen, die du in deiner
Rolle gemacht hast. Was ist tatsächlich geschehen? Was hast
du gedacht oder gefühlt, und was für Dinge aus Gegenwart
oder Vergangenheit sind dir eingefallen? Wie hat dein Körper
reagiert? Sag, wie du den anderen Mitgliedern deiner Gruppe
gegenüber gefühlt hast, während du versuchtest, deine Rolle
zu spielen. Sprecht über all dies.

Es kann Ihnen bewußt werden, daß das Schicksal jeder
Planung oder Konfliktlösung von der angewandten Kommu-
nikationsform abhängig ist. Versucht es mit einer anderen
Kommunikationsform, und das Ergebnis wird anders sein.

Was die Menschen beim Erleben dieser Spiele als
schmerzlich erleben, ist die Ähnlichkeit einiger dieser
Kombinationen mit der Art und Weise der Kommunikationsmuster, die sie tatsächlich gebrauchen, um miteinander zu
interagieren. Diese Spiele auszuführen kann außerdem Erinnerungen an vergangenes Erleben auslösen, gelegentlich an
die Zeit mit den eigenen Eltern, als sie ein Kind waren.
Sollte das der Fall sein, so behandeln Sie es als eine Entdeckung und nicht als Knüppel zur Selbstbestrafung. Statt
sich zu sagen, wie schlecht oder dumm Sie sind beziehungsweise Ihre Eltern waren, gebrauchen Sie diese Entdeckung
als Ausgangspunkt, von dem aus Sie vorwärtskommen
können.

Versucht es noch einmal mit einer anderen Zusammen-
stellung von Kommunikationsfiguren. Vielleicht könnt ihr
auch mit dem Wechsel von Rollen experimentieren. Der
Mann, der eben den Vater spielte, kann zum Beispiel nun
der Sohn sein.

Am Ende jedes Spieles nehmt euch so viel Zeit als nötig,
um den Partnern eure inneren Erlebnisse mitzuteilen. Setzt

dann die Rollenhüte auf, stellt den Wecker und fahrt mit
dem nächsten Spiel fort und so weiter, bis ihr fertig seid oder
aufhören wollt.

Bevor du deine inneren Erlebnisse den anderen mit-
teilst, kann es sein, daß du dich unwohl fühlst. Das wird sich
lösen, sobald du anfängst, dieses Unwohlsein mit Worten
auszudrücken. Du wirst auch bemerken, daß deine Stimme
anders klingt, wenn du über dein inneres Sein sprichst. Zu
diesem Zeitpunkt wirst du sehr nah dem Gebrauch der
kongruenten Reaktionsform sein.

Wer diese Spiele zum ersten Mal spielt, widersetzt sich
möglicherweise, weil von ihm verlangt wird, offen das zu
tun, von dem er im geheimen fürchtete, es immer schon getan zu haben. Männer können zum Beispiel tatsächlich bei
dem Gedanken an beschwichtigendes Reagieren Ekel empfinden. Frauen wehren sich heftig gegen das Anklagen, weil sie
nicht als keifendes Weib gelten wollen.

Sie werden sehr viel lernen, wenn Sie sich erlauben,
Ihre Regeln voll zu erleben und zu erkennen. Denken Sie
daran, daß *Sie selber wählen können,* ob Sie zulassen, daß
sie sich abschleifen oder nicht.

Wenn Sie eine Frau sind und fürchten, als keifend zu
gelten und sich deshalb das Keifen nie erlauben, werden Sie
sich selber mit eiserner Hand regieren. Diese Hand kann entsetzlich schwer werden, so daß sie ab und zu heruntersinken
wird. Dann, zack! Schon keifen Sie. Das kontrastiert mit der
freien Wahl Ihres Verhaltens in jedem Moment. Wenn die
im Keifen investierten Energien und Fähigkeiten richtig entwickelt werden, verwandeln sie sich in gesunde Aggression,
die jede Frau benötigt.

Dieses Konzept ist zu vergleichen mit drei hungrigen
Hunden in einem sicheren Eisenkäfig, die ständig bellen,
um herausgelassen zu werden, und andererseits drei wohlgenährten Hunden, die schnell kommen, wenn sie gerufen
werden. Wenn du vergißt, das Gatter zu verriegeln, werden
die hungrigen ausbrechen und vielleicht sogar dich ver-
schlingen. Im anderen Fall, die wohlgenährten Hunde kön-

nen bei offenem Gatter herauskommen und sogar weglaufen, aber sie werden dich nicht fressen.

Sie haben also einen Hang zum Keifen. Nehmen Sie ihn an, schmücken und ehren Sie diese Tendenz als einen Teil von Ihnen. Lieben Sie sie und räumen ihr einen Platz neben Ihren übrigen Gefühlen ein. Sie können desgleichen mit allen Ihren Neigungen tun. Auf diese Weise wird keine von ihnen auf Ihrem übrigen Selbst herumstampfen. Jede wird hervortreten und sich »fein benehmen« nach Ihren Wünschen. Es kann sich herausstellen, daß Sie sie mit der Zeit immer seltener benötigen, so wie Sie ein Sonntagskleid, das zu klein geworden ist oder der Mode nicht mehr entspricht, vielleicht in ein Spielkittelchen für Ihre Tochter umwandeln, es weggeben oder zum Staubwischen benutzen.

Wenn Sie dagegen Ihre Tendenzen verbergen oder knebeln, werden Sie das nicht gut schaffen können. Sie werden auf die Chance warten, Ihnen zu entwischen und hinter Ihrem Rücken gegen Sie zu handeln.

Sollten Sie ein Mann sein und fürchten, als Herr Waschlappen angesehen zu werden, und Sie versuchen, damit fertigzuwerden, indem Sie den Herrn Groß oder den Herrn Grausam spielen, geht es Ihnen genauso wie der Dame, die ihr Keifen fürchtet. Sie können jederzeit davon hereingelegt werden. Ihre Waschlappen-Eigenschaften werden — nachdem sie gepflegt und etwas verändert worden sind — zu Zartheit und Fähigkeit zur Zärtlichkeit, die Sie als Mann äußerst nötig haben. Sie befähigen Sie, Ihren Körper gesund und strömend zu erhalten und eine wirklich liebende Verbindung zu Ihrer Frau und zu Ihren Kindern wie auch zu Ihren Kollegen herzustellen. Die Entwicklung Ihrer Zartheit muß Ihre Festigkeit nicht ausschalten. Sie benötigen sie ebenfalls, und Sie können beides haben und brauchen sich nicht mit einem von beidem abzufinden.

Sobald ein Mensch sich dafür entscheidet, alle Teile, die zu ihm gehöern, anzuschauen, kann er einen Sinn für Perspektive und Humor entwickeln, der ihm hilft, bessere Entscheidungen zu treffen. Das wird ihm helfen, seine negativen Einstellungen gegenüber seinen negativen Tendenzen zu neutralisieren. Er wird Anhaltspunkte dafür finden, wie er diese Tendenzen positiver nützen kann.

Die Techniken, die in den Kommunikationsspielen enthalten sind, tragen dazu bei, sich eine Perspektive zu erhalten; denn niemand von uns ist sich seiner selbst vollständig bewußt. Viele Familien erzählten mir, daß sie sich zusammensetzen und die Spiele versuchen, um ihre Perspektive zurückzugewinnen, sobald sie den Eindruck haben, daß bei ihnen etwas schlecht läuft. Es befreit ihre Kräfte, die dann für sie statt gegen sie wirken.

Es gibt ein weiteres nützliches Experiment, das Sie mit den Spielen versuchen können.

Nachdem alle Triaden durchgespielt sind, spielt einmal mit der ganzen Familie. Zum jetzigen Zeitpunkt dürftet ihr die Spiele gut kennen, und ihr alle werdet einige Übung im Spielen entwickelt haben.

Nehmt wieder andere Namen an. Jeder von euch wählt dann im stillen eine der vier Reaktionsformen und berichtet dieses Mal den anderen nicht, welche er gewählt hat. Beginnt eure Sitzung mit einer gemeinsamen Planung. Benützt wieder ein Tonbandgerät, wenn ihr eines besitzt. Stellt euren Wecker auf 30 Minuten ein. Wenn einer beginnt, sich innerlich unwohl zu fühlen, wechselt er die Rolle. Wenn du bisher »beschwichtigend« warst, wechsle zu einer anderen Kommunikationsform — vielleicht zu »anklagend«. Bleib dabei, bis du dich erneut unwohl fühlst. Sobald dies geschieht, sag so gut und vollständig du nur kannst, wie du über dich und die anderen gefühlt und gedacht hast, während du spieltest. Vermutlich wirst du dich lange vor Ablauf der 30 Minuten unwohl fühlen und nur Erleichterung erfahren, wenn du deine Erlebnisse voll aussprechen kannst. Dies wird dich erneut der kongruenten Reaktionsform näherbringen.

Das gründliche Erlernen dieser Spiele führt häufig dazu, daß jede Person erkennt, daß sie viel mehr Talente besitzt, als sie glaubte. Jeder kann die Fähigkeit erwerben, die verschiedenen Rollen zu spielen. Sie werden finden, daß Sie nicht in einer Möglichkeit steckenbleiben müssen, sondern mindestens vier oder fünf zur Verfügung haben. Das zu erkennen befähigt sie zum Wählen, und das wiederum hebt den Spiegel deines »Potts«, vergrößert deinen Selbstwert.

Sagen Sie zu sich selbst: Ich kann versöhnlich sein, ich kann anklagen, rationalisieren, ablenken und kongruent sein. *Ich kann wählen.* Was mich, Virginia, betrifft, bevorzuge ich die kongruente Reaktionsform. Sie führt zu den besten Konsequenzen, aber sie ist, wie ihr alle jetzt wißt, die, welche am schwersten zu erlernen ist.

Wenn ich fähig bin, mich zu entschuldigen ohne beschwichtigend zu agieren, anderer Meinung zu sein ohne zu beschuldigen, vernünftig zu sein ohne unmenschlich und langweilig zu werden, das Thema zu wechseln ohne abzulenken, dann habe ich mehr persönliche Befriedigung, weniger inneres Leid und größere Chancen zum Reifen sowie zu befriedigenden Beziehungen mit anderen — ganz abgesehen von der größeren Kompetenz. Umgekehrt, wenn ich mich einmal dafür entscheide, eine der anderen vier Formen zu gebrauchen, kann ich die Verantwortung für die Konsequenzen übernehmen und den Schmerz, der daraus entsteht, akzeptieren.

Konnten Sie die erschöpfende und abnützende Wirkung auf Ihren Körper wahrnehmen, als Sie diese Spiele übten? Allgemein vorkommende Leiden und Schmerzen, wie Kopfschmerzen, Rückenschmerzen, hoher und niedriger Blutdruck und Verdauungsstörungen werden viel verständlicher, wenn wir sie als natürliche Auswirkungen der Art und Weise betrachten, wie wir kommunizieren oder nicht kommunizieren. Können Sie sich auch vorstellen, wie wenig Chancen bestünden, einander näherzukommen, wenn die vier Muster alles wären, was wir zur Verfügung hätten? Fortschreitende Verschlechterung der Beziehungen wäre unvermeidlich.

Während Sie den inneren Streß, die persönliche Frustration und die Hoffnungslosigkeit zu spüren beginnen, die diesen Kommunikationsformen folgen, versuchen Sie weiterhin sich vorzustellen, wie einfach es wäre, wenn Sie in solchen Beziehungen stecken würden, sich eine Krankheit zu wünschen, sich einen Liebhaber zu suchen, sich selbst oder andere umzubringen? Lediglich eine sehr starke, verbietende Regel wird Sie daran hindern. Die Chancen stehen dabei hoch, daß Sie beim Einsatz aller Ihrer Energie, diese Regel einzuhalten, dennoch vorzeitig sterben würden. Ich werde in einem nachfolgenden Kapitel mehr über Regeln zu sagen haben.

Fast jeder, den ich mit ernsten Problemen der Lebensbewältigung traf — Schulschwierigkeiten, Alkoholismus, Ehebruch und was immer —, hat seine Kommunikation auf die Weisen gehandhabt, mit denen Sie experimentiert haben. Falls es irgendwelche Leute gibt, die es mit diesen Reaktionen »schafften«, habe ich sie nicht getroffen. Ich kann nicht oft genug darauf hinweisen, daß all diese Arten zu kommunizieren aus einem niedrigen Pott — aus dem Gefühl, selbst nur geringen Wert zu haben — entspringen. Mehr als irgend etwas anderes wünsche ich mir, in Ihnen Gefühle des Selbstwerts zu stimulieren.

Jetzt könnten Sie fähig sein, ziemlich klar zu sehen, wie

Ihr Pott mit Ihrer Kommunikation verbunden ist. Weiterhin werden Sie leichter erkennen, wie die Handlungen der Menschen aus ihrer Kommunikation erwachsen. Es läuft wie ein Karussell. Zu Beginn habe ich niedrigen Pott. Daraus folgt eine verarmte Kommunikation. Daraufhin fühle ich mich noch schlechter; mein Verhalten spiegelt das wider. Und so geht es weiter.

Laß uns ein wohlbekanntes Beispiel betrachten. Du bist heute morgen mürrisch und dich schlecht fühlend aufgewacht. Du mußt zur Arbeit gehen und deinem Chef gegenübertreten, von dem du annimmst, daß er etwas gegen dich hat. Du folgst der Regel, daß niemand etwas von deinen Ängsten wissen darf. Deine Frau sieht dein saures Gesicht und bemerkt vielleicht: »Was ist denn mit dir los?« »Nichts« — erwiderst du kühl, stürmst zur Tür hinaus, rennst sie dabei fast um und gibst ihr keinen Abschiedskuß. Dir ist nicht bewußt, wie dein Verhalten auf sie wirkt.

Aber sie weiß jetzt, daß du brutal bist, und plant Vergeltung. Beim Nachhausekommen findest du einen Zettel, daß sie ihre Mutter besucht. Du schlingst ein kaltes Abendbrot in dich hinein. Nachdem sie heimkommt, ignoriert sie deine Einladung, mit dir schlafen zu gehen, weil sie zu bügeln hat. Und so geht es weiter.

Alle vier Reaktionsformen demonstrieren, daß jede Person die andere für sich wählen und entscheiden läßt. Sie übergibt ihr Schicksal jemandem oder etwas anderem und lebt nicht, als sei sie frei, um ihre eigenen Reaktionsweisen auszusuchen. Danach ist es natürlich leicht, sich darüber zu beklagen, wie schlecht man behandelt worden ist.

Diese Experimente müssen Ihnen gezeigt haben, daß jede Person die andere mehr zu der macht, die sie bereits ist. Der Anklagende macht den Versöhnlichen zu einem noch Versöhnlicheren, und der Versöhnliche macht den Ankläger zu einem stärker Anklagenden. Damit beginnt das, was ich ein geschlossenes System nenne, was ich später ausführlicher diskutieren werde.

Nachdem diese Kommunikation über mehrere Jahre hin

gelaufen ist, lehnst du dich ab, hältst dich selbst für dumm und die Welt für verdorben und unmöglich. Du hörst auf zu wachsen und beginnst abzusterben.

Es ist wichtig, daß wir die Macht erkennen, die diese Reaktionsformen auf andere Menschen haben.

Die beschwichtigende Reaktion kann Schuldgefühle wecken. Die anklagende Reaktion kann Furcht auslösen. Die rationalisierende Reaktion kann Neid fördern. Die ablehnende Reaktion kann Lust zum Spaßen provozieren.

Somit:

Wenn ich deine Schuldgefühle wecke, könntest du mich schonen.

Wenn ich deine Furcht errege, könntest du mir gehorchen.

Wenn ich deinen Neid auslöse, könntest du dich mit mir zusammenschließen.

Wenn ich deine Lust zum Spaßen provoziere, könntest du mich lieben oder mir vertrauen.

In Wahrheit kannst du mich in keinem der Fälle lieben oder mir vertrauen, was, genau betrachtet aber erst eine wachstumsfördernde Beziehung ausmachen würde. Alles, was wir können, ist zu überleben.

Ich denke, daß wir uns an dieser Stelle noch etwas mit Gefühlen beschäftigen sollten. Ich habe sehr viele Menschen getroffen, die ihr Innenleben nie mitteilen — wahrscheinlich weil sie entweder nicht wissen, wie sie es tun sollen, oder weil sie es zu sehr fürchten. Ich hoffe, daß Sie herausfinden, ob Sie Ihre Gefühle mitteilen können oder nicht.

Seine Gefühle wirklich zu verbergen benötigt eine ziemlich große Erfahrung, und die besitzen die meisten Menschen nicht. Häufig sind ihre Bemühungen von der Art des bekannten Vogel Strauß, der seinen Kopf in den Sand steckt. Er denkt, er sei versteckt und sicher, was natürlich nicht stimmt. Die Person, die sich selbst etwas vormacht, wie der Strauß, fühlt sich oft von anderen mißverstanden und betrogen.

Natürlich gibt es Möglichkeiten, sich erfolgreich zu verbergen, wenn Sie darauf bestehen, es zu tun. Sie könnten Ihren Körper in einer großen schwarzen Kiste halten, die nur ein kleines Loch hat, damit Ihre Stimme hindurchkommen kann. Dazu werden Sie mit einer gleichmäßig-monotonen Stimme sprechen müssen. Sie würden nicht viel vom Leben haben, aber Sie wären sicher gut versteckt.

Wie wir es in unseren Grundübungen gelernt haben, könnten Sie Ihre Gefühle dadurch maskieren, daß Sie stets zu jemandem sprechen, der Ihnen den Rücken zuwendet. Er kann Sie nicht sehen. Ihr würdet einander nicht gerade gut hören, aber Ihre Gefühle würden sich nicht zeigen. Oder halten Sie einen Abstand von zehn bis zwölf Metern zu jeder Person. Ihre Gefühle können dabei ziemlich erfolgreich verborgen bleiben, besonders wenn sich etwas zwischen euch befindet, wie etwa andere Leute oder ein großer Tisch. In vielen Familien versuchen die Ehepartner dies dadurch zu erreichen, daß sie ihre Kinder zwischen sich stellen.

Seien Sie jedoch sicher, daß speziell starke, intensive Gefühle sich gewöhnlich irgendwo an Ihrem Körper oder in Ihrem Gesicht erkennen lassen, wenn Sie versuchen, sie zu verbergen. Das Endergebnis ist, daß der Verbergende eher als Lügner oder Heuchler empfunden wird als anders.

Wie schon erwähnt, sind alle vier Reaktionsweisen, mit denen Sie experimentiert haben, Versuche, Teile Ihres Selbst zu verstecken oder zu vertuschen. Es kann sein, daß Sie das eine so lange Zeit gemacht haben, daß Sie sich dessen nicht mehr bewußt sind. Bewußt denken Sie vielleicht, daß dies eine Art ist, mit anderen auszukommen; es könnte auch sein, daß Sie eben keine bessere kennen.

In der »versöhnlichen« Form verstecken Sie Ihre Bedürfnisse vor sich selbst. In der beschuldigenden Reaktionsart verbergen Sie Ihre Bedürfnisse vor anderen. Der Komputer verleugnet seine emotionalen Bedürfnisse vor sich selbst und vor anderen. Die gleichen Bedürfnisse werden vom Ablenkenden ignoriert, und zusätzlich verbirgt er jede Beziehung zu Zeit, Ort und Ziel.

Das sind also die Schilde, die die Menschen gebrauchen, um ihre Gefühle zu verbergen, damit sie nicht verletzt werden. Das Problem ist, sie davon zu überzeugen, daß es *sicherer* ist, seine Gefühle auszudrücken. Damit ist ein Therapeut zu neunzig Prozent seiner Zeit beschäftigt. Es ist die größte Aufgabe, die ein Individuum hat, sich selbst zu kennen und zu wissen, daß es sicher ist, ehrliche Gefühle auszudrücken.

Entsprechend meinen Erfahrungen sind Menschen, die ihre Gefühle nicht zeigen oder nicht zeigen können, sehr einsam, auch wenn ihr Verhalten es nicht zu erkennen gibt. Die meisten dieser Leute wurden über lange Zeiträume hin in ihrer Kindheit fürchterlich verletzt oder vernachlässigt. Ihre Gefühle nicht zu zeigen ist ein Versuch, sich vor weiteren Verletzungen zu schützen. Es benötigt Zeit, einen liebenden, geduldigen Partner und einige neue Aufmerksamkeit, um dies bei sich zu ändern. Aber selbst wenn die äußeren Umstände positiv sind, geht es nur dann vorwärts, wenn, wer sich ändern soll, den Wandel wirklich will.

Andererseits ist ein persönlicher Freiraum (Intimsphäre) ein wichtiger Teil in jeder Beziehung. Es gibt Zeiten, in denen du keine Worte hast oder du deine Gefühle einfach nicht mitteilen möchtest. Kannst du in diesem Fall offen sagen »Ich möchte es dir nicht sagen« oder »Mir fehlen die Worte, es dir zu sagen«? Geheimhaltung kann verletzen. Jemandem, der dir nahesteht, zu sagen, daß du ihm etwas nicht erzählen willst, kann ihn leicht unangenehm berühren. Wenn es jedoch zwischen euch beiden klar verstanden wird, daß ihr euch gegenseitig persönlichen Raum geben wollt — sowohl innerlich wie äußerlich —, dann könnt ihr das Unbehagen aushalten. Wichtig ist, über die Tatsache zu sprechen, daß du zu diesem Zeitpunkt nicht über das in dir Vorgehende sprechen möchtest. Das heißt real und kongruent sein. Es besteht ein großer Unterschied zwischen »Ich habe mich entschieden, jetzt nicht zu sagen, was ich denke und fühle« und der Tendenz, Schutzschilde zu gebrauchen, um die Gefühle zu verbergen.

Es kann für dich sehr unangenehm sein, wenn von dir erwartet wird, daß du dein Inneres jederzeit offenzulegen hast. Der Schlüssel ist, den richtigen Zeitpunkt und die richtige Form dafür auszuwählen sowie den Rahmen zu finden, in dem das möglich ist. Privatraum zu haben ist jedenfalls ein notwendiger Teil zur Erhaltung eines vollen Potts.

Welche Gewohnheiten haben Sie in bezug auf Ihren Privatraum? Wie gut funktioniert das bei euch, und wie finden Sie heraus, ob es funktioniert oder nicht?

Wenn Sie jetzt auf Ihre Erfahrung mit den Rollenspielen zurückschauen, kann es sein, daß Sie — wenn Sie ernsthaft gespielt haben — verwundert waren über die Tatsache, daß Ihr Körper, Ihre Gefühle und Ihre Gedanken aufgewühlt wurden, obwohl Sie wußten, daß Sie nur eine Rolle spielen. Ihre Reaktionen sind ein eindeutiger Beweis dafür, wie mächtig diese Rollen in Wirklichkeit sind.

Außerdem sind Sie sich vermutlich jetzt bewußt, wie müde Sie durch das Spielen wurden. Stellen Sie sich vor, Sie wüßten keine andere Möglichkeit zu kommunizieren außer der dieser Spiele. Sie würden sich meistens müde, hoffnungslos und ungeliebt fühlen. Vielleicht stammt all die Müdigkeit, die Sie bisher erfahren haben, nicht allein aus Ihrer harten Arbeit.

Erinnern Sie sich, wie einsam, hilflos und isoliert Sie sich innerlich fühlten, gleichgültig was Sie sagten und wie Ihre Stimme dabei klang. Haben Sie bemerkt, wie Ihre Möglichkeiten des Wahrnehmens, Hörens und Denkens eingeschränkt waren?

Ich halte es für tragisch, daß ich buchstäblich Tausende von Familien getroffen habe, die ihr Leben in dieser Weise führen. Sie kennen einfach nichts anderes und führen so erbärmliche, isolierte und bedeutungslose Existenzen.

Ich bin sicher, daß Sie inzwischen eine Vorstellung von der Art der Kommunikationsmuster haben, die Sie mit Ihren Familienangehörigen verwirklichen, wenn ihr euch im Streß befindet. *Wenn sie einer der Reaktionsformen ähn-*

lich ist, versuchen Sie, sich wie die entsprechenden Figuren hinzustellen, und sehen, was passiert.

Ich vermute, daß Sie es nicht so leicht finden, wie vielleicht gedacht, ganzheitlich und völlig ehrlich zu reagieren wenn Sie Gelegenheit dazu haben. Wenn das der Fall ist, sind Sie mit einigen der Hindernisse zwischen Ihnen und dem Rest Ihrer Familie in Berührung gekommen.

Gleichgültig, ob Sie die fließende, kongruente Reaktionsweise in dem Maß erreicht haben, wie Sie wollten, oder ob das noch nicht der Fall ist, es wird Ihnen jetzt besser bewußt sein, daß Sie wählen können, wie Sie reagieren, und daß der Zustand Ihres Selbstwertgefühls sich bessert, wenn Sie diese Wahlmöglichkeiten in Anspruch nehmen.

Ferner haben Sie vermutlich bemerkt, daß Sie auf eine Weise reagiert hatten, deren Sie sich nicht bewußt waren. Diese Erkenntnis kann Ihnen helfen, den Schock zu vermeiden, wenn andere Ihnen gegenüber auf eine Art reagieren, die Sie nicht erwartet haben.

Außerdem haben Sie sicherlich entdeckt, daß Sie Reaktionen erzeugt haben, die Sie niemals absichtlich gewählt hätten. Obwohl diese Erkenntnis anfangs schmerzlich ist, kann sie doch zu einem besseren Verständnis davon verhelfen, was Ihnen bisher geschehen war. Verstehen ist der erste Schritt zur Veränderung.

Schließlich werden Sie nach einer Weile herausgefunden haben, daß diese Spiele wirklich Spaß machen können. Es könnte sogar sein, daß Sie aus dem Stegreif eine kleine Laienspielgruppe gründen, in deren Verlauf Sie spannende und dynamische Dinge erleben, die Ihren Sinn für Humor wesentlich erhöhen.

7. Kapitel

Ihre Lebensregeln

Eine *Regel* ist eine festgesetzte Richtlinie oder Vorschrift für Handlungen, Betragen, Methoden oder Anordnungen. Ich stimme damit überein, jedoch beabsichtige ich, das Wort über seine flache Definition hinauszuheben und zu zeigen, daß Regeln in Wirklichkeit eine vitale, dynamische und äußerst einflußreiche Kraft in Ihrem Familienleben darstellen.

Mein Ziel ist, Ihnen als Individuum und euch als Familien entdecken zu helfen, mit welchen Regeln ihr lebt. Ich denke, daß es euch sehr überraschen wird, wenn ihr entdeckt, daß ihr Regeln folgt, von denen ihr keine Ahnung habt.

Regeln haben es mit dem *Sollen* zu tun. Sie bilden eine Art Kurzschrift, die wichtig wird, sobald zwei oder mehr Menschen zusammenleben. In diesem Kapitel werden uns folgende Fragen beschäftigen: Wer macht die Regeln? Aus was bestehen sie? Was bewirken Sie? Was passiert, wenn sie nicht eingehalten werden?

Wenn ich mit Familien zuerst über Regeln spreche, werden zuerst solche genannt, die Geld, Pflichterfüllung, Bedürfnisbefriedigung und Verletzungen betreffen. Regeln beziehen sich auf alle Faktoren, die es Menschen ermöglichen, im gleichen Haus zusammenzuleben, zu reifen oder nicht zu reifen.

Damit Sie die Regeln in Ihrer Familie herausfinden können, setzen Sie sich mit allen Ihren Familienmitgliedern zusammen, die gerade anwesend sind, und fragt euch die folgenden Fragen:

Was für Regeln habt ihr zur Zeit? Wählt jemanden, der alle genannten aufschreibt und euch so hilft, sie zu verfolgen. Vermeidet jede Diskussion und jeden Streit zu diesem Zeitpunkt, zum Beispiel über Fragen, ob die Regeln stimmen oder ob sie befolgt werden. Wählt eine Zeit, wo ihr alle wenigstens zwei Stunden frei seid. Setzt euch um einen Tisch oder auf den Fußboden. Euer Ziel ist nicht, jemanden zu überführen. Diese Übung sollte in einem Geist des Forschens und Entdeckens stattfinden, in der gleichen Art, wie man auf einem alten Dachboden herumstöbert, um herauszufinden, was alles da ist.

Vielleicht ist in eurer Familie ein Zehnjähriger, der glaubt, eine Regel sei, daß er lediglich Geschirrspülen muß, wenn seine elfjährige Schwester *woanders unabkömmlich beschäftigt ist.* Er meint, er sei eine Art Aushelfer für Geschirrspülen. Seine Schwester glaubt, die Regel lautet, daß ihr Bruder abwäscht, *wenn ihr Vater es ihm befiehlt.* Können Sie die Art der Mißverständnisse erkennen, die daraus entstehen können? Dieses Beispiel mag hergeholt klingen — doch machen Sie sich lieber nichts vor. Vielleicht steht es genauso bei euch zu Hause. Zornige Eltern sagen mir: »Er kennt die Regeln genau! Er weiß, was er zu tun hat!« Wenn ich der Sache nachgehe, entdecke ich oft, daß es keineswegs so ist. »Er kennt die Regeln genau« ist der Anfang einer potentiell falschen Annahme.

Für viele Familien ist es etwas sehr Neuartiges, sich zusammenzusetzen und ihre Regeln zu entdecken, und es erweist sich oft als aufklärend. Diese Übung kann einige aufregende, neue Möglichkeiten eröffnen für ein positiveres Zusammenleben.

Auch hier fand ich, daß die meisten Leute *unterstellen,* jeder andere wisse, was sie wissen. Das Sprechen über euer Inventar an Regeln kann den Weg räumen, um die Ursachen vieler Mißverständnisse und Verhaltensschwierigkeiten zu finden. Wie gut, beispielsweise, werden eure Regeln von allen verstanden? Sind sie genau ausgesprochen worden, oder hatten Sie gedacht, Ihre Familie könnte Gedanken lesen? Es ist weise, genau zu überprüfen, wie gut die Regel verstanden worden ist, bevor sie als übertreten gilt. Vielleicht findet ihr auch, daß einige Regeln unfair oder unpassend sind.

Nachdem ihr alle Regeln niedergeschrieben habt, von denen Familienmitglieder glauben, daß sie bestehen, und jegliche Unklarheiten oder Mißverständnisse über sie beseitigt habt, fahrt mit der Übung wie folgt fort:

Versucht herauszufinden, welche dieser Regeln noch den gegenwärtigen Bedingungen entsprechen und welche überholt sind. In Windeseile können Regeln durch Veränderungen überholt sein. Oder fahrt ihr einen modernen Wagen nach den Vorschriften, die für das erste Automobil galten? Viele Familien verhalten sich entsprechend bezüglich ihrer ersten Regeln. Sofern ihr ähnliches bei euch entdeckt, könntet ihr die alten hinauswerfen und neue, passende Regeln ausarbeiten?

Eine Eigenschaft der ›nährenden‹, wachstums-orientierten Familie ist es, ihre Regeln den gegenwärtigen Situationen und den Veränderungen anzugleichen.

Fragt euch jetzt, ob euch eure Regeln wirklich helfen oder ob sie euch behindern. Was für ein Ergebnis sollen sie sicherstellen?

Nun, wir haben gesehen, daß Regeln überholt, unfair, unklar oder unpassend sein können.

Was für Möglichkeiten hattet ihr bisher, um zu Regeländerungen zu gelangen? Wer darf um Änderungen bitten? Unser Gesetzessystem sorgt für die Möglichkeit von Eingaben. Tut das Ihre Familie auch?

Macht einen weiteren Schritt in dieser Familienkonfrontation. Wie entstehen Regeln in eurer Familie? Stellt sie nur gerade einer von euch auf? Ist es derjenige, der am ältesten, am nettesten, am meisten behindert oder am

mächtigsten ist? Übernehmt ihr sie aus Büchern? Von Nach-
barn? Von den Herkunftsfamilien der Eltern? Wo kommen
sie her?

Die bisher besprochenen Regeln sind ziemlich offenbar
und leicht zu finden. Es gibt jedoch eine weitere Gruppe von
Regeln, die im Untergrund wirken und bedeutend schwerer
zu entdecken sind. Diese Regeln ergeben eine mächtige unsichtbare Kraft, die durch das Leben aller Familienmitglieder
wirkt.

Ich spreche von den »ungeschriebenen Regeln«, die
mit der *Freiheit zu Äußerungen* zu tun haben. Was können
Sie in Ihrer Familie von dem sagen, was Sie fühlen, denken,
sehen, hören, riechen, berühren und schmecken? Können
Sie nur an- oder aussprechen, was sein sollte oder auch was
ist?

Vier Hauptgebiete sind von dieser Frage nach der Freiheit des Sich-Äußerns betroffen.

Was können Sie darüber sagen, was Sie sehen und
hören?

Können Sie Ihre Furcht, Hilflosigkeit, Einsamkeit,
Aggression, Ihren Ärger, Ihre Bedürfnisse nach Trost und
Beistand und Ihre zarten Seiten und Wünsche ausdrücken?

Zu wem können Sie es sagen?

Vielleicht bist du ein Kind, das gerade hörte, wie sein
Vater fluchte. Eine Familienregel verbietet zu fluchen. Kannst
du es ihm sagen?

Wie gehen Sie damit um, wenn Sie mit einer Sache
oder einer Person nicht einig sind oder sie ablehnen?

Können Sie es sagen, wenn Ihr siebzehnjähriger Sohn
nach Haschisch riecht?

Wie fragen Sie, wenn Sie etwas nicht verstehen?
(Oder: fragen Sie überhaupt?)

Fühlen Sie sich frei, um Erläuterung zu bitten, wenn sich ein Familienmitglied nicht verständlich ausdrückt? Lautet eure Regel: Wenn *du mich* nicht verstehst, bist *du* schuld?

Das Leben in einer Familie bringt alle Arten von Erfahrungen mit dem Sehen und Hören mit sich. Einige davon erfreuen das Herz, andere tun weh, und einige bringen vielleicht Beschämung mit sich. Gleichgültig, welche Gefühle angeregt werden, wenn Familienmitglieder sie nicht erkennen und darüber sprechen können, wandern die Gefühle in den Untergrund ab und nagen an den Wurzeln des Wohlergehens der Familie.

Laß uns darüber einen Moment nachdenken. Gibt es einige Themen, die in eurer Familie niemals angesprochen werden dürfen? Folgendes könnten Beispiele sein, auf die ich mich hier beziehe: Euer Ältester ist ohne Arm geboren worden, Ihr Großvater ist im Gefängnis, Ihr Vater hat einen Tick, Ihre Eltern zanken sich dauernd, ein Elternteil war vorher schon verheiratet.

Vielleicht ist der Mann in eurer Familie kleiner, als Männer üblicherweise sind. Die Regel, die eventuell von allen Familienmitgliedern in Ehren gehalten wird, lautet, daß niemand über seine Größe spricht, und ebenfalls niemand über die Tatsache spricht, daß er nicht über die Größe des Vaters sprechen darf.

Wie können Sie erwarten, Sie könnten sich verhalten, als würden diese Tatsachen in Ihrer Familie nicht bestehen?

Familienbarrieren gegen das Sprechen über was *ist* oder was *war* schaffen eine Brutstätte für niedriges Selbstwertgefühl.

Laßt uns einen anderen Aspekt dieser verwirrenden Situation betrachten. Die Familienregel lautet, daß man nur über das Gute, Richtige, Passende und das Bedeutende sprechen darf. In diesem Falle können weite Teile der Realität nicht angesprochen werden. Meiner Meinung nach gibt es keine Erwachsenen und wenig Kinder, die in einer Familie oder sonst irgendwo leben und beständig gut, wohlerzogen und bedeutend sind. Was können sie tun, wenn die Regeln verlangen, daß darüber nicht gesprochen werden kann? Einige Kinder beginnen zu lügen, andere entwickeln Haß gegen oder Entfremdung von ihren Eltern. Das Schlimmere ist, daß sie Einstellungen über ihren Selbstwert entwickeln, die sich in Hilflosigkeit, Feindseligkeit, Dummheit oder Einsamkeit übersetzen.

Tatsache ist einfach, daß alles, was gesehen oder gehört wird, auf die es wahrnehmende Person einwirkt. Alles Gesehene oder Gehörte verlangt, daß die es wahrnehmende Person dafür eine Erklärung findet. Wie wir vorher schon häufig gesehen haben, wird diese Erklärung zu einer »Tatsache«, sofern sie nicht geprüft werden kann. Die »Tatsache« mag stimmen oder nicht, sie wird auf jeden Fall zur Grundlage, auf die das Individuum seine Handlungen und Meinungen gründen wird.

Aus diesem Grunde, glaube ich, wachsen viele Kinder zu Erwachsenen heran und betrachten sich selbst als Varia-

tionen von Engeln oder Teufeln, statt als lebendige, atmende menschliche Wesen, die *fühlen*.

Allzu oft erlauben Familienregeln das Ausdrücken von Gefühlen lediglich, wenn sie »gerechtfertigt« sind, anstatt weil sie *da sind*. Das ist der Fall, wenn du Ausdrücke hörst, wie »Das solltest du nicht fühlen« oder »Wie kannst du nur das fühlen, ich würde das nie!« Wenn du zwischen dem Ausagieren deiner Gefühle und dem Aussprechen deiner Gefühle unterscheidest, dürfte es leichter sein, die Regel aufzugeben, die lautet: »Du sollst nur gerechtfertigte Gefühle haben.«

Wenn deine Regel lautet, daß alle Gefühle, die du hast, menschlich und deswegen akzeptabel sind, kann das Selbst wachsen und reifen. Das ist nicht dasselbe, wie: alle Handlungen sind akzeptabel.

Wenn die Gefühle willkommen sind, bestehen gute Chancen zur Entwicklung eines anderen Verhaltens und zu viel adäquateren Handlungen obendrein.

Von der Geburt bis zum Tod erfahren Menschen eine weite Skala von Gefühlen — Furcht, Schmerz, Hilflosigkeit, Ärger, Freude, Neid und Liebe — nicht, weil diese Gefühle richtig sind, sondern weil sie *vorhanden sind*.

Wenn du dir die Fähigkeit einräumst, mit allen Seiten deines Familienlebens in Berührung zu kommen, können die Dinge sich in drastischer Weise zum Besseren wenden. Ich glaube, daß alles, was ist, ausgesprochen und in menschlicher Weise verstanden werden kann.

Laß uns nun einige Einzelheiten anschauen. Nehmen wir Ärger. Viele Menschen sind sich dessen nicht bewußt, daß Ärger und Wut eine unerläßliche Notreaktion für einige sind. Weil Wut manchmal in destruktive Handlungen ausbricht, wird unterstellt, daß Wut selbst schon destruktiv ist. Es ist nicht die Wut, sondern die Handlung, die als Ergebnis gewählt wird, kann destruktiv sein.

Laß uns ein extremes Beispiel zeichnen. Angenommen, ich spucke dich an. Für dich kann das ein unerwartetes Ereignis und eine Notsituation darstellen. Du könntest dich angegriffen fühlen und über dich selbst schlecht und über mich Ärger empfinden. Du könntest dich als nicht-liebenswert betrachten (oder warum sonst sollte ich dich anspucken?). Du fühlst dich verletzt, erfährst niedrigen Pott, fühlst dich allein und vielleicht ungeliebt. Obwohl du dich verletzt fühlst — was dir nur selten bewußt ist — handelst du *wütend*. Wie könntest du zeigen, was du fühlst? Wie könntest du es sagen? Was könntest du tun?

Du kannst wählen. Du kannst zurückspucken. Du kannst mich schlagen. Du kannst weinen und mich anflehen, es nicht wieder zu tun. Du kannst mir danken. Du kannst weglaufen. Du kannst dich aufrichtig mitteilen und mir sagen, wie wütend du dich fühlst. In diesem Fall bist du vermutlich in Kontakt mit deinem Verletztsein, das du mir mitteilen kannst. Dann kannst du mir die nötigen Fragen stellen, damit ich dir erkläre, wie ich dazu kam, dich anzuspucken.

Deine Regeln werden dich darin anleiten, wie du das ausdrücken kannst. Wenn deine Regeln Fragen-stellen erlauben, kannst du mich fragen und dann verstehen. Wenn deine Regeln das nicht erlauben, kannst du raten und vielleicht zu einem falschen Schluß kommen. Das Spucken kann der Ausdruck für vieles sein. Du könntest dich fragen: Spuckt sie, weil sie mich nicht leiden kann? Weil sie auf mich ärgerlich war? Weil sie von sich selbst enttäuscht war? Weil sie ihre Reaktionen nicht kontrollieren kann? Spuckt sie, weil sie hoffte, von mir bemerkt zu werden? Diese Fragen mögen weit hergeholt scheinen, doch denk ein wenig über sie nach. In Wirklichkeit sind sie gar nicht so weit hergeholt.

Laß uns noch etwas länger über Ärger reden, weil es wichtig ist. Zorn, Wut und Ärger sind kein Laster, es sind zu respektierende menschliche Emotionen, die in Notfällen gebraucht werden können. Menschen können ihr Leben nicht leben, ohne einigen Notsituationen zu begegnen; und das Leben bringt es notwendig mit sich, daß jeder von uns gelegentlich ärgerlich, wütend oder zornig ist.

Wenn ein Individuum die Qualifikation »Eine gute

Person« erlangen möchte (und wer möchte das nicht?), wird es versuchen, seine gelegentlichen Gefühle dieser Art zurückzuhalten. Es kann allerdings doch niemanden täuschen. Hast du jemals jemanden gesehen, der offensichtlich ärgerlich war und zu sprechen versuchte, als wäre er es nicht? Seine Muskeln verkrampfen sich, seine Lippen werden fest und schmal, er atmet ruckweise, die Farbe seiner Haut verändert sich, seine Augenlider verengen sich, manchmal wird er sogar tief und laut ausschnaufen.

Im Laufe der Zeit wird derjenige, dessen Regel lautet, daß Ärger und Wut schlecht sind, beginnen, sich tief innerlich zu verspannen. Seine Muskeln, Herzgefäße, Arterien, Venen und sein Verdauungssystem verengen und verspannen sich, obwohl er nach außen ruhig, kühl und gesammelt aussieht. Nur ab und zu wird ein stählerner Blick oder ein Zucken des linken Fußes verraten, was er wirklich fühlt. Bald leidet er an den verschiedenen Auswirkungen von inneren Verspannungen, wie Verstopfung und hoher Blutdruck. Nach einiger Zeit wird ihm der Ärger an sich gar nicht mehr bewußt, lediglich der Druck oder Schmerz innerlich. Er kann dann ehrlich sagen, daß er nicht ärgerlich wird. Nur seine Gallenblase rührt sich gelegentlich. Was geschah, ist, daß seine Gefühle in den Untergrund abwanderten. Sie wirken noch, doch außerhalb seines Bewußtseinsbereichs.

Manche Leute lassen es nicht soweit kommen. Statt dessen entwickeln sie ein Tanklager für Zorn, das sich auffüllt und gelegentlich aus kleinen Anlässen explodiert.

Sehr vielen Kindern wird beigebracht, daß Streit schlecht ist und daß es »böse« ist, andere zu verletzen. Ärger führt zu Kampf und Streit, deswegen ist Ärger schlecht. Die Lebensanschauung viel zu vieler Eltern lautet »das Kind zu einem guten Menschen machen und ihm seinen Dickkopf (Zorn) austreiben«. Es ist kaum möglich zu ahnen, wieviel Schaden diese Erziehungseinstellung einem Kind zufügt.

Wenn du dir selbst erlaubst, Ärger und Wut als eine natürliche, menschliche Emotion in einer Notsituation anzusehen, dann kannst du sie respektieren und achten. Werde frei, sie als Teil deiner selbst zuzugeben, und lerne, in welch mannigfacher Weise du sie nützen kannst. Wenn du deinen Gefühlen von Wut und Ärger offen ins Gesicht siehst und sie klar und ehrlich der Person mitteilst, die daran beteiligt ist, wirst du viel von diesem »Dampf« ablassen.

Die Notwendigkeit, destruktiv zu handeln, wird sich stark verringern. Du bist der Wähler. Als solcher kannst du das Gefühl, dich selbst in der Hand zu haben, fühlen und als Ergebnis einen hohen Selbstwert haben. Die Familienregeln über Ärger entscheiden darüber, ob du mit deiner Wut *wachsen* kannst oder Stückchen für Stückchen daran sterben mußt.

Laß uns nun ein anderes wirklich wichtiges Gebiet im Familienleben betrachten: Zuneigung und Liebe unter Familienmitgliedern, wie sie ausgedrückt wird und welche Regeln bestehen.

Ich bemerkte viel zu oft, daß Familienmitglieder sich in ihrem Gefühlsleben betrügen. Weil sie nicht wissen, wie sie »sichergehen können« in der Äußerung ihrer liebevollen Gemütsbewegungen, entwickeln sie Regeln, die sie hindern. Folgendes als Beispiel für das, was ich meine: Sehr häufig meinen Väter, daß sie ihre Töchter nach deren fünften Lebensjahr nicht mehr liebkosen dürfen, weil das sexuell stimulierend wäre. Das gleiche gilt, wenn auch in etwas schwächer ausgeprägter Form, für Mütter gegenüber ihren Söhnen. Ferner weigern sich viele Väter, ihre positiven Gefühle gegenüber ihren Söhnen offen auszudrücken, weil Zuneigung unter Männern als Homosexualität gilt.

Es ist nötig, daß wir unsere Definitionen neu überdenken, die Beziehungen zwischen den Geschlechtern gleich welchen Alters betreffen. Das Hauptproblem liegt in der Verwechslung vieler Leute zwischen Zuneigungsbekundung und Sex. Wenn wir keine Unterscheidung zwischen dem Gefühl und der Handlung treffen, müssen wir das Gefühl unterdrücken. Laß es mich scharf sagen. Wenn du weiterhin willst, daß in eurer Familie Streit und Unzufriedenheit sich im Kreise drehen, dann verwirf Gemütsregungen und folge vielen Sex-Tabus.

Ausdrucksformen der Zuneigung haben viele, viele Bedeutungen. Beispielsweise empfing ich Umarmungen und andere körperliche Mitteilungen, die eine Menge verschiedener Bedeutung hatten. Ich wurde auf eine Art umarmt, daß ich den Umarmenden schlagen wollte. Häufig ist eine Umarmung eine Einladung zu sexuellem Zusammensein. Eine andere Umarmung kann einfach anzeigen, daß ich bemerkt und gemocht werde. Noch eine andere kann Zärtlichkeit ausdrücken oder Trost spenden.

Ich frage mich oft, wieviel der wahrhaft befriedigenden, ›nährenden‹ Möglichkeiten der Zuneigung unter Familienmitgliedern nicht erfahren und genossen werden können, weil es Regeln in der Familie gibt, die mit Sexualtabus verwechselt werden.

Laß uns darüber sprechen. Wenn du genauso viel Leid gesehen hättest wie ich, das deutlich unmenschlichen und unterdrückenden Sexualeinstellungen entsprang, würdest du dich sofort innerlich umkehren, um deine Gesamteinstellung zu ändern. Du würdest die Geschlechtlichkeit offen akzeptieren, genießen und ehren, sowie ihre geistige Natur anerkennen. Statt dessen haben sich die meisten Familien die Regel angeeignet: »*Genieße deine Geschlechtlichkeit und die anderer in keiner Form.*« Allgemein beginnt diese Regel mit der Verleugnung der Genitalien, soweit sie nicht als notwendige schmutzige Dinge angesehen werden. »*Halt sie sauber, sieh sie nicht an und berühre sie nicht. Gebrauche sie nur, wenn notwendig, aber das so sparsam wie möglich.*«

Ich kann sagen, alle Menschen, denen ich begegnete, die Schwierigkeiten bezüglich sexueller Befriedigung in der Ehe hatten, die homosexuelle Tendenzen hatten, »auf den Strich« gingen oder wegen sexueller Verbrechen inhaftiert waren, waren ausnahmslos mit solchen Tabus aufgewachsen. Ich muß das noch ausweiten. Jeder, den ich sah, der auf irgendeine Art mit Schwierigkeiten nicht fertig wurde oder

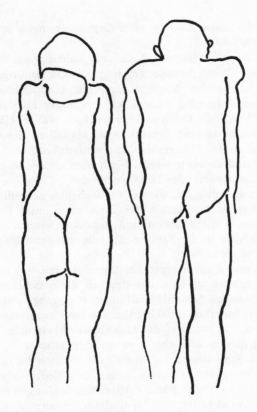

emotionale Störungen hatte, war ebenfalls mit Sexualtabus aufgewachsen.

Unsere Genitalien und unser Geschlecht sind wesentliche Teile unseres Selbst. Wenn wir unsere Geschlechtlichkeit und die der anderen nicht offen anerkennen, verstehen, schätzen und genießen, pflastern wir buchstäblich den Weg zu ernsthaftem persönlichen Leiden.

Die Tabus beziehen sich gleichfalls auf Nacktheit, Masturbation, Geschlechtsverkehr, Schwangerschaft, Geburt, Menstruation, Erektion, Prostitution, alle Formen sexueller Praxis, erotische Kunst und Pornographie.

Ich leitete einmal einen Kurs für Familienerziehung in einem Gymnasium mit ungefähr achthundert Schülern. Ein Teil des Programms behandelte Geschlechtserziehung. Es gab einen Briefkasten, in den die jungen Leute diejenigen Fragen stecken konnten, von denen sie meinten, daß sie sie nicht offen aussprechen könnten. Der Kasten war fast immer voll. Die gestellten Fragen wurden dann in den Unterrichtszeiten besprochen. Beinahe alle Schüler gaben an, daß sie nicht in der Lage gewesen wären, diese Fragen ihren Eltern zu stellen, und zwar besonders aus drei Gründen: Die Eltern würden wütend werden und ihnen schlechtes Verhalten vorwerfen. Sie würden beleidigt oder erregt reagieren und vermutlich lügen. Sie würden keine Antworten wissen. In Wirklichkeit schonten die Schüler sich selbst und ihre Eltern und bezahlten dafür mit Ignoranz und heimlicher Informationssuche an anderer Stelle. Alle diese jungen Leute drückten ihren Dank für den Kurs aus und für meine akzeptierende, wissende und liebevolle Einstellung. Sie empfanden auch Dank, weil sie sich besser fühlten. Ich erinnere mich besonders an zwei Fragen, welche beide von jungen Männern gestellt wurden: Ein Achtzehnjähriger fragte: »Was bedeutet es, daß ich Klümpchen in meinem Samen habe?« Die andere Frage kam von einem Fünfzehnjährigen: »Wie kann ich merken, ob meine Mutter in den Wechseljahren ist? Sie erscheint mir neuerdings ziemlich irritierbar. Wenn sie es ist, möchte ich sie nett behandeln. Wenn nicht, will ich ihr sagen, wie gemein sie ist. Soll ich es meinem Vater sagen?«

Wie würden Sie als Elternteil darüber fühlen, so gefragt zu werden? Was würden Sie dann antworten?

Es kam zu einer recht netten Folgeerscheinung dieses Kurses. Die Schüler fragten, ob ich bereit wäre, einen ähnlichen Kurs für ihre Eltern zu halten, was ich bejahte. Etwa ein Viertel aller Eltern kam. Ich hatte den gleichen Briefkasten und erhielt ziemlich ähnliche Fragen.

Kurz gesagt meine ich, daß wir es uns nachsehen können, wenn wir nicht alle komplexen Vorgänge unserer Sexualität kennen. Wir dürfen es uns nicht nachsehen, weiter unwissend zu bleiben, es mit einer Sprich-nicht-darüber-Einstellung zu vertuschen und damit zu unterstellen, daß Wissen über Sexuelles schlecht, ja kriminell sei. Die Gesellschaft und die Individuen, die daran festhalten und es verbreiten, müssen einen hohen Preis für diese Art der Ignoranz zahlen.

Furcht der Familienmitglieder hängt eng zusammen mit Regeln über Tabus und Geheimnisse, auch wenn diese Regeln von den Erwachsenen als »Schutz für die Kinder« bezeichnet werden.

Das führt uns zur Diskussion einer anderen Art von Tabus, die in Familien wuchern: Die seltsame Vorstellung von Erwachsenen — ausschließlich von Erwachsenen erfunden —, »die Kinder zu schützen«. Diese Regel wird gewöhnlich durch »du bist zu klein zu...« ausgedrückt. Dies setzt voraus, daß die Welt der Erwachsenen kompliziert, zu groß, zu schrecklich, zu böse, zu genußreich für dich ist — wo du nur ein Kind bist —, um sie entdecken zu können. Das Kind kommt so zu dem Gefühl, daß es ein magisches Wort geben muß, durch das man Einlaß bekommt und welches es automatisch erfahren wird, sobald es einundzwanzig (achtzehn) Jahre alt ist. Ich kenne Scharen von Leuten über einundzwanzig, die das magische Einlaßwort nicht entdeckt haben.

Was das »du-bist-zu-jung«-Klischee so verschlimmert, ist, daß der Erwachsene gleichzeitig damit ausdrückt, daß die Welt des Kindes schlecht ist. »Du bist bloß ein Kind. Was weißt du schon.« »Das ist kindisch.« Nachdem es offensichtlich Diskrepanzen gibt zwischen dem, was das einzelne Kind schon tun kann und was es zu tun wünscht, denke ich, es wäre die beste Vorbereitung, das Kind zu lehren, wie es diese Diskrepanzen überbrücken kann, statt ihm die Gelegenheit, sie zu überbrücken, insgesamt zu verwehren.

Ein anderes Gebiet von Familientabus betrifft die *Geheimnisse*. Häufig vorkommende Familiengeheimnisse sind: Ein Kind war empfangen worden, bevor seine Eltern verheiratet waren. Ein Ehepartner hatte ein Kind, das später adoptiert worden war. Ein Partner befand sich in einem psychiatrischen Krankenhaus oder im Gefängnis. Solche Geheimnisse werden häufig aus Scham stark gehütet.

Einige der größten Geheimnisse beziehen sich auf das Verhalten der Eltern während ihrer Adoleszenz. Die definierte Regel heißt: »Eltern haben nie etwas Schlechtes getan.« Nur »ihr Kinder« seid immer ungezogen. Dies passiert so häufig, daß ich es fast als Regel ansehe. Wenn ich ein Elternteil sehe, das sich über kindliches Verhalten erregt, schaue ich sofort danach, welches Geheimnis aus dessen Jugendzeit das Kind dabei aufwühlt. Das Verhalten des Kindes mag dem des Elternteiles nicht gleichen, jedoch nahekommen. Meine Arbeit ist es, in einem solchen Fall dem Elternteil zu helfen, seine Schamgefühle aufzugeben, so daß er nicht länger einen Teil seiner selbst zu verschließen braucht. Dann kann er sich klar mit dem Kind beschäftigen.

Daneben stehen all die vielen gegenwärtigen Geheimnisse, die ebenfalls aus Scham gehütet werden. Viele Eltern versuchen, ihr gegenwärtiges Tun vor ihren Kindern zu verbergen (ebenfalls, »um sie zu schützen«). Beispiele solcher Gegenwartsgeheimnisse sind: Vater hat eine Freundin, die Mutter einen Liebhaber. Einer oder beide trinken. Sie gehen nicht zusammen ins Bett, und so weiter. Wieder wird es behandelt als: »Wenn nicht darüber gesprochen wird, besteht es auch nicht.« So funktioniert es aber nicht, es sei denn, daß jeder, den du beschützest, taub, blind und stumm ist.

Laß uns nun anschauen, was ihr bezüglich eurer Regeln für Äußerungen entdeckt habt. Ich teile sie in drei Gegensatzpaare, die einander folgen.

Da gibt es die Kategorie: *menschlich—unmenschlich*. Das heißt, daß ihr auch abverlangt, nach Regeln zu leben, die einzuhalten nahezu menschenunmöglich sind, z. B.: »Egal was geschieht, zeige dich freundlich.«

Ferner ist da die Kategorie: *offen—verdeckt*. Sie zeigt an, welche Regeln offen bestehen und welche versteckt, aber doch befolgt werden. »Sprich darüber nicht. Behandle es, als wenn es nicht existierte.«

Außerdem gehört dazu die Kategorie: *konstruktiv—destruktiv*. Ein Beispiel, eine Situation konstruktiv zu meistern, wäre: »Wir sind in diesem Monat mit dem Geld knapp dran. Laßt uns darüber sprechen.« Ein Beispiel, die gleiche Situation hilflos oder destruktiv zu handhaben, wäre: »Laß mich mit deinen Geldsorgen in Ruhe — das ist dein Problem.«

Um einiges zusammenzufassen, was wir in diesem Kapitel durchsprachen: Jede Regel, die Familienmitglieder daran hindert, sich über das, was ist und was war, zu äußern, schafft einen fruchtbaren Boden für die Entwicklung von gehemmten, einfältigen und nicht kreativen Persönlichkeiten und für eine dazu passende Familiensituation.

Wenn Sie andererseits fähig sind, mit allen Seiten Ihres Familienlebens in Kontakt zu kommen, kann es sich drastisch und dramatisch zum Besseren wandeln. Diejenige Familie hat die besten Aussichten, zu einer entwicklungsfördernden Familie zu werden, deren Regeln freie Äußerung von allem erlauben, ob es nun schmerzlich, erfreulich oder sündig ist. Ich glaube, daß über alles, was *ist*, in menschlichen Begriffen gesprochen und daß es verstanden werden kann.

Fast jeder hat irgendwann etwas verbrochen. Sie nicht auch wenigstens einmal? In entwicklungsfördernden Familien wird das einfach als freundlicher Hinweis auf menschliche Unvollkommenheit genommen. Man kann leicht darüber sprechen und davon lernen. In anderen Familien wird es zugedeckt und als grausamer Hinweis auf die Verdorbenheit der Menschheit behandelt, worüber man niemals sprechen darf.

Ich hoffe, Sie haben gemerkt, daß Regeln ein sehr realer Teil der Familienstruktur und ihres Funktionierens sind. Sobald die Regeln geändert werden, ändert sich der Betrieb in der Familie. Prüfen Sie die Art der Regeln, nach denen ihr lebt. Können Sie jetzt mehr verstehen von dem, was Ihnen in Ihrer Familie geschieht? Können Sie sich davon herausfordern lassen, einige Änderungen vorzunehmen? Neue Wahrnehmungen, neuer Mut und neue Hoffnung Ihrerseits können Sie befähigen, neue Regeln aufzustellen.

Der Mut wird von Ihrer Bereitschaft und Fähigkeit, neue Gedanken aufzunehmen, abhängen. Sie können die alten und unpassenden Vorstellungen fallen lassen und aus denen auswählen, die sich bereits als nützlich erwiesen haben. Das ist einfache Logik. Nichts bleibt ewig gleich. Denken Sie an Ihre Unterhosen, den Kühlschrank oder einen Werkzeugschrank. Sie alle brauchen Neuordnung, Ersatz, das Wegwerfen des Alten und das Zufügen von Neuem.

Sie haben über Ihre Regeln nachgedacht und sie untersucht. Warum sollten Sie Ihr Regelinventar nicht durch folgende Fragen überprüfen?

Wie lauten deine Regeln?
Was erreichst du mit ihnen für dich?

Was für Änderung meinst du jetzt vornehmen zu müssen?

Welche deiner gegenwärtigen Regeln passen noch?

Welche sind überholt und müssen aufgegeben werden?

Welche neuen mußt du einsetzen?

Was denken Sie über Ihre Regeln? Sind sie größtenteils offen, menschlich und gegenwärtig passend? Sind sie weitgehend verdeckt, unmenschlich und überholt? Wenn deine Regeln mehr der zweiten Sorte angehören, denke ich, Sie erkennen, daß Sie und Ihre Familie einiges an wichtiger und notwendiger Arbeit zu leisten haben. Wenn eure Regeln der ersten Kategorie angehören, habt ihr vermutlich viel Freude miteinander.

8. Kapitel

Offene oder geschlossene Systeme

In diesem Kapitel möchte ich etwas besprechen, was auf den ersten Blick wenig mit Ihrer Familie zu tun haben mag. Das Wort »System« ist dem Wortschatz der Industrie und des Handels entliehen, aber es bezeichnet auch eine lebendige und dynamische Kraft, die im täglichen Familienleben wirksam ist.

Jedes System besteht aus mehreren einzelnen Teilen, die alle wesentlich sind und miteinander in einer zweckbestimmten Beziehung stehen. Zwischen den Teilen gibt es Aktionen, Reaktionen und Interaktionen, die sich ständig ändern. Jedes einzelne wirkt als Auslöser für alle anderen. Dieses beständige Agieren, Reagieren und Interagieren bildet den Hauptteil meines Konzepts von Systemen. Ein System lebt nur dann, wenn die einzelnen Bestandteile dazu beitragen.

Erscheint Ihnen das verwirrend? Das ist es wirklich nicht. Wenn man Hefe, Mehl, Wasser und Zucker mischt, entsteht Brot. Das Brot jedoch ist keiner dieser Zutaten ähnlich, obwohl es aus ihnen besteht.

Dampf sieht nicht aus wie einer seiner Bestandteile und besteht doch aus ihnen.

Ein funktionierendes System besteht aus folgendem:

Ein Zweck oder Ziel: Wieso existiert dieses System überhaupt? (Familien haben den Zweck, neue Menschen heran-

wachsen zu lassen und das Wachsen derer, die schon da sind, zu fördern.)

Wesentliche Teile. (In Familien: Erwachsene und Kinder, Männer und Frauen.)

Eine Ordnung für das Zusammenarbeiten der Teile. (In Familien: Selbstwert, Regeln und Kommunikation.)

Ein Geschehen, das ein System entstehen läßt. (In Familien: Mann und Frau, die sexuell zusammenkommen.)

Kraft und Mittel, um die Energie zu erhalten, so daß die Teile weiter zusammenwirken können. (In Familien: Nahrungsmittel, Unterkunft, Luft, Wasser, Aktivität und Vorstellungen über das emotionale, intellektuelle, physische, soziale und geistige Leben der Familienmitglieder und der Art, wie alles zusammenwirken soll.)

Wege, um mit Veränderungen von außen umzugehen. (In Familien bezieht sich das auf das Neue und Andersartige.)

Heutzutage hören wir oft, das System sei schuld, was anscheinend heißen soll, daß alle Systeme schlecht sind. Das ist aber nicht so: es gibt gute und schlechte.

Es gibt zwei Arten von Systemen, geschlossene und

offene. Der Hauptunterschied zwischen beiden besteht in der jedem System eigenen Reaktion auf eine *Veränderung* von außen. Ein offenes System ist auf Veränderung eingestellt; ein geschlossenes System ermöglicht nur wenig oder überhaupt keine Veränderung.

Ein offenes System bietet Möglichkeiten der Wahl und verläßt sich für sein Weiterbestehen auf eine erfolgreiche Auseinandersetzung mit der Realität.

Ein geschlossenes System hängt ab von Verordnungen, Gesetzen und Befehlen. Es funktioniert durch Anwendung von Macht, sei sie physischer oder psychologischer Natur.

Wer vorhätte, ein geschlossenes System zu planen, müßte es als erstes so vollständig wie möglich von äußeren Einflüssen fernhalten.

Tatsächlich glaube ich nicht, daß jemand mit voller Absicht ein geschlossenes System planen könnte. Geschlossene Systeme entwickeln sich aus bestimmten Überzeugungen, die zwar selten sind, aber doch sehr wirksam. Zum Beispiel:

Der Mensch ist von Natur aus böse und muß ständig kontrolliert werden, um gut zu sein.

Beziehungen müssen durch Machtausübung reguliert werden.

Es gibt einen richtigen Weg, und der, der die größte Macht innehat, kennt ihn.

Es gibt immer jemanden, der weiß, was das Beste für dich ist.

Mit anderen Worten zeichnen sich *geschlossene Systeme* wie folgt aus:

Selbstwert ist zweitrangig, Macht und Pflichterfüllung sind vorrangig.

Die Handlungen haben den Launen des Chefs zu entsprechen. Jeder Veränderung wird Widerstand entgegengesetzt.

Offene Systeme zeichnen sich aus durch:

Selbstwertgefühl steht an erster Stelle, Macht und Leistung stehen dazu in Beziehung.

Handlungen ergeben sich aus der Realität.

Veränderungen sind willkommen und werden als normal und wünschenswert betrachtet.

Kommunikation, System und Regeln stehen miteinander in Beziehung.

Die meisten unserer sozialen Systeme sind geschlossene oder tendieren mindestens dahin. Natürlich wird immer eine kleine Änderung erlaubt. Nach meiner Ansicht ist die wenn auch noch so kleine Möglichkeit einer Änderung der Grund, weshalb wir fähig waren, uns so lange durchzuwursteln.

Wir beginnen gerade erst, die Tragweite von Systemen für persönliches, familiäres und gesellschaftliches Verhalten zu erkennen.

Nun kommen wir zu einer wichtigen philosophischen Frage: Glauben Sie, daß alles menschliche Leben die höchste Priorität verdient?

Ich glaube dies mit meinem ganzen Sein. Deswegen gebe ich ungeniert zu, daß ich alles tun werde, was ich nur kann, um geschlossene Systeme in offene zu verwandeln.

Ich glaube, daß Menschen in einem geschlossenen System sich nicht entwickeln, sie können bestenfalls existieren. Menschen brauchen und wollen mehr als dies.

Jetzt könnten Sie und ich zahllose Beispiele von geschlossenen Systemen aufzählen — Diktaturen in gegenwärtigen Gesellschaften, in Schulen, Gefängnissen, Kirchen und politischen Gruppen. Wie sieht es mit dem System in Ihrer Familie aus? Ist es offen oder geschlossen? Wenn eure Kommunikation zur Zeit weitgehend das Reifen verhindert und wenn eure Regeln unmenschlich sind, zudeckend und nicht mehr zeitgemäß, habt ihr wahrscheinlich ein geschlossenes System. Wenn eure Kommunikation entwicklungsfördernd ist und eure Regeln menschlich, offen und passend sind, habt ihr ein offenes System.

Wir wollen nun eine Übung machen, die wir schon einmal durchgeführt haben, und sie mit anderen Zielvorstellungen und aus anderen Gründen wiederholen.

Bitte deine Familienmitglieder oder andere fünf Personen, mit dir zu arbeiten. Bitte sie wie vorhin, andere Namen anzunehmen. Sie können ein Familientreffen, eine Sitzung von Fabrikangestellten oder eine Vorstandssitzung darstellen. Bitte sie, eines der entwicklungshemmenden Kommunikationsmuster zu benutzen (beschwichtigen, anklagen, rationalisieren, ablenken) und zehn Minuten lang etwas zusammen zu planen. Beobachte, wie schnell ein geschlossenes System entsteht. Zuvor habe ich dich gebeten, dies mit drei Personen zu tun, um zu sehen, was dabei mit dir selbst geschieht. Dieses Mal konntest du beobachten, wie sich geschlossene Systeme entwickeln. Vielleicht bekommst du allmählich Rückenschmerzen oder Kopfschmerzen, und du kannst nicht mehr so gut sehen oder hören. Du erfährst an dir selbst, wie es tut, aus dem Gleichgewicht zu kommen. Vielleicht empfindest du dich allmählich wie eingeschlossen. Diese Menschen beginnen wie Lastenträger oder Fremde auszusehen. Vielleicht beobachtest du sogar, daß du den Atem anhältst.

Versuch nun das gleiche Planungsexperiment mit dem kongruenten Kommunikationsmuster und beobachte, ob du den Anfang eines offenen Systems erkennen kannst. Im Gegensatz zu der Erfahrung im geschlossenen System dürtest du dich gelöster, klarer und körperlich besser fühlen. Auch das Atmen dürfte dir leichter fallen.

Das folgende Diagramm zeigt, wie das geschlossene System zur gestörten Familie gehört und das offene System zur intakten, ›nährenden‹ Familie.

GESCHLOSSENES SYSTEM

Selbstwert:	gering;
Kommunikation:	indirekt, unklar, unspezifisch, inkongruent; anklagend, beschwichtigend, rationalisierend, ablenkend (entwicklungshemmend);

Regeln:	versteckt, unpassend, unmenschliche Regeln bleiben starr, Veränderungen haben sich bestehenden Regeln anzupassen und zu unterwerfen; Einschränkung der Meinungsäußerung;
Ergebnis:	unglücklich, chaotisch, unangemessen, zerstörerisch.

Der Selbstwert wird immer mehr in Frage gestellt und ist immer stärker auf Unterstützung durch die Außenwelt angewiesen.

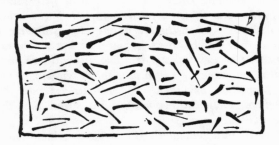

OFFENES SYSTEM

Selbstwert:	hoch;
Kommunikation:	direkt, klar, spezifisch, übereinstimmend, kongruent (entwicklungsfördernd);
Regeln:	offen, entsprechend, menschlich, die Regeln werden geändert, wenn es erforderlich ist; volle Freiheit zur Meinungsäußerung;
Ergebnis:	Bezug zur Realität, angemessen, konstruktiv.

Der Selbstwert wird ständig zuverlässiger und zuversichtlicher; er erhält immer mehr Basis in der Persönlichkeit.

Wenn drei oder mehr Menschen irgendwie miteinander in Beziehung stehen und sich mit einem gemeinsamen Ziel

146

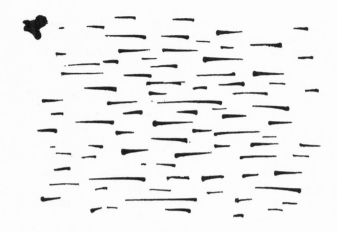

verbinden, werden sie ein Familiensystem bilden. Wenn dieses System einmal etabliert ist, wird es Teil der Maschinerie der Familie und wirkt stark, auch wenn es nach außen hin nicht in Erscheinung tritt. Ist es ein geschlossenes System, wird es wahrscheinlich auf der Basis »Leben oder Tod« beziehungsweise »richtig oder falsch« funktionieren. Ist es offen, wirkt es wahrscheinlich auf einer Wachstums-, Realitäts- und Vertrauensbasis.

Ganz einfach ausgedrückt: dein Selbstwert, deine Kommunikation zusammen mit deinen Regeln und deinen Überzeugungen sind die Bestandteile deines Familiensystems. Kongruente Kommunikation und menschliche Regeln kennzeichnen ein offenes System und bewirken, daß jeder in diesem System blühend wächst und sich weiterentwickelt. Verkümmerte Kommunikation und unmenschliche Regeln sind Zeichen eines geschlossenen Systems. Es hemmt Entwicklung und verzerrt sie.

Ein Gewahrwerden des vorhandenen Systems in der Familie eröffnet gewöhnlich die Möglichkeit, daß Familienmitglieder anfangen zu fragen, und aufhören, sich selbst und andere anzuklagen, wenn Dinge falsch laufen. Dies hilft jedem, festzustellen, daß er und jeder andere bedeutend dazu beitragen, das System so zu erhalten, wie es ist. Den eigenen Anteil am System zu einem bestimmten Zeitpunkt und den Anteil anderer zu entdecken ist eine aufregende, wenn auch manchmal schmerzhafte Erfahrung.

Ein Verstehen des Systems hilft einem, »Wie-Fragen« anstelle von »Warum-Fragen« zu stellen. Du weißt, wie schwer du dich mit einer Warum-Frage tust, damit sie nicht wie eine beleidigende Frage klingt. Umgekehrt weißt du, wie schwer es ist, eine Wie-Frage wie eine Anklage klingen zu lassen. Allgemein gesagt, Wie-Fragen führen zu Information und Verstehen und Warum-Fragen erzeugen Verteidigungshaltung. Und alles, was zu einer Abwehrhaltung beiträgt, erniedrigt den Selbstwert und kann zu unbefriedigenden Ergebnissen führen.

Ein anderer wichtiger Aspekt jedes Systems ist, daß es dazu neigt, sich selbst zu verewigen. Sobald die Einzelteile aktiviert sind, entwickelt sich ein Leben, das darauf abzielt, sich selbst zu wiederholen. Einmal begonnen, wird ein System gleich bleiben, bis es natürlicherweise abstirbt oder bis es durch irgend etwas verändert wird. Dies kann vom Zusammenbrechen eines Teiles wegen ungenügender Pflege, von einem Defekt oder aus natürlichen Abnützungserscheinungen herrühren. Manchmal kann ein geringes, von außen kommendes Ereignis das System überrollen. Dann haben die Planer des Systems entweder Hilfsmittel zur Bewältigung von Änderungen übersehen oder vergessen, solche einzuplanen. In einer Familie reden wir von Flexibilität. Offensichtlich ist ein geschlossenes System stärker gefährdet, da es gewöhnlich auf Ideen gründet und nicht daraufhin geplant ist, mit Änderungen umzugehen. Die Bedeutung des Systems für ein Familienleben kann sicher erkannt werden, wenn man bedenkt, daß das Leben der Familie selbst in hohem Maße von ihrem System abhängt.

Laß uns das Familiensystem auf andere Weise betrachten Vielleicht hilft ein anderer Vergleich an dieser Stelle weiter.

In einem Mobile können alle Teile — unabhängig von ihrer Größe und Gestalt — gruppiert und ins Gleichgewicht gebracht werden, indem man die verbindenden Drähte kürzer oder länger macht und die Abstände zwischen den Einzelteilen verändert. Genauso ist es in einer Familie. Kein Familienmitglied ist identisch mit einem anderen. Sie sind alle verschieden und befinden sich auf verschiedenen Ebenen der Entwicklung. Genauso wie bei einem Mobile kann man nicht einen verschieben, ohne an den anderen zu denken.

Versuchen Sie folgendes: Nehmen Sie irgendwelche Gegenstände, die voneinander sehr verschieden sind, und versuchen Sie, sie in ein Gleichgewicht miteinander zu bringen. Nehmen Sie so viele, wie es verschiedene Glieder in Ihrer Familie gibt, und betrachten Sie sie als Ihre Familienmitglieder.

Wenn Sie aufhören, sobald Sie zum ersten Mal ein Gleichgewicht erreicht haben, machen Sie das, was viele Leute machen: den einzigen Weg, den sie kennen, als »den richtigen Weg« zu bezeichnen. Alle anderen Möglichkeiten, um Gleichgewicht in Ihrer Familie zu schaffen, werden aus Angst vor dem Experimentieren abgelehnt.

Gehen Sie also nicht in diese Falle, finden Sie wenig-
stens noch zwei Arrangements, die Teile ins Gleichgewicht
zu bringen. Es gibt noch viel mehr, aber Sie werden be-
merkt haben, was ich zeigen wollte, wenn Sie drei ge-
funden haben. Sie haben nun drei Wahlmöglichkeiten, und
Sie brauchen nicht bei nur einer stehenzubleiben.

Je mehr Teile das Mobile hat, und je größer deren
Unterschiede sind, desto mehr Variationen und Nutzen werden Sie dabei finden.

Um nun zum »Familienmobile« zurückzukommen: Der
Trick, um ein lebendiges Familiensystem zu erhalten, ist, es
jedem Familienmitglied möglich zu machen, daß es einen
wahrhaft individuellen Platz hat und an diesem Freude erlebt. Um diesen Trick anzuwenden, muß man die Fähigkeit
haben, die Drähte zu ändern und zu regulieren. Die Drähte
sind die Selbstwertgefühle, die Regeln und die Kommunikationsmuster. Sind sie unbeweglich oder flexibel?

Wenn Sie an Ihrem Mobile arbeiten, denken Sie an
die einzelnen Mitglieder Ihrer Familie. Sie können in zwei
große Kategorien eingeteilt werden: Erwachsene und Kinder
sowie männliche und weibliche Personen. Sogar der zu-
fälligste Blick auf diese Anordnungen zeigt die große Vielfalt dessen, was Menschen sich gegenseitig in einem Moment geben können.

Es gibt kein Gesetz, das vorschreibt, daß eine Person
alles geben und alle anderen alles erhalten sollen. Dennoch
lähmen sich manche Familien dadurch, daß sie eine bestimmte Person zum Gebenden erklären; nichts ändert sich
danach je. Die Realität des gewöhnlichen Lebens besteht
darin, daß derjenige, welcher diese Rolle annimmt, sie nicht
immer durchhalten kann, ohne draufzuzahlen. Einmal kann
es nur der Ehemann sein, der fähig ist zu geben; ein anderes
Mal kann es vielleicht gerade nur die Frau sein oder ein
Kind. Viele Familien haben Regeln, die bestimmen, wer wem
zu geben hat.

Jungens geben immer den Mädchen;
Mutter gibt immer den Kindern;

Ehemann gibt immer der Ehefrau;
eventuell wird jeder dabei betrogen.

Ich denke, wir stimmen darin überein, daß das gehoffte Ergebnis einer Familie von heute das Wachstum aller Familienmitglieder ist. Die Aufgabe der Familie ist dann, alles so zu nützen und zu gebrauchen, daß dieses Wachstum zustande kommt.

Wie können Erwachsene sich einbringen, damit die Kinder sich entfalten können? Wie können die Kinder sich einbringen, damit die Erwachsenen sich entfalten können? Wie machen dies die männlichen Personen für die weiblichen möglich und die weiblichen für die männlichen? Wie hilft jeder jedem anderen — Erwachsener, Kind, Mann und Frau — in gleicher Weise? Dies sind wichtige Fragen zu den Bemühungen der Familie, eine größere Entfaltung zu erreichen, ›fördernder‹, ›nährender‹ zu werden.

Ich halte es für sehr wichtig, als Realität zu sehen, daß jede Gruppe eine eigene Welt hat, die die Mitglieder der anderen Gruppe nicht teilen. Ein gegenseitiges Mitteilen dieser eigenen Welten und ein Anbieten der Vielfalt und Anregungen dieser Welten weckt nicht nur Interesse, sondern erweitert auch den ganzen Realitätsaspekt. Keine Frau weiß, wie es sich anfühlt, einen Penis zu tragen, und Männer wissen nicht, wie es ist, Kinder zu bekommen. Viel zu viele Erwachsene können sich nicht mehr über angenehme Kleinigkeiten im Leben freuen. Schon das gegenseitige Austauschen zwischen den Gruppen kann auf diesen Gebieten weitgehend helfen.

Jede Familie strebt ein Gleichgewicht an. Die Frage ist jedoch: Was muß jedes Familienmitglied »zahlen«, um dieses Gleichgewicht aufrechtzuerhalten?

Ich denke, es steht viel auf dem Spiel, was die Natur Ihres Familiensystems betrifft. Die Familie ist der eine Ort in der Welt, von dem jeder von uns erwarten kann, daß dort »Förderung« stattfindet. Wenn ich von »Fördern« oder »Nähren« spreche, meine ich das Mildern von Verletzungen, das Angeregtwerden und das Erhöhen des Selbstwertes genauso wie die Erledigung von Sachen und Aufgaben.

Offensichtlich ist die Familie der Ort, wo dieses »Nähren« und Fördern von Entwicklung gelernt werden kann. Um diese Ziele zu erreichen und wirklich vital zu werden, ist fortgesetztes Beobachten, Ändern und Neuformieren in der Familie notwendig. Das kann nur in einem offenen System geleistet werden.

9. Kapitel

Das Ehepaar

Warum haben Sie geheiratet? Warum haben Sie den Partner geheiratet, den Sie haben? Warum haben Sie zu der Zeit geheiratet? Es besteht eine hohe Wahrscheinlichkeit, daß, was immer Sie auch antworten, Ihre Gründe zum Heiraten vermutlich eine Gelegenheit anzeigten, Ihr Leben durch etwas zu bereichern. Nur ein ungewöhnlicher Mensch — und nur wegen sehr ungewöhnlicher Gründe — würde wissentlich eine Ehe eingehen, von der er denkt, daß sie sein Leben verschlechtert.

Ich bin sicher, daß Sie große Hoffnungen und Vorstellungen darüber hatten, wie sich die Dinge nach der Eheschließung für Sie positiv wenden würden. Erst wenn diesen Hoffnungen etwas zustößt, beginnen sich Bewegungen in Richtung Scheidung zu zeigen, außer das Individuum resigniert und es bleibt nur Pflicht oder Sterben. Ich beabsichtige, in diesem Kapitel über Liebe und Hoffnung und die Dinge zu sprechen, die in einer Ehe passieren können, die bedrohlich sein oder das Paar sogar trennen können.

Ich glaube, daß in unserer westlichen Kultur die meisten von uns sagen würden, wir hätten aus Liebe geheiratet und erwartet, daß unser Leben sich dadurch verbesserte, was immer die Liebe uns unserer Meinung nach bringen würde (Beachtung, sexuelle Befriedigung, Kinder, Status, etwas, wo wir uns zugehörig fühlen, gebraucht werden; materielle Dinge und anderes mehr).

Ich glaube an Liebe, an Lieben und Geliebt-werden. Ich denke, daß Liebe zwischen Mann und Frau das belohnendste und befriedigendste Gefühl ist, das irgendein menschliches Wesen erfahren kann. Ohne Lieben und Geliebt-sein schrumpfen und sterben Seele und Geist. Aber Liebe kann nicht alle Anforderungen des Lebens erfüllen — was ich Sie in diesem Kapitel entdecken lassen möchte. Intelligenz, Information, Bewußtheit und Können müssen gleichfalls dazukommen. Liebe ist ein machtvolles Gefühl, das das Potential einer Person freisetzt, damit sie für ihre Träume kämpfen kann ohne Bedrohung durch Kritik; damit sie über ihre eigenen Bedürfnisse manchmal zugunsten der Bedürfnisse des anderen hinauswachsen kann; damit sie geduldig sein kann und ihr Selbstwertgefühl nicht verliert, wenn es zu der Mühsal kommt, sich mit dem Partner zu verständigen, wenn Brücken zwischen den individuellen Unterschieden gebaut werden müssen und während der Einsamkeit, die unweigerlich von Zeit zu Zeit entsteht; denn jede Person muß ihre eigenen Wege gehen, um ihre Integrität (Unversehrtheit) zu erhalten und zu leben. Ich schätze, daß nur vier und ein halbes Prozent aller jungen Paare darauf vorbereitet sind, das zu tun.

Alle anderen müssen lernen, wie sie das tun können — und das ist gewöhnlich schmerzlich. Unsere Scheidungsrate ist ein ziemlich klarer Indikator für unser Versagen.

Wiederum haben unsere Selbstwertgefühle (unser Pott) sehr viel damit zu tun, was wir eine Liebeserfahrung nennen und was wir von ihr erwarten. Ich möchte so weit gehen und sagen, daß, je höher das Niveau unseres »Potts« steht, desto weniger abhängig sind wir von ständigen direkten Beweisen von seiten unseres Ehepartners, daß wir etwas gelten. Umgekehrt, je niedriger das Niveau unseres Potts, je mehr neigen wir dazu, uns abhängig zu machen von fortgesetzten Beweisen unseres Partners, daß wir etwas gelten, was alles zu fehlerhaften Vorstellungen davon führt, was Liebe tun kann.

Wahrhaft lieben heißt: ich stelle dir keine Bedingungen

und nehme keine von dir an. Die Integrität jeder Person wird respektiert. Ich mag die Beschreibung von Liebe und Ehe, die Gibran in »Der Prophet« schrieb:

Aber laßt Raum in eurem Zusammensein,
und laßt die Winde der Himmel zwischen euch tanzen.
Liebt einander, aber bindet kein Band der Liebe:
Laßt sie lieber ein bewegtes Meer zwischen den Küsten eurer Seelen sein.
Füllt einander eure Schalen, aber trinkt nicht aus einem Becher.
Gebt einander von eurem Brot, aber eßt nicht von dem gleichen Laib.
Singt und tanzt zusammen und freut euch, aber laßt jeden von euch allein sein,
so wie sogar die Saiten einer Laute allein sind, obwohl sie in der gleichen Musik schwingen.
Gebt eure Herzen aber nicht zur gegenseitigen Verwahrung.
Denn nur die Hand des Lebens kann eure Herzen halten.
Und steht zusammen, nur nicht zu nah zusammen;
denn die Säulen des Tempels stehen getrennt,
und die Eiche und die Zypresse wachsen nicht im Schatten des anderen[*].

Gehen Sie die Zeit zurück und versuchen, sich zu erinnern, was für Besserungen Sie sich erhofft hatten, als Sie heirateten. Was für Hoffnungen hatten Sie?

Laß mich einige der Hoffnungen mitteilen, die Menschen mir über die Jahre mitgeteilt haben. Die Hoffnungen von Frauen kreisen darum, einen Mann zu haben, der unter all den Menschen auf der Welt allein sie lieben würde, sie respektieren und schätzen würde und auf eine Art zu ihnen sprechen würde, daß sie sich glücklich fühlten, Frau zu sein; der ihnen beistehen würde, sie tröstete und ihnen in Belastungszeiten zur Seite wäre.

---

[*] Kahlil Gibran, Der Prophet, 1923.

Männer sagen, sie hofften auf Frauen, die dafür sorgen würden, daß ihre Bedürfnisse befriedigt würden, sich an ihrer Kraft und ihren Körpern erfreuten, sie als weise Führer betrachteten und auch bereit wären, ihnen zu helfen, wenn sie Wünsche äußerten. Sie sprechen davon, gutes Essen und gute sexuelle Befriedigung zu finden. Ein Mann sagte, er wolle jemanden, »der allein für mich da ist. Ich möchte mich gebraucht, nützlich, respektiert und geliebt fühlen — als König in meinem eigenen Haus.«

Größtenteils hatten weder die Männer noch die Frauen alles das bei ihren eigenen Eltern gesehen. Ungeachtet dessen waren dies die Hoffnungen und Träume der meisten Menschen. Über die Jahre gesehen, bemerkte ich wenig Unterschiede zwischen den Hoffnungen der beiden Geschlechter. In meinen früheren Berufsjahren war es für mich ein dauerndes Rätsel, warum die Hoffnungen, die so viele mir anvertrauten, sich nie bewahrheitet hatten. Ich mußte traurigerweise lernen, daß viele dieser Träume wahr werden könnten, aber an großem Unwissen und unrealistischen Erwartungen bezüglich dessen, worum es bei der Liebe geht, scheitern.

Ich glaube, daß viele jemanden heiraten, den sie in Wirklichkeit nicht kennen. Biologische sexuelle Anziehung steht für sich. Sie trägt zur Realität des Kontextes, in dem sie auftritt, nichts bei. Sie hilft auch nicht bei der Frage, wie Verlangen und Geschmack des einen Individuums zu denen des anderen passen. Wenn jemand eine gut sexuell entwickelte, kongruente Person ist, wird er sich von Menschen des anderen Geschlechtes angezogen fühlen, die ebenso entwickelt und kongruent sind. Das ist ein Teil des menschlichen Seins. Du kannst dich körperlich von jemandem angezogen fühlen, ohne zu bemerken, daß dein Pott und dein Körper nicht zusammenpassen.

Nebenbei glaube ich sicherlich nicht, daß es nur einen Mann auf der ganzen Welt gibt, der nur für eine Frau biologisch anziehend ist. Es gibt viele. In der Tat glaube ich heute, daß viele Männer viele Frauen zu einem bestimmten Zeitpunkt interessieren können und umgekehrt. Wer seine Wahl fürs Leben allein darauf begründen würde, von wem er körperlich angezogen wird, und nicht auf mehr, der dürfte sich schnell in einer Menge von Schwierigkeiten finden. Um ein befriedigendes, kreatives Leben mit jemandem aufzubauen, müssen viele, viele zusätzliche Gebiete sich miteinander vertragen können. Du verbringst relativ wenig von deiner gesamten Zeit im Bett.

Ich möchte nicht mißverstanden werden: Ich sage, daß sexuelle Ansprechbarkeit grundlegend ist für eine befriedigende heterosexuelle Beziehung. Ich sage aber auch, daß eine Beziehung im Alltag bedeutend mehr verlangt.

Ich meine, daß wenig Kinder in ihren eigenen Eltern Vorbilder gesunder, befriedigender heterosexueller Beziehung haben. Was du zwischen deinen Eltern vorgehen sahst, als du aufwuchsest, kam vielleicht kaum dem romantischen Ideal nahe, das in unserer westlichen Kultur so sehr popularisiert wird. Ich hörte viele Erwachsene ihr Verwundern ausdrücken, wie ihre Eltern sich jemals zusammenfinden konnten. Es fiel ihnen schwer, sich ihre Eltern im Bett zusammen vorzustellen, geschweige denn, daß sie eine Liebesgeschichte miteinander gehabt haben könnten.

Es ist wirklich traurig, daß Kinder ihre Eltern nicht kennenlernen konnten, als sie noch jung waren — als sie liebevoll, werbend und nett zueinander waren. Zu oft ist die »große Liebe« längst versiegt oder hat sich in den Untergrund verzogen, wenn die Kinder alt genug sind zu beobachten.

Aus diesen und anderen Gründen wünschen sich Menschen oft eine andere Ehe, als ihre Eltern sie führten. Jedoch übt Vertrautes einen mächtigen Einfluß aus. Die meisten Menschen ziehen Bekanntes, selbst wenn es unangenehm ist, dem noch so angenehmen Unbekannten vor. Haben Sie noch nie Frauen mit brutalen Vätern gesehen, die sich brutale Männer suchten? Und haben Sie noch nie Männer gesehen, die nörgelnde Mütter hatten, und schließlich mit nörgelnden Ehefrauen dastanden? Oft entwickeln Leute ein Eheleben, das dem ihrer Eltern ähnlich ist, nicht aufgrund von Vererbung — sie folgen einfach dem alten Muster der Familie.

Wir kommen hier dem Thema »Erziehen« sehr nahe, doch möchte ich diesen sehr interessanten Punkt einem späteren Kapitel vorbehalten. Im Moment beschäftigen uns die Ehepaare selbst.

Ein Paar besteht aus drei verschiedenen Aspekten: Du, ich und wir*. Zwei Menschen, drei Teile, jedes wichtig, jedes mit einem Eigenleben, und jedes fördert die Existenz des anderen. Das heißt, ich fördere dich als Existenz, du förderst mich als Existenz, ich fördere die Existenz des Wir, du förderst die Existenz des Wir, und das Wir fördert sowohl mich wie dich als Existenz.

Ich bin überzeugt, daß, wie die beiden Leute diese drei Teile ausarbeiten, darüber entscheidet, ob die erste Liebe des Paares weiterblüht oder nicht. Wie diese drei Aspekte zusammenarbeiten, ist ein Teil dessen, was ich den Prozeß nenne, der in einer Ehe lebenswichtig ist. Etwas später werde ich mich damit detailliert befassen.

Ich fand, daß Liebe wahrhaftig nur gedeihen kann, wenn

---

* *Gerald Walker Smith* und *Alice J. Phillips*, »Me, You and Us« (New York: Peter Wyden-Verlag, 1971) enthält gute Ausführungen über Paarsein.

für alle drei Aspekte Raum vorhanden ist und keiner domi-
niert. Der hervorstechende entscheidende Faktor zum Ver-
stehen, wie die erste Liebe gedeihen kann, ist Gefühl des
Wertes, das jeder für sich selbst hat, zusammen damit, wie
er es zum Ausdruck bringt und was für Forderungen er an
den anderen stellt, und wie jeder Partner dann dem ande-
ren gegenüber handelt.

Liebe ist ein Gefühl. Es kann nicht zum Gesetz erhoben
werden. Entweder es existiert, oder es ist nicht da. Es entsteht ohne Grund, aber zu seinem Weiterbestehen muß es
genährt und gepflegt werden.

Liebe ist wie ein Same, der es fertig bringt, aufzugehen
und das Köpfchen seines jungen Triebes durch den Erdboden
durchzustoßen. Wenn er jedoch nicht die richtige Nahrung,
Licht und Feuchtigkeit erhält, wird er absterben. Die liebenden, sorgenden Gefühle der Werbungszeit blühen in der
Ehe nur, wenn das Paar versteht, daß seine Liebe an jedem
einzelnen Tag gepflegt werden muß. Erfolgreiches Pflegen
steht in Beziehung mit dem Prozeß, den das Paar zwischen
sich entwickelt. Prozeß bezieht sich auf das Wie der Ehe.
Der Prozeß besteht aus den Entscheidungen, die das Paar
miteinander trifft, und aus der Art, wie beide mit diesen
Entscheidungen danach handelnd umgehen. Ich beziehe mich
hier speziell auf die Dinge, die beide nun zusammen machen
müssen und die sie früher einmal allein handhaben konnten — etwa Geld, Nahrung, Vergnügen, Arbeit und Religion.

Liebe ist das *Gefühl*, das den Beginn einer Ehe setzt,
aber *Prozeß* ist, was sie bestehen läßt.

Alle Paare stolpern zeitweilig in ihrer Ehe — alle erleben einiges an Leid, Enttäuschung und Mißverstehen. Ob
sie darüber hinauswachsen oder nicht, hängt wiederum von
dem Prozeß ab, der zwischen ihnen besteht.

Ich habe sehr viele Paare getroffen, die mit liebenden Gefühlen begannen und verwirrt, ärgerlich und hilflos wurden. Nachdem ihnen geholfen wurde, ihre Prozesse zu verstehen, wurde die Liebe wieder evident. Andererseits gibt
es einige Paare, die so viel ausgehalten haben, daß sie buch-

stäblich füreinander tot sind. Da ich wenig Erfolg hatte, Tote wieder auferstehen zu lassen, denke ich, daß es in diesen Fällen am besten ist, eine gute Beerdigung anzusetzen und von neuem anzufangen.

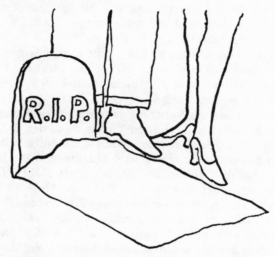

Die Chance, daß die beiden Eheleute sich mindestens in einigen Dingen unterscheiden, dürfte ungefähr einhundert Prozent ausmachen, denn beide sind auf verschiedene Art aufgewachsen. Ähnlich wird die Chance einhundert Prozent betragen, daß jeder dem anderen in Sachen nachgeben muß, über die beide verschieden fühlen. Wie wir in einem späteren Kapitel detailliert sehen werden, werden diese Unterschiede beim Aufziehen von Kindern noch akzentuiert.

Entscheidungsfindung ist ein Hauptteil des Prozesses. Für viele Paare wird sie zum Kampf, laut oder leise — wer hat das Recht, wem zu sagen, was er tun soll? Jedesmal, wenn eine Entscheidung zu treffen ist, fühlt jeder schlechter über sich selbst und den anderen. Diese Erfahrungen entwickeln sich schließlich zu einem Gefühl von Tyrannei und Gebundenheit, in dem die Gefühle des Liebens und Geliebtwerdens nicht mehr bestehen. Jeder Partner beginnt sich einsam, isoliert, zum Opfer gemacht, ärgerlich, betrogen und gedrückt zu fühlen. Jeder legt seinen Selbstwert auf den Tisch, wann immer eine Entscheidung zu treffen ist. Nach genügend Kampferfahrungen verschwindet die Liebe.

Manchmal versuchen Paare, die Schwierigkeiten der Entscheidungsfindung zu vermeiden, indem sie übereinkommen, daß ein Partner der Chef sein soll und der andere seine Entscheidungen befolgt. Eine andere Ausweichmöglichkeit ist es, einen dritten entscheiden zu lassen — einen Verschwägerten vielleicht, oder ein Kind oder eine Person außerhalb der Familie, der man vertraut. Irgendwie werden alle Entscheidungen getroffen. Aber wie? Und was geschieht als Ergebnis?

Laß uns auf einige der Reaktionen zurückkommen, über die wir in den Kapiteln über Kommunikation sprachen und sie darauf anwenden, wie Sie und Ihr Partner Entscheidungen treffen.

Tut ihr es durch Beschwichtigen? Durch Einschüchtern? Durch Predigen? Durch Ablenken? Durch Gleichgültigkeit? Wer trifft die Entscheidungen? Wie? Begegnet ihr jeder Entscheidung direkt, unrealistisch, und gebraucht ihr jedermanns Fähigkeiten? Zeigt ihr, daß ihr den Unterschied kennt zwischen der Kompetenz beim Umgang mit Geld und mit dem Selbstwertgefühl?

(Einen Scheck ausschreiben ist einen Scheck ausschreiben. Es ist keine Möglichkeit, Liebe zu zeigen.)

Erinnert euch an einige eurer kürzlichen oder wichtigen Entscheidungen. Versucht, sie durch die Kommunikationsformen und ihre Figuren darzustellen und nachzuspielen. Versucht euch dann genau zu erinnern, wie die Entscheidung in der Realität getroffen worden ist. Bestehen zwischen beidem Ähnlichkeiten?

Hier ein Beispiel: Vor ihrer Hochzeit verwaltete Hans sein Geld und Alice ihres. Nachdem sie nun verheiratet sind, müssen sie es zusammen verwalten. Das erfordert eine wichtige Entscheidung, vermutlich die erste nach ihrer Trauung.

Hans sagt zuversichtlich: »Gut, ich bin der Mann im Hause und werde darum das Geld verwalten. Nebenbei gesagt, hat das mein Vater auch stets getan.«

Alice reagiert leicht sarkastisch: »Hans, wie könntest du das? Du bist so ein Geldrausschmeißer! Ich habe selbstverständlich angenommen, daß ich es tun werde. Außerdem hat meine Mutter das ebenso gemacht.«

Hans antwortet sehr leise: »Gut, wenn du das so willst, nehme ich an, daß es so richtig ist. Ich habe einfach angenommen, daß du möchtest, daß ich das Geld verwalte, weil ich dein Ehemann bin und du mich lieb hast. Schließlich ist das etwas, was in Männerhand gehört.«

Alice ist etwas ängstlich. »Oh, Hans! Natürlich habe ich dich lieb! Ich möchte dir doch nicht weh tun. Laß uns darüber nicht mehr sprechen. Komm, gib mir einen Kuß.«

Was sagst du zu diesem Entscheidungsfindungsprozeß? Was denkst du, wohin er führen wird. Wird er die Liebe erweitern oder verringern?

Fünf Jahre später sagt Alice ärgerlich zu Hans: »Die Wohnungsbau-Firma droht uns mit Klage! Du hast die Rechnung nicht bezahlt! Ich habe es satt, die Rechnungsstelle an der Nase herumzuführen. Ich übernehme die Geldverwaltung, und ich scher' mich nicht drum, was du darüber denkst!«

Hans schnappt nach Luft: »Zum Teufel mit dir! Mach's doch und sieh, ob du's besser kannst!«

Können Sie ihr Problem erkennen? Sie können zwischen ihren Gefühlen des Selbstwertes und den Finanzen nicht unterscheiden.

Vermutlich ist nichts so wesentlich für die Erhaltung und Entwicklung einer Liebesbeziehung (oder ihrer Zerstörung) wie der Vorgang der Entscheidungsfindung.

Wir wollen uns jetzt einem etwas anderen Thema zuwenden. Wir wollen die grundsätzlichen Unterschiede zwischen der Werbungszeit und der Ehe betrachten sowie einige der daraus stammenden Schwierigkeiten.

In der bei uns üblichen Form der Werbungs- und Verlobungszeit treffen sich die zukünftigen Ehepartner nach Abmachung und Plan. Sie arrangieren ihr Leben so, daß sie buchstäblich Zeit für den anderen schaffen. Sie wissen, daß jeder bestimmte Pläne für das Zusammensein machte, wenn sie beisammen sind. Das gibt jedem von ihnen natürlicherweise das Gefühl, daß der andere ihn als eine Sehr Wichtige Person ansieht.

Nach der Hochzeit erleidet dieses Gefühl drastische Veränderungen. Arbeit, Familie, Freunde und besondere Interessen scheinen bald genauso wichtig zu werden wie das Zusammensein. Jeder Partner fühlt, daß er zu einer Wenig Wichtigen Person in den Augen des anderen wurde. In der Werbungszeit fällt es leicht zu vergessen, daß der Geliebte eine eigene Familie, Freunde, Verantwortung in der Arbeitswelt und andere Verpflichtungen hat. Dies alles taucht nach der Eheschließung wieder auf und wetteifert um seine Aufmerksamkeit.

Es pflastert den Weg zu Gefühlen des niedrigen Potts. Wenn ein Partner meint, er war alles für die Person, die er heiratete, und ihn nun mit einer Menge äußerer Einflüsse teilen muß, müssen Aussprüche fallen wie: »Ich wußte nicht, daß du so an deiner Mutter hängst.« »Ich hätte nie gedacht, daß du so gern Karten spielst.« Oft führen sie zu ernsthafteren Meinungsverschiedenheiten.

Häufig heiratet eine Person auch nur eine Seite Ihres Partners und erwartet, daß der Rest dieser Seite entspricht. Ein Herr, den ich kenne, heiratete eine Dame, die immer gut aussah. Seine Mutter dagegen wirkte immer schlampig. Als seine Frau später zeitweilig aus irgendwelchen Gründen auch mal schlampig aussah, begann er, sie ebenso negativ zu behandeln wie früher seine Mutter.

Viele Paare fühlen sich aufgrund der Illusion sicher, daß alle Dinge sich automatisch ordnen werden, weil sie sich lieben. Laß uns diese Situation mit jemandem vergleichen, der eine Brücke bauen will. Er wird dies nicht einfach versuchen, weil er Brücken liebt. Er muß eine Menge darüber wissen, wie er seine Brücke bauen kann.

Gleichermaßen müssen Paare das Wie (den Prozeß) der Ehe kennen. Zum Glück werden sich heute viele Paare dessen bewußt und nützen angebotene Kurse der Ehe- und Lebensführung. Wir brauchen Liebe und Prozeß zum Aufbau einer Familie. Keines von beiden wirkt allein.

Laß uns unsere Vergleiche etwas weiterführen. Der Brückenbauer, der seine Arbeit liebt, ist viel bereiter, die Schwierigkeiten und Frustrationen auf sich zu nehmen, die sich während der Arbeit ergeben, als jener, dem die Arbeit gleichgültig ist. Trotzdem ist der Erfolg einem Techniker aus Liebe nicht sicher. Wenn er im Laufe der Arbeit sein Ziel nicht so schnell erreicht, kann er aufhören, Brücken zu lieben und das Lernen aufgeben. Er kann dabeibleiben, aber nicht weiterkommen.

So ist es auch bei Paaren. Wenn das »Wie« in ihrer Ehe ihre Hoffnungen und Träume nicht erfüllt, verschwindet die Liebe. Viele Menschen sind sich dessen bewußt, daß ihre

Liebe schwindet, aber nicht im geringsten, daß es ihr Prozeß — das Wie in der Ehe — ist, der die Liebe hinausstößt.

Erinnern Sie sich an die Liebesgefühle, die Sie für Ihren Partner hatten, als ihr geheiratet habt? Können Sie sich erinnern, was Sie damals dachten, wie sich Ihr Leben verändern würde? Erinnern Sie sich auch daran, daß Sie dachten, Ihre bisherigen Probleme würden sich durch die Liebe lösen? Können Sie sich mit Ihrem Partner darüber austauschen, was für Gedanken und Gefühle ihr hattet und was damit geschehen ist?

Wir haben gesehen, daß die Ehe viel mehr Seiten des Partners ans Licht bringt als die Werbungszeit. Häufig lassen Verliebte sich gegenseitig wenig ihre Fehler wissen, vielleicht weil sie fürchten, wenn sie es täten, käme es nicht zur Hochzeit. Trotzdem sind einige Mängel offensichtlich. Einige Liebespaare planen, sie zu ändern. Andere akzeptieren sie als Seite des Menschseins und leben glücklich mit ihnen.

Es ist unmöglich, daß man mit einem anderen in engem Kontakt lebt, ohne daß sich die weniger wünschenswerten Züge allmählich zeigen. Für viele Menschen ist das der Grund grausamer Enttäuschung. Enttäuschte Gatten sagen mir oft: »Du lernst jemanden erst wirklich kennen, wenn du mit ihm verheiratet bist!«

Es folgen Beispiele von solchen fehlerhaften Schlußfolgerungen, die zu ähnlichen Enttäuschungen nach der Eheschließung führen können.

Ein Mädchen kann zu sich selbst sagen: »Er trinkt wirklich zuviel. Doch sobald wir verheiratet sind, wird er nicht mehr trinken, weil ich ihn so liebe.«

Ein Mann könnte sagen: »Eigentlich denke ich, daß sie dumm ist. Doch sobald wir verheiratet sind, soll sie zur Schule gehen, um mir einen Gefallen zu tun.«

Ein Herr, den ich kannte, sagte: »Ich kann die Art, wie sie Kaugummi kaut, nicht ausstehen. Ich liebe sie aber so sehr, daß ich es tolerieren werde.«

Es ist in jedem Fall eine Schwierigkeit, wenn zwei Menschen als Einheit zusammenleben wollen. Wenn es gelingt, ist es sehr lohnend. Wenn es nicht gelingt, kann es entsetzlich sein. Ich stelle mir die Ehe oft vor wie den Aufbau eines Konzerns. Ob er Erfolg hat oder nicht, hängt von der Organisation ab, die aufgebaut wird — dem Wie seiner Organisation, dem Prozeß.

Ich kenne viele Paare, die einander sehr innig liebten, aber in der Ehe nicht zurechtkamen, weil sie miteinander nicht auskommen konnten. Erneut möchte ich darauf hinweisen, daß euer Prozeß davon abhängen wird, wie ihr mit eurem Pott umgeht, wenn er einen niedrigen Stand hat, und wie ihr darüber dem Partner etwas mitteilt.

Eines der wirklichen Grundprobleme ist, daß unsere Gesellschaft die eheliche Beziehung fast ausschließlich auf Liebe gründet und dann Forderungen an sie stellt, die Liebe allein niemals erfüllen kann.

»Wenn du mich liebst, wirst du nichts ohne mich tun.«

»Wenn du mich liebst, wirst du tun, was ich sage.«

»Wenn du mich liebst, wirst du mir geben, was ich wünsche.«

»Wenn du mich liebst, wirst du wissen, was ich will, bevor ich dir's sage.«

Solche Praktiken wandeln Liebe bald in eine Art Erpressung, die ich »die Klette« nenne.

Genauer gesagt, wenn ich für mich allein nicht das Gefühl habe, daß ich viel wert bin, wir aber eine Beziehung miteinander haben, der unterstellt wird, daß sie auf Liebe gegründet ist, dann brauche ich deine Komplimente, deine Aufmerksamkeit, dein Geld und so weiter, damit ich mich gut fühle. Wenn du mir nicht bis in alle Ewigkeit zeigst, daß du für mich lebst, dann fühle ich mich als Nichts. Das ist eine Art »lieb zu reden«, aber in Wirklichkeit ist es Erpressung. Diese Grundhaltung kann schnell die Beziehung ersticken.

Wo stehen Sie jetzt mit Ihrer Erfahrung von lieben und und geliebt werden? Sich dieser Frage offen stellen, kann Ihnen helfen, etwas zu verändern und kann leicht Ihrer Liebe

das Leben verlängern. Wenn ihr beide eure Fragen und Antworten in Worte faßt, kann der Partner sehen, was mit Ihnen los ist.

Eine andere Art »lieb zu reden« stellt die »Kristallkugeltechnik« dar (eine Kugel aus Kristall ist so durchscheinend, daß nichts verborgen bleibt, Anmerkung der Übersetzer). Hier unterstellst du, daß jemand, der dich liebt, im vorhinein weiß, was du brauchst, wünschst, fühlst, denkst, und entsprechend handelt, und umgekehrt. Es nicht wissen ist das gleiche wie nicht lieben. Tatsache ist dagegen, daß, gleichgültig wie sehr du und ich uns gegenseitig lieben mögen, die Liebe mir überhaupt nichts darüber verrät, ob du Spinat magst oder nicht und wie du ihn zubereitet wünschst.

Ich erinnere mich an ein Paar, das zu mir kam, weil es in seiner zwanzigjährigen Ehe sehr unzufrieden war. Als ich mit ihnen sprach, zeigte sich, daß beide versucht hatten, zu erraten, was im anderen vorgeht, entsprechend der Kristallkugeltheorie: »Wenn wir uns wahrhaft lieben, werden wir immer wissen, was der andere wünscht.« Weil sie diesen Grundsatz aufgestellt hatten, konnten sie dessen Wahrheit schlecht durch Fragen prüfen, weil das ja Verleumdung ihrer Liebe wäre. Dieses Ratespiel bewies sich in einigen wenigen begrenzten Punkten als möglich, weil der Ehemann keine besonderen Klagen vorbrachte. Als wir dann begannen, zusammen zu arbeiten, begriff das Paar, daß es nicht gefährlich war, offener zu sprechen. Als wir zu dem Teil kamen, wo ich jeden von ihnen bat, dem anderen offen zu sagen, was er dem anderen übelnimmt, schrie der Ehemann in einem Gefühlsausbruch: »Ich wünschte, du würdest mir nicht immer diesen verfluchten Spinat servieren!« Nachdem seine Frau sich von dem Schock erholt hatte, antwortete sie: »Ich verabscheue Spinat, aber ich dachte, du magst ihn so. Ich wollte dich nur erfreuen!« Dieser Episode entsprang ein Schlagwort, das sich auch in anderen Situationen bewährte, nämlich »Denk an den Spinat«.

Es war daraus entstanden, daß die Frau am Anfang ihrer Ehe ihren Mann gefragt hatte, was er gerne ißt. Er hatte geantwortet, was immer sie zubereite, wäre fein. Sie unternahm umfangreiche Anstrengungen, herauszubekommen, was ihren Mann erfreue. Einmal hörte sie zufällig, wie er seinen kleinen Neffen zurechtwies, der seinen Spinat nicht essen wollte. Sie interpretierte, daß Spinat ihm ein Genuß sei.

Das kam heraus, als wir versuchten, der Spinatfrage auf die Spur zu kommen. Der Ehemann erinnerte sich an den Vorfall nicht mehr. Aber er wußte, daß er seine Schwägerin als schlampig ansah, weil sie dem Jungen nicht beibrachte, richtig zu essen. Natürlich stellte ich die Frage, wie es wohl kam, daß der Mann ohne Murren immer den Spinat aß, den er nicht leiden konnte. Er sagte, er wollte sie nicht verletzen.

»Außerdem«, sagte er, »mag sie ihn. Ich wollte ihr das nicht nehmen.« Er wandte sich dann an sie: »Aber ist dir nicht aufgefallen, daß ich weniger und weniger davon aß?« »O«, meinte sie, »ich dachte, du wolltest Gewicht verlieren.«

Da ist ein erstklassiges Beispiel des Kristallkugelansatzes. Vermutlich teilt kein anderes Paar auf der Welt diese spezielle Erfahrung mit Spinat, doch glaube ich, daß fast alle etwas sehr Ähnliches kennen.

Wenn man auf so einen Vorfall zurückschaut, wird klar, daß er äußerst absurd wirkt. Trotzdem passiert es immer wieder.

Ein anderer Mythos, der Liebe verdirbt und vernichtet, ist die Erwartung, daß Liebe Gleichheit bedeutet. »Du sollst immerzu so denken, fühlen und handeln wie ich. Wenn du das nicht tust, liebst du mich nicht.«

Laß uns einen Augenblick über Gleichheit und Verschiedenheit nachdenken.

Ich glaube, daß zwei Leute sich zuerst wegen ihrer Gleichheit füreinander interessieren. Über die Jahre können sie nur aufgrund ihrer Unterschiede aneinander interessiert bleiben. Anders ausgedrückt: Wenn Menschen nie ihre Gleichheit entdecken, treffen sie sich nie. Wenn sie nie ihrer Unterschiedlichkeit begegnen, können sie nicht echt sein und keine wahrhaft menschliche und freudespendende Beziehung miteinander aufbauen.

Mit Verschiedenheit kann nicht erfolgreich umgegangen werden, bevor Gleichheit nicht anerkannt ist. Obwohl jeder Mensch einmalig ist, haben alle bestimmte Eigenschaften gemeinsam. Gehen wir sie durch:

Jedes menschliche Wesen

kam auf diese Welt, nachdem es im Geschlechtsverkehr empfangen wurde und aus dem Leib einer Frau geboren wurde,

ist von Haut umschlossen, die den ganzen Apparat zur Erhaltung und zum Wachstum in sich schließt,

hat eine vorhersagbare Anatomie,

benötigt Luft, Essen und Wasser zum Überleben,

hat ein Gehirn mit Verstandesfähigkeiten und kann sprechen und sich bewegen (außer denen, die unvollständig geboren wurden),
ist fähig zu reagieren,
fühlt sein ganzes menschliches Leben.

Nun zu den Unterschieden. – Viele fürchten sie, weil sie darin den Anfang von Konflikt sehen und jenen als Anfang von Streit und so als Bedrohung und möglicherweise todbringend für die Beziehung. Die Entdeckung eines Unterschiedes muß nicht unbedingt Streit bedeuten.

Wenn du zu dem Gedanken erzogen wurdest, daß streiten und kämpfen schlecht ist, dann kann dich ein (wirklich oder in der Vorstellung) drohender Streit ängstigen und dir Schuldgefühle machen. Aber ein guter, gesunder Kampf muß nicht Tod bedeuten – er kann mehr Nähe und Vertrauen bringen. Yetta Bernhard und George Bach »trainieren« in ausgezeichneter Weise »fairen Kampf«, wozu jedes Paar fähig

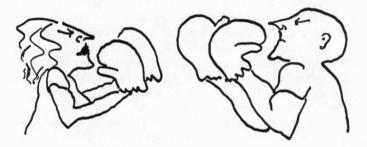

sein sollte, wenn die Situation es erfordert.* Beachten Sie: Ich lege das Gewicht auf *fairen,* sauberen Kampf. Wir alle kennen schmutzige Kampfweisen. Diese sind angsterregend und können im Tod enden.

Wir haben die vorhin genannten Eigenschaften gemein-

---

* *Yetta Bernhard* und *George Bach,* Aggression Lab: The Fair Fight Training Manual (Dubuque, Iowa, Kendal, Hunt, 1971) in deutsch: Aggression Lab, Studienausgabe, PFB Altmann, 2 Hamburg 71, Hans-Henny-Jahnn-Weg 41–45.

sam. Aber wir alle unterscheiden uns auch von jedem anderen; das ist eine natürliche Konsequenz des Menschseins. Es gibt über dreieinhalb Milliarden Menschen auf dieser Erde, und jeder einzelne kann genau aufgrund seines Daumenabdrucks identifiziert werden. Es gibt nicht zweimal die gleichen; jeder Mensch ist einmalig. Daher werden jeweils zwei Personen, gleichgültig, wie ähnlich sie sind, Unterschiedlichkeit zwischen sich finden. *Es lebe die Unterschiedlichkeit!* Stell dir vor, wie langweilig und steril das Leben wäre, wenn wir alle gleich wären! Unterschiede bringen uns Anregung, Interesse und Lebendigkeit. Sie bringen auch einige wenige Schwierigkeiten. Die Herausforderung lautet, einen Weg zu finden, wie wir unsere Verschiedenheit konstruktiv bewältigen können. Wie können Unterschiede als Gelegenheiten zum Lernen wahrgenommen werden anstatt als Entschuldigung für Trennung?

Ein kluges Paar wird danach streben, seine Unterschiede früh zu erfahren. Es wird versuchen, herauszufinden, wie es die Verschiedenheit zwischen beiden für sich statt gegen sich ausnützen kann.

Wenn Ihr Pott voll ist (Ihr Selbstwertgefühl hoch), werden Sie bestimmte Dinge wissen müssen:

Keine zwei Personen sind ganz gleich, jede ist einmalig.

Keine zwei Personen werden je ganz gleich sein, selbst da nicht, wo sie gleich sind. Zwei Menschen mögen Steak essen, aber jeder auf eine andere Art zubereitet, jeder hat zu einer anderen Zeit darauf Appetit.

Eine weitere wichtige Lernerfahrung ist, daß du nicht stirbst, wenn du allein bist. Gelegentliche Einsamkeit ist ein natürliches Ergebnis davon, eine eigenständige Person zu sein.

Während ich mich dem Ende dieses Kapitels nähere, ist mir bewußt, daß ich viel über die Komplexität und das potentielle Leid gesprochen habe, das die Entwicklung einer befriedigenden, reifenden Beziehung zwischen Gatten mit sich bringt.

Die Möglichkeiten, die ich entdeckt habe, mit all dieser Komplexität umzugehen, weisen im allgemeinen in folgende Richtungen:

Die erste hat mit den Überzeugungen zu tun, die man darüber hat, wie Menschen sind. Die Erkenntnis, daß Vollkommenheit etwas ist, was nicht von Anfang an da ist, und daß wenige Menschen sich vorsätzlich böse verhalten, können dir helfen, deinen Partner als Person zu sehen, die sich eben menschlich verhält.

Die zweite Richtung hat mit dem Bewußtwerden seinerselbst zu tun, mit dem Mit-sich-in-Kontakt-Treten und mit der Bereitschaft und Fähigkeit, danach zu sagen, wo man sich innerlich befindet. Dadurch kann Vertrauen und Zuversicht aufgebaut werden.

Die dritte bezieht sich auf die feste Überzeugung, daß jede Person auf ihren eigenen beiden Füßen stehen kann. Niemand sonst kann auf deinen Füßen stehen. Das heißt, daß du wirklich dem ins Gesicht siehst, was zu diesem Zeitpunkt besteht. Das bezieht sich sowohl auf den Kleinkram wie auf das Angenehme. Das bedeutet, daß niemand jemand anderen auf seinem Rücken trägt und dadurch sich und ihn zum Krüppel macht.

Alle diese Wege gipfeln in einem Berg von Möglichkeiten und Gelegenheiten, sich gegenseitig durch Körper, Geist, Gefühl und Dinge zu erfreuen. Das ist, schließlich und endlich, *worauf es wirklich ankommt.*

10. Kapitel

Ihr Familienplan

Anfangs, als ich begann, mit ganzen Familien zu arbeiten, war ich von der kolossal beziehungslosen Aktivität geschlagen, die in allen Richtungen stattfand — physisch, durch Körperbewegungen und auch psychisch durch vielschichtige Botschaften und unfertige Mitteilungen und so weiter. Mehr als an alles andere wurde ich an die Büchse mit Würmern erinnert, die mein Vater als Köder auf seine Angeltouren mitzunehmen pflegte. Die Würmer waren alle ineinander verwickelt, krümmten sich dauernd und bewegten sich. Ich konnte nicht feststellen, wo der eine endete und der andere anfing. Sie konnten in Wirklichkeit nirgendwo hinkommen, außer auf und ab, rundherum und seitwärts, aber ohne Zweifel machten sie einen lebendigen und zielgerichteten Eindruck. Es war ziemlich unmöglich, mit einem dieser Würmer zu reden, um ihn zu fragen, wie er sich fühle, aber ich habe so den Eindruck, daß, wenn mir das gelungen wäre, er mir dasselbe erzählt hätte, was ich über Jahre hinweg von Familienmitgliedern gehört habe. *Wohin gehe ich? Was mache ich? Wer bin ich?*

Der Vergleich zwischen der Art, wie sich so viele Familien aufführen, und dem sinnlosen, verwickelten Sichkrümmen der Würmer erschien mir so treffend, daß ich das zwischen Familienangehörigen bestehende Netzwerk eine »Würmerbüchse« nannte. Das Ziel dieses Kapitels wird es

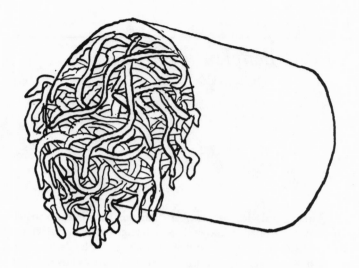

sein, Ihnen zu zeigen, was Ihr Familiennetzwerk ist und wie man es darstellen kann. Ich denke, die beste Art daranzugehen ist, eine imaginäre Familie, die Lintons, zu nehmen, um zu zeigen, wie deren Netzwerk für und gegen sie arbeitet. Nebenbei, niemand kann jemals dieses Netzwerk wirklich sehen, aber Sie können es ohne Zweifel fühlen, nachdem es Ihnen die skizzierten Übungen in diesem und dem nächsten Kapitel ausführlich demonstriert haben.

Auf Seite 175 sind die Lintons, wie die Familie sich heute darstellt.

Nehmt ein großes Blatt Papier und heftet es an die Wand, so daß ihr alles deutlich sehen könnt. Fangt mit eurem Familienplan an, indem ihr mit Filzschreibern für jede Person einen Kreis zeichnet. Vielleicht sind in eurer Familie noch ein Großelternteil oder eine andere Person als ein Teil des Haushaltes miteingeschlossen. Wenn das so ist, fügt für diese Person in der Reihe der anderen Erwachsenen einen Kreis hinzu.

Hat jemand mal zu eurer Familie gehört, der weggegangen ist, stellt denjenigen durch einen ausgefüllten

Die Familie Linton jetzt

Alice
erwachsene Frau
38 Jahre alt

Hans
erwachsener Mann
40 Jahre alt

Bernd
ein Junge
17 Jahre alt

Robert
ein Junge
16 Jahre alt

Trudi
ein Mädchen
12 Jahre alt

*Kreis dar. Wenn Ihr Mann oder Ihr Vater gestorben ist,
Sie verlassen hat oder von Ihnen geschieden ist und Sie
nicht mehr geheiratet haben, dann würde sich das in Ihrer
Karte folgendermaßen ausdrücken:*

Hat die Frau wieder geheiratet, würde das so aussehen:

Ist das zweite Kind gestorben oder in irgendwelchen Institutionen untergebracht, würde Ihre Karte so aussehen:

Ich glaube, jeder, der irgendwann einmal zu einer Familie gehört hat, hinterläßt einen bleibenden Eindruck. Ein Mensch, der weggegangen ist, ist in der Erinnerung der Zurückgebliebenen oft sehr lebendig.

Manchmal spielen auch diese Erinnerungen bei dem, was jetzt vor sich geht, eine wichtige Rolle und häufig eine negative. Das muß nicht sein. Wurde der Weggang aus irgendeinem Grund nicht akzeptiert, geistert derjenige noch ziemlich viel herum und vergiftet möglicherweise die derzeitige Szenerie. Wurde auf der anderen Seite der Weggang akzeptiert, dann ist die Gegenwart klar, soweit sie den Weggegangenen betrifft.

Jeder Mensch ist ein individuelles Selbst (S). Er kann verschiedentlich beschrieben werden, durch einen Namen, durch Körpermerkmale, Interessen, seinen Geschmack, Gebräuche, Begabungen — alle Eigenschaften, die sich auf ihn als Individuum beziehen.

Bis jetzt zeigt unser Plan die Familienangehörigen als Inseln, aber jeder, der in einer Familie gelebt hat, weiß, daß niemand lange Zeit eine Insel bleiben kann. Die verschiedenen Familienmitglieder sind durch ein Netzwerk von Schnüren miteinander verbunden, die sie als Familie zusammenbinden. Die Schnüre sind vielleicht unsichtbar, aber sie sind sehr wohl da, so massiv und fest, als wären sie aus Stahl.

Ergänzen wir unsere Netzwerk-Paare durch einen weiteren Zug: Paare haben in Familien ganz spezifische Rollenbeziehungen und -bezeichnungen. Die Zeichnung unten zeigt die Paare der Linton-Familie mit ihren Rollenbezeichnungen.

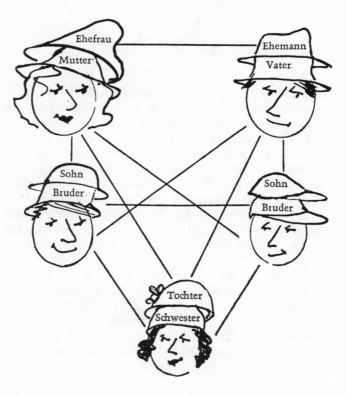

Die Rollen in der Familie teilen sich in drei Haupt-kategorien ein; die eheliche mit den Titeln Ehemann und Ehefrau; die elterlich-kindliche mit den Titeln Vater—Tochter, Mutter—Tochter, Vater—Sohn; und die geschwister-liche mit den Titeln Bruder—Bruder, Schwester—Schwester und Bruder-Schwester. Jede Rolle ist mit unterschiedlichen Erwartungen verknüpft. Familienrollen entstehen immer aus Paaren. Du kannst die Rolle der Ehefrau nicht ohne die Rolle des Ehemanns sehen, keinen Vater ohne Sohn oder Tochter usw. Die Ansichten über die Bedeutung der einzelnen Rollen können verschieden sein. Wichtig ist es, herauszufinden, was die verschiedenen Rollen für die jeweiligen Familien-mitglieder bedeuten.

Kommen Familien zu mir, leicht verwirrt, ist das erste, was ich mache, daß ich jeden einzelnen nach seiner Vor-stellung über die Bedeutung seiner Rolle frage. Ich erinnere mich sehr lebhaft an ein Paar. Als ich jeden einzelnen fragte, was seine eigene Rolle und die des Partners bedeutet, bekam ich folgendes zu hören. Sie sagte: »Ich denke, eine Ehe-frau zu sein, heißt immer, das Essen rechtzeitig auf dem Tisch zu haben, die Kleider meines Mannes in Ordnung zu halten, die unerfreulichen Begebenheiten der Kinder und des Tages von ihm fernzuhalten. Ich denke, der Ehemann sollte für einen guten Lebensstandard sorgen. Und er sollte seiner Frau keinen Kummer bereiten.«

Er sagte: »Ehemann sein bedeutet, das Familienober-haupt zu sein, für den Unterhalt zu sorgen und seine Pro-bleme mit der Frau zu teilen. Ich denke, die Aufgabe der

Frau ist, dem Mann zu erzählen, was sich so ereignet. Im Bett sollte sie ein ›Pussykätzchen‹ sein.«

Man sieht, jeder praktizierte, was seiner Meinung nach seiner Rollenerwartung entsprach, und das Paar wußte nicht, wie weit es in diesen wichtigen Gebieten voneinander getrennt war. Sie haben nie darüber gesprochen; sie nahmen eben an, ihre Ansichten über ihre jeweiligen Rollen würden übereinstimmen. Nachdem sie ihre Vorstellungen ausgetauscht hatten, entwickelte sich ein neues Verstehen zwischen den beiden, und sie brachten eine sehr viel befriedigendere Beziehung zustande. Ich habe erlebt, daß sich die Erfahrung dieses speziellen Paares bei gestörten Familien, die hilfesuchend zu mir kam, laufend wiederholt hat.

Wie steht es in Ihrer Familie und mit der Rollenerwartung und -definition jedes einzelnen? Warum setzt ihr euch nicht alle hin und tauscht eure gegenseitigen Rollenvorstellungen aus, die Ihre, die Ihres Partners und eurer Kinder? Ich nehme an, Sie werden einige Überraschungen erleben.

Nun wollen wir einen anderen Aspekt dieser Rollengeschichte prüfen. Alice Linton ist ein Mensch, der lebt, atmet und eine bestimmte Kleidergröße trägt. Sie ist auch eine Ehefrau, wenn sie mit Hans zusammen ist, und eine Mutter für Bernd, Robert und Trudi.

Vielleicht ist es eine Hilfe, wenn wir uns ihre Rolle als verschiedene Hüte vorstellen, die sie je nach Gelegenheit aufsetzt. Sie setzt nur einen einzelnen Hut auf, wenn sie mit dem Menschen zusammen ist, der diesem Rollenhut entspricht. Sie ist während ihres Tagesablaufs fortlaufend damit beschäftigt, Hüte auf- und abzusetzen. Müßte sie oder Hans alle ihre Hüte auf einmal tragen, würde das so aussehen, und das könnte etwas kopflastig werden. Deinen Selbst-Hut legst du nie ab; er ist immer da.

Gehen Sie jetzt zu Ihrem Familienplan und tragen Sie die Netzwerklinien ein, indem Sie jeden mit jedem verbinden. Denken Sie bei jeder Linie einen Augenblick über die jeweilige Beziehung nach.

Stellen Sie sich vor, wie jeder, der darin verwickelt ist, darüber empfindet. Die ganze Familie sollte an dieser Übung teilnehmen, so daß jeder versuchen kann, die verschiedenen Beziehungen nachzuempfinden.

Bis jetzt habe ich Ihnen die Lintons als Selbst und als Paare vorgestellt — fünf Selbst und zehn Paare. Wenn das alles wäre, was zu einem Familienplan gehörte, wäre es eine ziemlich einfache Angelegenheit, in einer Familie zu leben. Bei Bernds Ankunft entstand jedoch ein Dreiecksverhältnis. Hier beginnt die Sache unübersichtlich zu werden, weil eine Dreiersituation die Falle ist, die bei den meisten Familien zuschnappt. Über Dreiecksverhältnisse werde ich später sprechen, fügen wir dem Linton-Familienplan erst das Netzwerk von Dreiecken hinzu.

Jetzt sieht das Netzwerk der Lintons so aus. Es ist ganz schön schwierig, irgendeinen Teil davon klar zu erkennen, nicht wahr? Sie können feststellen, wie Dreiecke buchstäblich die Dinge verschleiern und komplizierter machen. Und wir leben in Familien nicht als Paare, sondern in Dreierbeziehungen.

In Wirklichkeit bildeten sich nicht ein, sondern drei Dreiecke, als Bernd geboren wurde, denn ein Dreieck besteht immer aus einem Paar plus einem einzelnen. Weil immer

nur zwei Leute gleichzeitig miteinander in Verbindung sein
können, ist jeweils einer überzählig. Die gesamte Wesens-
art des Dreiecksverhältnisses ändert sich je nach dem, wer
überzählig ist.

Die drei ebengenannten Dreiecke bestehen aus Hans,
Alice und Bernd, aber sie sind alle verschieden. Im ersten
ist Hans überzählig und beobachtet die Beziehung zwischen
Ehefrau und Sohn. Im zweiten beobachtet Alice ihren Mann
zusammen mit ihrem Sohn, im dritten beobachtet der kleine
Bernd seine Mutter zusammen mit seinem Vater. Wie
schwierig jedes einzelne Dreieck ist, hängt ziemlich von
demjenigen ab, der im Moment Außenstehender ist, und ob
der sich gut dabei fühlt oder nicht.

Es ist etwas Wahres an dem alten Ausspruch: »Zwei
bilden eine Gemeinschaft, drei eine Masse.« Derjenige, der
beim Dreieck gerade einzeln steht, hat immer die Wahl,

entweder die Beziehung der beiden anderen aufzubrechen, sich davon zurückzuziehen oder sie als interessierter Beobachter zu unterstützen. Seine Wahl ist für das Funktionieren des ganzen Familien-Netzwerkes entscheidend.

Alle möglichen Spiele werden zwischen Leuten in Dreieckssituationen gespielt. Während ein Paar miteinander spricht, unterbricht vielleicht der dritte oder versucht die Aufmerksamkeit auf sich zu lenken. Hat ein Paar Meinungsverschiedenheiten, wird der dritte vielleicht als Verbündeter geholt, wodurch sich das Dreieck verändert, und einer von dem ursprünglichen Paar nach außen geschoben wird.

Können Sie sich erinnern, vor nicht allzu langer Zeit mit nur zwei anderen Leuten zusammengewesen zu sein? Wie sind Sie mit dem Dreieck fertig geworden? Wie haben Sie sich gefühlt? Wie werden Dreieckssituationen in Ihrer Familie gehandhabt?

Familien sind voller Dreiecke. In der fünfköpfigen Linton-Familie gibt es fünfundvierzig Dreiecke. Zum Beispiel:

Hans / seine Frau / sein erster Sohn
Hans / seine Frau / sein zweiter Sohn
Hans / seine Frau / seine Tochter
Hans / sein erster Sohn / sein zweiter Sohn
Hans / sein erster Sohn / seine Tochter
Hans / sein zweiter Sohn / seine Tochter
Außerdem,
Alice / ihr Mann / ihr erster Sohn
und so weiter.

Dreiecke sind ungeheuer wichtig, weil das Geschehen in einer Familie zu einem großen Teil davon abhängt, wie mit Dreiecken umgegangen wird.

Der erste Schritt, ein Dreieck erträglich zu machen, ist der, daß jeder im Dreieck ganz klar sieht, daß immer, wenn drei Leute zusammen sind, nicht jeder die gleiche Aufmerksamkeit zur gleichen Zeit bekommen kann. Vielleicht ist die beste Lösung, einem unausweichlichen Dreieck zu begegnen, die Einstellung der Leute in Texas gegenüber Wetter: Halt eine Weile durch, es wird sich ändern. Der zweite Schritt, wenn du der Außenstehende bist, ist der, dein Dilemma in Worte zu fassen, so daß sie jeder hören kann. Der dritte Schritt wäre, durch dein eigenes Verhalten zu zeigen, daß kein Grund besteht, wütend, verletzt oder beschämt zu sein als Außenstehender. Probleme wachsen an, weil einige Menschen das Gefühl haben, draußen stehen sei gleichbedeutend mit nicht-gut-sein. Niedriges Selbstwertgefühl!

Um angenehm in einem Dreieck zu leben, muß man, so scheint mir, über sich selbst in bestimmter Weise fühlen. Der einzelne sollte gut über sich selbst fühlen und in der Lage sein, auf seinen eigenen Füßen zu stehen, ohne sich an jemanden anlehnen zu müssen. Er kann zeitweilig der Außenstehende sein, ohne sich schlecht oder zurückgewiesen zu fühlen. Er sollte fähig sein zu warten, ohne sich mißhandelt vorzukommen. Er sollte in der Lage sein, offen und klar zu sprechen, und die anderen wissen lassen, was er fühlt und denkt, und er sollte nicht über seinen Gefühlen brüten und sie sich anstauen lassen.

Wenn Sie nochmals einen Blick auf den Plan der Linton-Familie werfen, nachdem die Dreiecke hinzugefügt worden sind, werden Sie ungefähr einschätzen können, wie komplex Familiennetzwerke tatsächlich sind. Vielleicht ist das Bild mit der Würmerbüchse jetzt für Sie auch verständlicher.

Zeichnen Sie Ihre »Familien-Würmerbüchse«, indem Sie Ihrem Familienplan alle Dreiecke hinzufügen. Vielleicht ist es eine Hilfe, einen andersfarbenen Stift oder Tinte zu benutzen, damit Sie die Dreiecke von den Paaren unterscheiden können. Wiederum, während Sie zeichnen, überlegen Sie sich die tatsächliche Beziehung im Leben, die durch jede Linie dargestellt wird. Zwischen jeweils drei Leuten werden Sie nur ein Dreieck zeichnen, obwohl in Wirklichkeit drei existieren. Überlegen Sie, wie dieses Dreieck, von jedem einzelnen aus betrachtet, aussieht.

Das Netzwerk der Lintons entstand nicht über Nacht. Es hat sechs Jahre gedauert, die Leute zusammenzubekommen, die jetzt in dem Netzwerk dargestellt sind — möglicherweise acht Jahre, wenn du die zwei Jahre berücksichtigst, in denen Hans und Alice »miteinander gegangen« sind.

Manche Familien brauchen fünfzehn oder zwanzig Jahre, bis ihr Ensemble beieinander ist — manche ein bis zwei Jahre, und bei manchen hört es nie auf, weil sich der Kern immer verändert (der Mann und die Frau, die das Ganze aufbauen).

Jedesmal, wenn die Lintons zusammen sind, sind zweiundvierzig verschiedene Einheiten in Gang — fünf Individuen, zehn Paare und siebenundzwanzig Dreiecke. In Ihrer Familie gibt es ähnlich lebendige Elemente. Jeder Mensch hat sein eigenes geistiges Bild davon, wie jede dieser Einheiten aussieht. In den Augen von Alice sieht Hans ganz anders aus als in Roberts Augen. Jede Person hat von jedem Kreis oder jeder Linie seine eigene Vorstellung. Alice sieht ihre Beziehung zu Robert vielleicht so, Robert sieht sie anders. Hans' Vorstellung unterscheidet sich von den beiden andern wahrscheinlich gänzlich. All die verschiedenen Bilder sollten in der Familie zusammenpassen, egal ob die einzelnen sie wahrnehmen oder nicht. In »nährenden«, entwicklungsfördernden Familien liegen alle diese Elemente und jedermanns Interpretation davon offen, und man kann leicht darüber sprechen. Demgegenüber sind gestörte Familien sich entweder ihres Familienbildes nicht bewußt, oder aber sie wollen oder können nicht darüber sprechen.

Oft haben mir Familien von ihren Frustrationen erzählt, ihren physischen Erkrankungen, Verkrampfungen und ihrem Unwohlsein, wenn die ganze Familie zusammen ist. Jeder empfindet dauernde Bewegung, als würde er in viele verschiedene Richtungen gezerrt. Könnte man den Familienmitgliedern diese Würmerbüchse bewußt machen, in der sie versuchen zu funktionieren, wäre ihnen nicht so wirr und unwohl. Wenn Familien zum ersten Mal ihr Netzwerk wahrnahmen und echt begriffen, wie ungeheuer kompliziert ein Familienleben wirklich ist, erzählten sie mir oft von der großen Erleichterung, die sie empfanden. Sie begriffen, daß es nahezu unmöglich ist, über allem zu stehen. Wer kann in der Spur bleiben oder zweiundvierzig Einheiten gleichzeitig überschauen? Viele haben mir berichtet, daß die einzelnen es viel leichter miteinander hatten, nachdem das Netzwerk von der ganzen Familie verstanden wurde, weil sie nicht mehr den Druck verspürten, die Dinge in der Hand haben zu müssen. Das Interesse wurde größer, das, was geschah, zu beobachten und sich kreative Wege auszudenken für ein besseres Funktionieren der Familie.

In einer Familie zu leben bedeutet eine Herausforderung, Wege zu finden, die für jeden einzelnen möglich sind, oder die anderen zu beobachten, ohne das Gefühl zu bekommen, man zähle nicht — wodurch man ein Opfer unseres bekannten Bösewichts wird: eines niedrigen Selbstwertgefühles.

Betrachten wir einen Moment, wie sich dieses Stoßen und Ziehen in der Würmerbüchse auf den einzelnen auswirkt. Zweifellos stellt es große Forderungen an ihn. In manchen Familien ist es schwer, überhaupt ein Individuum zu bleiben. Je größer die Familie, mit je mehr Einheiten man umgehen muß, desto schwieriger ist es für jeden einzelnen, seinen Anteil im Gefecht zu bekommen. Ich möchte großen Familien gewiß nicht unterstellen, immer ein Fehlschlag zu sein. Im Gegenteil, einige der »nährendsten« Familien, die ich kenne, haben eine große Anzahl Kinder.

Außerdem, je mehr Kinder in eine Familie kommen, desto mehr Druck liegt auf der ehelichen Beziehung. In einer dreiköpfigen Familie gibt es nur neun Selbst-Paar-Dreiecke. In einer vierköpfigen Familie sind es zweiundzwanzig; in einer fünfköpfigen fünfundvierzig, in einer zehnköpfigen sind es 367 Einheiten! Jedesmal, wenn eine neue Person dazukommt, muß die begrenzte Zeit und andere Reserven der Familie in kleinere Portionen geteilt werden. Ein größeres Haus und mehr Geld kann aufgetrieben werden, aber die Mutter und der Vater haben immer nur zwei Arme und zwei Ohren. Die Wellen in der Luft tragen nur eine Wortfolge auf einmal, sonst wird es wie im Tollhaus.

Es geschieht sehr oft, daß der Druck des Eltern-Seins so

überwältigend wird, daß von dem Selbst der Elternteile sehr wenig zum Ausdruck kommt und die eheliche Beziehung durch Vernachlässigung geschwächt wird. An diesem Punkt brechen viele Paare ab, geben auf und laufen davon. Sie sind als Individuen verkümmert, haben als Gatten versagt, und die Elternrolle haben sie wahrscheinlich auch nicht gut erfüllt. Frustrierte, enttäuschte, im Gefühl abgestorbene Erwachsene geben keine guten Führer in einer Familie ab.

Wird die Beziehung der Ehepartner nicht geschützt und wird ihr keine Chance zum Gedeihen eingeräumt und hat nicht jeder einzelne in der Partnerschaft die Chance, sich selbst zu entfalten, wird das Familiensystem unehrlich und die Kinder werden zwangsläufig einseitig in ihrer Entwicklung.

Gute, ausgeglichene Eltern zu sein ist nicht unmöglich Eltern müssen nur besonders geschickt und achtsam in Familienbeziehungen sein, um ihr eigenes Selbst zu bewahren und die eheliche Beziehung am Leben zu erhalten, wenn die Büchse mit Würmern so voll ist. Solche Eltern sorgen für fördernde Familien, und sind lebende Beispiele für die Art von funktionierender Familie, die ich in diesem Buch beschreibe — funktionierend insofern, als der Druck in einem Familiennetzwerk in schöpferische, wachstumsfördernde Richtungen gelenkt wird.

11. Kapitel

Das Netz der Familienbeziehungen

Bisher haben wir über die Linien auf der Familienland-karte geredet, als ob es sich um Fernsehröhren handle, durch die Botschaften und Gefühle passieren. Dies ist weitgehend auch so. Aber diese Linien sind auch in sehr buchstäblicher Weise Familienbindungen. Sie binden alle Individuen zusammen, so daß jeder einzelne von jedem anderen direkt betroffen ist. Offensichtlich kann jeder so im Mittelpunkt vieler Anforderungen stehen, die gleichzeitig an ihn herangetragen werden. Und wieder besteht das Problem nicht darin, wie diese Anforderungen vermieden werden können (denn das ist unmöglich), sondern darin, wie man mit ihnen schöpferisch leben kann. Das ist genau das, was ich in diesem Kapitel behandeln will.

Es kann sein, daß einige der Übungen, die ich Sie bitte, in diesem Kapitel durchzuführen, Ihnen albern, vielleicht zu zeitraubend oder zu mühevoll erscheinen. Ich möchte Sie dringend bitten, sich ihnen trotzdem zu stellen. Was in diesen einfachen und kunstlosen Spielen enthüllt werden kann, wird Sie absolut erstaunen. Sicher lohnt der Einsatz von Zeit und einiger Mühe, wenn das Ergebnis tieferes Verstehen und ein besser funktionierendes, schöpferisches Familienleben sein kann.

Wir wollen als Beispiel mit der Familie Linton beginnen. Hans kommt von der Arbeit nach Hause. Alice würde gerne mit ihm zusammen sein. Bernd, Robert und Trudi möchten auch seine Aufmerksamkeit auf sich lenken. Wenn sie alle von ihm beobachtet werden wollen, wird Hans in folgender Situation sein:

Sie können sich vorstellen, wie auseinandergerissen er sich fühlt. Noch besser als die Vorstellung wäre buchstäbliches Erleben.

Beginnen wir mit eurem »Hans«. Er sollte in der Mitte des Raumes gerade stehen sowie im Gleichgewicht. Dann bitten Sie »Alice«, seine rechte Hand zu nehmen. Ihr Erstgeborener nimmt seine linke Hand. Der zweitälteste, »Robert«, soll ihn von vorne her um die Taille fassen. »Trudi« soll ihre Arme von hinten um seine Taille legen. Wenn Sie ein viertes Kind haben, lassen Sie es sein rechtes Knie umfassen, das fünfte das linke Knie. Fahren Sie einfach fort, bis alle Familienmitglieder »Hans« irgendwo anfassen. Nun zieht jeder leicht und langsam in seine eigene Richtung, bis jeder den Zug spürt. Dann verharrt jeder in dieser Stellung. Nach wenigen Sekunden wird Hans sich auseinandergezogen, unwohl, ungemütlich und schlecht fühlen. Vielleicht fürchtet er sogar, das Gleichgewicht zu verlieren.

Hans hat während dieser Übung ziemlich ähnliche Gefühle wie in den Situationen, in denen zu viele Ansprüche an ihn gestellt werden.

Hans kann nicht immer in dieser Stellung bleiben. Er muß etwas tun. Es gibt mehrere Handlungsmöglichkeiten. Er kann sich dafür entscheiden, es zu ertragen und zunehmend zu erstarren, sich zunehmend tauber fühlen, bis er empfindungslos wird. Sobald dieses Stadium erreicht ist, kann er es unendlich lange aushalten. Schließlich lassen die anderen ihn einfach los aus dem Gefühl heraus: »Vati kümmert sich überhaupt nicht um mich.« Ferner kann sich Hans dafür entscheiden, sich mit brutaler Gewalt herauszuarbeiten. Einige Familienmitglieder dürften dabei geschlagen oder umgeworfen werden. Wenn Hans dann seine Familie anschaut, kann er feststellen, daß er sie verletzt hat. Vielleicht fühlt er sich schuldig und wirft sich vor, nicht fähig zu sein zu tun, was sie wollten. Oder er klagt sie an, weil sie ihm etwas aufgeladen haben. Die anderen neigen dann leicht dazu, zu fühlen, daß Vater gemein, nicht liebenswert und verletzend ist.

Hans kann noch etwas anderes tun. Er kann zusammenbrechen, wenn er den Druck der Anforderungen spürt. Er fällt buchstäblich zu Boden. Das repräsentiert die Lösung, krank oder hilflos zu werden. Wenn das passiert, könnte die Familie meinen, sie sei schlecht, weil sie Vati weh getan hat. Er könnte ärgerlich auf sie sein, weil sie ihn schwach gemacht haben.

Hans steht als weitere Möglichkeit zur Verfügung, einen Handel anzufangen, indem er mit Geschenken besticht und Versprechungen gibt, die er wahrscheinlich nicht einhalten kann, die aber aus seiner mißlichen Lage führen. In diesem Fall läßt Hans jeden den Preis bestimmen, den er zu zahlen hat, um freigelassen zu werden; nichts wird ihm zu hoch sein. Was immer sie verlangen, Hans wird einverstanden sein müssen. Aber da die Versprechen nicht real sind, werden sie wohl nicht eingehalten werden. Daraus entstehen Mißtrauen und die Gefühle, die man gegen einen Wortbrüchigen hegt.

Hans hat noch eine weitere Möglichkeit: Wenn er sich ungemütlich fühlt, kann er um Hilfe schreien — nach seiner Mutter, seinem Therapeuten, seinem Pfarrer, seinem Nachbarn, einem Freund, der ihn besucht: »Kommt, holt mich hier heraus!« Wenn derjenige, den er ruft, geschickt, tatkräftig und überzeugend genug ist, kann Hans befreit werden. Das Hinzukommen eines Außenstehenden bringt jedoch neue Spaltungsgefahr mit sich. Ich denke, so entstehen viele geheime Beziehungen außerhalb der Familie, Freundinnen, Liebhaber und so weiter.

Hans kann noch etwas anderes wählen. Er kann sich bewußt werden, daß er eine wichtige Person für alle diejenigen ist, die von ihm etwas erbitten. Er bemerkt, daß die ihn Bedrängenden nicht das gleiche empfinden wie er. Er kann all den anderen Familienmitgliedern mitteilen, wie er sich fühlt, und kann Vertrauen haben, daß er *sie* um Erleichterung bitten kann — darum ganz direkt bitten kann —, ohne Umwege.

»Hans« sollte nun alle diese Möglichkeiten im Rollenspiel ausprobieren, die ihm offenstehen, um aus seinem Bedrängt- und Zerrissenwerden herauszukommen. Dann können alle Familienmitglieder darüber reden, was sie während dieser Szenen empfunden haben. Ich denke, daß jeder einzelne dabei etwas lernt. Wiederholt darum das gleiche noch einmal, so daß jeder in der Mitte stehen und den Effekt spüren kann.

Ich möchte die Tatsache unterstreichen, daß jeder in einer Gruppe sich von Zeit zu Zeit in solche Bindungen begibt.

Ich kenne nur drei Wege, solche Ketten zu vermeiden:
1. Ein Einsiedler werden,
2. die Familienkontakte so zu planen, daß keiner sich dem anderen nähert ohne vorhergehenden Plan und Erlaubnis (»Du kannst mich am Donnerstag um fünf Uhr nachmittags für fünf Minuten sprechen«),
3. sich einfach um niemand anderen zu kümmern.

Wenn es weitere Wege gibt, habe ich sie nicht gefunden. Keine dieser Methoden, das Sich-zerrissen-Fühlen zu vermeiden, ist besonders befriedigend. Tatsache ist, daß sich darüber beklagt, wer diese Techniken praktiziert. Die wirkliche Fertigkeit, wie schon erwähnt, besteht nicht darin, Bindungen zu vermeiden, sondern zu wissen, wie man sie auflöst. Es ist trotzdem eine Tatsache, daß die meisten Leute sich in der Weise verhalten, wie »Hans« sie in der Übung ausprobiert hat: märtyrerhaft (leiden, aushalten), herumboxend (sich herauskämpfen), sich selbst bemitleidend (zusammenbrechen), kunstvoll heucheln (Versprechen geben), das Problem weitergeben (Außenstehende um Hilfe bitten). Entsetzlich wenig Menschen reden offen zu den anderen Familienmitgliedern und geben ihnen Hinweise, die dazu beitragen, die Situation zu ändern. Dabei habe ich sehr wenig Leute getroffen, die Hilfe verweigerten, wenn sie direkt und ehrlich darum gebeten wurden.

Offensichtlich gibt es Zeiten, wo man leiden muß, wo man kämpfen muß, wo man müde wird und wo man um Hilfe bitten muß. Alle diese Situationen sind nicht schlecht. Nur wenn sie als Möglichkeiten benutzt werden, um Bindungen zu vermeiden, werden sie zerstörerisch.

Wir haben nur über Hans gesprochen, aber in der gleichen Situation befinden sich alle Familienmitglieder. Jede Frau und Mutter weiß, wie Alice fühlt, wenn Hans auf sein Essen wartet, Bernd gerade sein Knie aufgeschlagen hat, Robert zu spät in die Klarinettenstunde kommt und Trudi von der obersten Treppenstufe aus »Mama« schreit. Und Alice hat Kopfschmerzen.

Jetzt ist Alice diejenige, die in der Klemme sitzt. Sie hat dieselben Handlungsmöglichkeiten, die Hans hatte. Für welche wird sie sich entscheiden? *Probieren Sie alle durch, um zu sehen, wie sich das anfühlt.*

Bernd geht zu seiner ersten Verabredung. Alice gibt ihm Ratschläge, wie er sich benehmen soll. Hans ermahnt ihn, nicht zu spät nach Hause zu kommen. Robert ärgert ihn, weil er sich rasiert hat. Trudi schmollt, weil sie gehofft hat, Bernd würde mit ihr ins Kino gehen.

Er hat jetzt auch die gleichen Möglichkeiten der Wahl. Welche wird er wählen? *Laßt euren »Bernd« die gleichen Versuche machen, diese Bindungen aufzulösen, wie die Eltern es taten.*

Robert hat sich gerade sein Knie aufgerissen. Alice schimpft mit ihm, weil er unvorsichtig war. Hans sagt ihm, er soll tapfer sein und: »Männer weinen nicht.« Bernd nennt ihn tolpatschig. Trudi weint. Robert hat gleichfalls dieselben Handlungsmöglichkeiten. Welche wird er wählen?

Trudi bekam zwei schlechte Noten in ihr Zeugnis. Alice tröstet, Hans schimpft sie aus. Er sagt ihr, daß sie bis zum nächsten Zeugnis jeden Abend zwei Stunden Hausarbeiten schreiben muß, und zwar unter seiner Aufsicht. Bernd winkt ihr zu und Robert nennt sie »Dummkopf«. Welche der gleichen Möglichkeiten, die ihr offenstehen, wird Trudi wählen?

Du stehst jetzt im Mittelpunkt aller Beziehungen. Welche Art von Druck üben die anderen Familienmitglieder auf dich aus? Versuch, das zu fühlen, dann beschreib es denjenigen, die es betrifft. Jeder von euch soll an die Reihe kommen. Versuch dir daraufhin vorzustellen, auf welche Weise du die anderen einengst und unterdrückst.

Wie ich schon sagte, brechen Sie auf diese Art und Weise Bindungen. Aber wichtig ist, was hinterher geschieht. Die Handlung, die Sie wählen, hat Nachwirkungen. Sie bestimmt Ihr Ansehen und bestimmt, wie die anderen Sie behandeln.

Wir kommen jetzt zu einer anderen Art von Übung. Sie zielt darauf ab, daß eure Familienbeziehungen, euer Beziehungsnetz buchstäblich sichtbar wird. Es mag euch zuviel Mühe scheinen. Aber eine mutige, bewußte Teilnahme kann euch viel Auftrieb dazu geben, eine lebendige und entwicklungsfähige Familie zu werden. Das ist die Mühe wert, oder?

Schneiden Sie ein Stück Wäscheleine oder dicke Schnur immer in Vier-Meter-Stücke, vier für jeden von euch. Zusätzlich schneiden Sie fünf Stück zu einem Meter Länge. Binden Sie solch ein kurzes Stück jeder Person um die Taille. (Vielleicht wollen einige von euch es lieber um des anderen Nacken binden, aber ich bevorzuge den Bauch.) Als nächstes bindet jeder seine vier längeren Seile an den Strick, den er um die Taille gebunden hat. Damit besitzt jeder buchstäblich

eine Verbindungsschnur zu jedem seiner Familienmitglieder.

Jetzt gibt jeder jeweils ein Seil der Person, die an das andere Ende gehört. »Hans« zum Beispiel, gibt sein »Ehemann-Seil« seiner Frau. Sie wird ihm ihr »Ehefrau-Seil« geben. Wenn jeder eine andere Person am Ende jedes Seiles hat, seid ihr soweit. Bitte entschuldigt den Ausdruck: »Ihr habt eure Hände voll, nicht wahr!«

Jeder bindet nun das Seil, das er bekommen hat, an das Seil, das um seine Taille gebunden ist. (Viele Menschen machen dies sofort, ohne sich dessen überhaupt bewußt zu werden.) Nun sieht jeder aus wie auf dem Bild dargestellt:

Laßt die Seile festgebunden während der folgenden Experimente.

Wir beginnen damit, daß wir Stühle in einem Kreis aufstellen — nicht mehr als ein und einen viertel Meter von der Mitte des Kreises entfernt. Setzt euch hin. Nun werdet ihr die Verbindungslinien kaum merken. Jeder sitzt auf seinem eigenen Stuhl. Ihr könnt miteinander reden, lesen oder anderen ruhigen Beschäftigungen nachgehen.

Soweit gut. Stellt euch nun vor, das Telefon läutet und das älteste Kind springt auf, um zu antworten. Der Apparat steht ungefähr zehn Meter entfernt. Seht, was mit euch anderen geschieht. Ihr werdet alle aufgerüttelt! Im einzelnen fühlt ihr euch vielleicht angegriffen, gezogen oder ärgerlich. Wahrscheinlich ist euch bewußt, daß ihr alle Gefühle, die ihr jetzt habt, früher schon einmal erlebt habt. (»Bernd, warum machst du so viel Lärm!« »Warum gehst du so schnell!«) Wenn der Anrufende ein gleichaltriger Kumpel von Bernd ist, werdet ihr wenigstens zehn Minuten warten müssen.

Was passiert mit euch anderen, während Bernd redet? Vielleicht werden einige von euch anfangen, an Bernd zu zerren, damit es für sie leichter zu ertragen ist. »Beeile dich beim Telefonieren, Bernd. Du redest schon drei Minuten!« Bernd beginnt zu schreien. »Laßt mich in Ruhe!« Er kann außer Atem geraten und lauter reden.

Schaut und fühlt, was mit euch geschieht, während ihr dies durchlebt.

*Geht nun zu euren Stühlen zurück, um eine andere
Szene zu spielen. Mutter, du bist an der Reihe. Stelle dir
vor, auf dem Herd, der sechs Meter entfernt ist, kocht etwas,
und es brennt an. Beobachte, was mit allen anderen passiert,
wenn du zum Herd läufst. Dann kehr zurück und komme
wieder ins Gleichgewicht.*

*Jetzt wirst du, »Hans«, müde. Vielleicht langweilst du
dich und du willst aufstehen und einen Spaziergang machen.
Wenn du dich zur Tür wendest, fühlst du ein Ziehen und
Zerren. »Mein Gott, kann man nicht einmal mehr einen
Spaziergang machen, ohne daß einem jemand auf die Pelle
rückt!« Was geschieht mit euch anderen? Wie fühlt ihr euch
und was empfindet ihr den anderen Familienmitgliedern
gegenüber?*

*Nun bist du, Trudi, müde und willst ins Bett gehen.
Gehe hinüber zu deiner Mutter und lege deinen Kopf in
ihren Schoß. Beobachtet, was jetzt geschieht.*

*Robert, du beschließt, mit Bernd ein wenig Blödsinn zu
treiben und beginnst, mit ihm zu raufen. Wie wirkt das
auf jeden anderen?*

*Gut, kommt zurück ins Gleichgewicht in der Ausgangs-
stellung auf den Stühlen. Nun wollen wir einen besonderen
Plan für unser kleines Spiel schmieden. Bernd, du gehst ans
Telefon, Alice, du schaust nach dem Essen, Hans, versuche,
einen Spaziergang zu machen, Trudi, du bist schläfrig und
wendest dich dem Schoß deiner Mutter zu, Robert, du be-
schäftigst dich mit Bernd. Tut dies alles zur gleichen Zeit!*

*Einen Augenblick später seid ihr alle miteinander ver-
wirrt und seid ärgerlich und frustriert. Einige sind vielleicht
gefallen und liegen auf dem Boden. Das Essen brennt an,
das Telefon läutet noch, Robert ringt mit Bernd, der immer
noch versucht, ans Telefon zu kommen, Trudi erwischt den
Fuß ihrer Mutter, als die sich dreht, und Hans, du bekamst
nicht einmal eine Gelegenheit hinauszukommen, oder?
(Wäre es nicht nett, morgen wieder zusammen zu sein?)*

Die Gefühle, die bei diesem Experiment hervorgerufen
wurden, dürften euch vertraut sein. Natürlich rennt ihr nicht

jeden Tag an Seile angebunden herum. Doch bin ich sicher, oft fühlt es sich an, als wäre es so. Vielleicht wird euch in der nächsten Zeit bewußt sein, wie leicht andere euch im Wege stehen können, ohne das zu wollen.

Betrachtet diese Verbindungslinien als die Beziehungen von Liebe—Fürsorge—Wohlbefinden—Pflicht, die unter den Personen einer Familie bestehen. Ihr erkennt dann leicht, daß einer die ganze Familie im Nu durcheinanderbringen kann, ohne es jemals zu intendieren. Wir sollten hierbei lernen, daß es unerläßlich ist, auch das Eigenleben jedes anderen zu berücksichtigen.

Laßt uns nun dieses letzte Experiment noch einmal wiederholen. Diesmal aber spreche jeder in dem Augenblick, wenn er das Zerren spürt, seine Empfindungen aus und sage, was er bemerkt. Dann wird jeder eine Chance haben, seine Seile von den anderen zurückzubekommen, und umgekehrt jene von sich loszubinden, so daß jeder frei ist. Das ist eine ehrliche, klare und vollständige Kommunikation, die zur Rettung führt.

Sie werden bemerkt haben, daß nur fünf Personen anwesend sind, daß es aber zwanzig Verbindungslinien gibt. Das Seil, das vom Ehemann zur Ehefrau gezogen ist, wirkt sich auf die Verbindungen aus, die zwischen jedem Elternteil und dem Kind bestehen.

Ihr könnt ein weiteres Experiment durchführen, während ihr noch alle angebunden seid.

Hans und Alice fangen an, in entgegengesetzter Richtung zu ziehen. Beobachtet, was mit den anderen passiert. Wenn ihr sanft und zart zieht, werden es eure Kinder vielleicht nicht bemerken (schließlich sollten sie euch beide nicht streiten sehen, oder?) Wenn ihr leicht genug zieht, werdet vielleicht ihr selber es nicht bemerken. Aber wenn ihr so zieht, daß eure Absicht deutlich ist, straffen sich die Verbindungslinien zu den Kindern. Dies erregt die Aufmerksamkeit der Kinder und läßt die Dreiecksbeziehungen in Bewegung kommen.

Hans und Alice gehen jetzt aufeinander zu und um-

armen sich. *Beobachtet, was jetzt mit den Kindern passiert. Sie müssen sich bewegen, reagieren. Jedes Paar versucht nun, in ähnlicher Weise aktiv zu werden und die Auswirkungen zu beobachten.*

Seid Ihr bereit für ein neues Experiment? Die Zeit kommt, wo Mitglieder der Familie sich entschließen, sie zu verlassen. Dies ist Bernds Hochzeitstag. Was geschieht nun mit euren Verbindungslinien oder Beziehungen? Hans, gibst du Bernd dein Seilende und läßt ihn gehen? Lösest du nur den Knoten am Seil und wickelst es ein, womit du die Erinnerungen an dein Vatersein symbolisierst? Er ist jetzt erwachsen. Bernd, was tust du? Es genügt nicht, daß deine Eltern dich gehen lassen, du mußt auch sie loslassen. Trudi und Robert müssen etwas mit ihren Seilen tun, die Bernd mit ihnen verbinden. Bernd muß seine alten Bindungen lösen und die Entwicklung neuer Verbindungen vorbereiten, wenn er seine eigene Familie aufbauen will.

Überlegt euch für das nächste und letzte Experiment ein wichtiges Ereignis, das sich in eurer Familie demnächst ereignen wird, oder eine alltägliche Situation, die häufig Probleme verursacht. Spielt diese an den Seilen angebunden durch und beobachtet, was mit diesen Verbindungen zwischen den verschiedenen Familienmitgliedern passiert. Wo zieht etwas? Was könnt ihr tun, um Erleichterung zu schaffen?

Wie es für die Familienregeln gilt, fordert auch der Familienplan (das Beziehungsnetz) sehr real, auf dem laufenden zu bleiben. Vergleichen Sie die Lintons von heute mit denen vor zwölf Jahren, als Hans achtundzwanzig Jahre alt war und Alice sechsundzwanzig. Bernd war fünf, Robert war vier und Trudi ein Baby. Das einzige, was gleich blieb seit dieser Zeit, war die Zahl der Familienmitglieder. Die Bedürfnisse, Wünsche und die äußere Form der Personen haben sich drastisch geändert. Wenn die Veränderungen nicht »registriert« werden, ist es so, als ob man versuchen wollte, nach einem Berliner Stadtplan vom Jahre 1920 eine heutige Adresse auszumachen.

Vielleicht versucht Alice noch immer, Trudi so zu behandeln, als wäre sie zwei Jahre. Ist euer Familienplan auf dem laufenden? Rufst du noch einen einhundertsechsundzwanzig Zentimeter großen Sohn, der Karl-Peter heißt, »Peterle« oder gibst du ihm einen ähnlich absurden Namen? Ich höre, wie eine Mutter eine zwanzig Jahre alte Tochter »mein Baby« nennt, und ich bemerke, wie die Tochter sich zusammenzieht.

Bei Veränderungen der Familie kommt es ebenfalls häufig vor, daß mehrere Familienmitglieder gleichzeitig einen drastischen Wechsel durchmachen. Das schafft — wie ich es bezeichne — einen normalen Haufen von Entwicklungskrisen. Kurz: vieles kommt zusammen.

Wir wollen uns die Familie Linton in einem Jahr vorstellen. Bernd wird achtzehn Jahre alt sein und wahrscheinlich einen seiner Selbständigkeitsentwicklung entsprechenden großen neuen Schritt tun. Er wird volljährig. Trudi könnte mit dem Ausgehen beginnen; Alice nähert sich den Wechseljahren und Hans könnte wieder seinen Träumen nachhängen. Indem sie alle durch diese tiefen, aber normalen Krisen gehen, wird der Streß größer. Für eine Frau und Mutter ist es nicht ungewöhnlich, daß sie mit dem dritten Kind schwanger ist, wenn das erste gerade in den Kindergarten kommt, das zweite kaum anfängt zu sprechen und der Vater erst kurze Zeit vorher vom Militärdienst zurückgekommen ist.

Wenn sich solche Krisensituationen häufen, fällt einer aus der Familie eine Zeitlang »auf seine Nase«. Wenn dies geschieht, ist jeder belastet. Die Familie kann sich zeitweise sehr fremd sein, und das macht Angst. Ich denke, das ist eine günstige Ausgangsposition zur Erweiterung der Kluft zwischen den Generationen oder zwischen den Eheleuten.

Ich kenne zum Beispiel eine junge Frau, deren Sohn, sechs Jahre alt, anfing, sich sehr für Blindschleichen zu interessieren. Für Joe waren die Schlangen faszinierend und brachten ihm Freude. Für die Mutter waren sie angsterregend und fürchterlich. In einem anderen Fall verkündete ein Mann, den ich Josef nennen will, seiner Frau, daß er sich entschlossen habe, allein Ferien zu machen. Er wollte eine Gelegenheit haben, ganz weg von allen familiären Ansprüchen und Anforderungen zu sein. Das paßt zu *seinem* inneren Zustand, aber für seine Frau bedeutete es Zurückweisung. Stellen Sie sich vor, Alice Linton hätte sich entschlossen, eine Arbeit anzunehmen, um Abwechslung und Anregung in ihr Leben zu bringen. Das bedeutet für sie Weiterkommen, aber für Hans bedeutet ihr Schritt, daß seine Frau unzufrieden ist mit seinen Fähigkeiten, Geld zu verdienen. Es gibt unzählige Illustrationen dieser Form.

Obwohl diese Art von Situationen im allgemeinen aus individuellen Entwicklungsbedürfnissen stammen, werden sie oft nicht als solche verstanden. Immer besteht das Dilemma darin, wie gehandelt wird und was für Konsequenzen auftreten, wenn die Rollen der Familienmitglieder kollidieren. Wird Joe die Schlangen halten können, ohne daß seine Mutter deswegen einen Nervenzusammenbruch erleidet? Wird Josef seine Ferien alleine verbringen können, ohne die Beziehung zu seiner Frau ernsthaft zu gefährden? Wird Alice ihre Arbeitsstelle beibehalten können, ohne Hans zu verlieren?

Ich möchte gerne kurz diese wichtigen, natürlichen und

ganz normalen Phasen beschreiben, durch die eine Familie geht, wenn die Individuen in ihr sich weiterentwickeln. Alle diese Phasen bedeuten Krise und zeitweilige Angst. Sie erfordern eine Anpassungsperiode und eine neue Integration.

Die erste Krise ist die Empfängnis, die Schwangerschaft und Geburt eines Kindes.

Die zweite Krise kommt, wenn das Kind beginnt, verständlich zu sprechen. Nur wenige Menschen bemerken, wieviel Anpassung dazu notwendig ist.

Die dritte Krise beginnt, wenn das Kind eine offizielle Verbindung nach außen eingeht, nämlich mit dem Eintritt in die Schule. Das bringt die Welt der Schule in die Familie und damit ein fremdes Element, sowohl für die Eltern als auch für das Kind. Die Lehrer führen grundsätzlich die elterlichen Aufgaben weiter, und selbst wenn man dies begrüßt, erfordert es Anpassung.

Die vierte Krise, eine sehr umfangreiche, tritt ein, wenn das Kind in die Pubertät und ins Jugendalter kommt — mit allem, was das einschließt.

Die fünfte Krise entsteht, wenn das Kind erwachsen ist und die Familie verläßt, seine Unabhängigkeit suchend. Dabei kommt es oft zu starken Verlustgefühlen.

Die sechste Krise entsteht, wenn der junge Erwachsene heiratet. Die Angeschwägerten sind ein fremdes Element, das von der Familie akzeptiert werden muß.

Die siebte Krise beginnt mit dem Auftreten des Klimakteriums der Frau.

Die achte Krise, die als Klimakterium des Mannes bezeichnet worden ist, ist unvorhersehbar. Seine Krise scheint mehr mit den Angstgefühlen verbunden zu sein, seine Potenz zu verlieren, als mit irgendeiner physischen Veränderung.

Die neunte Krise kommt mit dem »Großelternsein«, das gefüllt ist mit Privilegien und Fallen.

Die zehnte Krise schließlich tritt mit dem Tod eines Ehegatten auf und später mit dem Tod des anderen.

Die Familie ist die einzige soziale Gruppe, die ich kenne,

in der so viele sich verändernde Verschiedenheiten in solch kurzer Zeit und auf so kleinem Raum bewältigt werden müssen. Wenn drei oder vier dieser Krisen zur gleichen Zeit auftreten, kann das Leben wirklich voll intensiver Sorgen und verwirrender sein als gewöhnlich.

Wenn man versteht, was vor sich geht, bestehen gute Chancen, daß man ein wenig an Spannung verliert und klar erkennen kann, in welche Richtung man zu gehen hat, um den Änderungen Raum zu geben. Ich möchte ausdrücklich betonen, daß dies ganz normale und natürliche Spannungen sind, die man fast jedem Menschen voraussagen kann. Begehen Sie nicht den Fehler, sie als unnormal zu betrachten.

All das *hat wirklich* eine positive Seite. Kein Mensch hat genau dieselbe Zeit gelebt wie ein anderer. Keiner hat je die gleichen Erfahrungen gemacht, und jeder hat einen Schatz von Erfahrungen, den er mit anderen austauschen kann.

Die Lintons zum Beispiel haben ganze einhundertfünfundzwanzig Jahre menschlicher Erfahrung, von denen sie profitieren können — und das ist eine große Menge. Wenige Familien, die ich kenne, betrachten ihr zusammengezähltes Alter auf diese Weise.

Änderungen und Verschiedenheiten sind konstante, normale und gesunde Faktoren, die in jeder Familie bestehen. Wenn Familienmitglieder sich nicht auf Veränderungen und entstehende Verschiedenheiten vorbereiten, laufen sie Gefahr, es nicht zu schaffen. Sie erwarten Homogenität, wo sie nicht vorhanden ist. Menschen werden geboren, wachsen auf, arbeiten, heiraten, werden Eltern, werden älter und sterben. Das gehört zum Wesen des Menschen.

Sich das Familien-Beziehungsnetz bewußt zu machen hilft, die Belastungen und Spannungen des Familienlebens klarer zu sehen.

Dasselbe trifft auf volles Verstehen der Rollen im Familienleben zu. Wenn man Familien nur mit festgelegten Rollenbezeichnungen beschreibt — Ehemänner, Ehefrauen,

Väter, Mütter, Söhne, Töchter, Schwestern und Brüder —, übersieht man die Menschen, die diese Rolle ausfüllen und zum Leben bringen.

Ich meine, daß eine Rolle einen Namen darstellt für eine Beschreibung nur *eines* Teiles einer Beziehung. Zweitens glaube ich, daß die Rolle Grenzen dieser Beziehung festlegt, und drittens, daß Rollen die Erwartung enthalten, es bestehe eine affektive, positive Bindung zwischen den Menschen, die zusammenpassende Rollenbezeichnungen haben: der Ehemann liebt die Ehefrau, die Mutter liebt Sohn und Tochter, Vater liebt Sohn und Tochter, Kinder lieben die Eltern und so fort.

Wenn ich sage, daß ich dir gegenüber empfinde wie einem Vater gegenüber, drücke ich damit aus, daß ich dich als beschützend erlebe und dich nicht als Sexualpartner sehe. Dasselbe gilt, wenn ich dich als Bruder betrachte. Ich bezeichne damit eine Nähe, aber ich lasse dich nicht als Sexualpartner zu. Dasselbe gilt, wenn ich dich als Sohn oder Tochter betrachte; umgekehrt gilt dies genauso, wäre ich ein Mann.

Zwei Formen dessen, was ich als Diskrepanz der Rollenfunktionen beschreibe, tritt in Familien häufig auf. Eine Form ist, daß der Sohn die Rolle »des Hauptes der Familie« — gewöhnlich die Rolle seines Vaters — übernimmt. Das kann dann der Fall sein, wenn der Vater tot ist, wenn die Ehe geschieden ist, wenn der Vater die Familie verlassen hat, wenn er behindert, unfähig oder gleichgültig ist. Die andere Form ist, daß die Tochter die Rolle der Mutter übernimmt aus ähnlichen Gründen.

Bei diesen Fällen kommt es gewöhnlich dazu, daß das Kind die ganze Verantwortung tragen muß, aber kein Privileg der neuen Rolle genießen kann. Um eine neue Rolle zu übernehmen, läßt es seine richtige Rolle zurück; es steht bald auf einem sehr einsamen und unsicheren Platz.

Sagen wir zum Beispiel, Bernd Linton hat nun im Alter von achtzehn Jahren die hauptsächliche Unterstützung der Familie zu leisten, da sein Vater chronisch krank wurde. Als der Verdienende könnte er das Gefühl haben, es sei sein Recht, zu entscheiden, auf welche Weise und zu welchem Zweck das Geld ausgegeben wird. Dadurch kommt er in Verbindung mit seiner Mutter, ähnlich wie ein Ehemann. Seine Mutter könnte sich an ihn wenden, wie sie sich einem Ehemann zuwenden würde, und ihn bitten, ihr bei der Bestrafung und Erziehung der jüngeren Kinder zu helfen. Er kann weder wirklich ganz Ehemann noch Sohn noch Bruder sein. Ich habe oft erlebt, daß die erstgeborenen Kinder häufiger in dieser Weise angebunden werden. Sie sind weder »Fisch noch Fleisch«, was ihre Position in der Familie betrifft.

Die Art und Weise aber, wie eine Rolle in der Familie gelebt wird, berührt ernsthaft das Selbstwertgefühl der betreffenden einzelnen — ihren Pott. Ich sehe nichts Verkehrtes daran, wenn jeder tut, was er kann, um bei allem zu helfen, was nötig ist. Das Problem liegt in den Botschaften, die das Verhalten begleiten

Schaut nun wieder auf euer Familienbeziehungsnetz Gibt es jemanden, der die eine Rollenbezeichnung hat, aber in Wirklichkeit eine andere Rolle ausfüllen muß?

Weil so viele Männer buchstäblich oder psychologisch nicht als Väter in ihren Familien fungieren, tragen ihre Söhne unmögliche Belastungen. Wenn der Vater nicht zur Verfügung steht, ist es eine sehr große Versuchung für eine Frau, den Sohn als einen Ersatz-Ehemann zu gebrauchen. Das geschieht gewöhnlich sehr zum Nachteil des Sohnes

Unglücklicherweise und aus den verschiedensten Gründen haben viele Familien Männer, die die Vaterrolle nicht wirklich ausfüllen. Sie sind weg, weil es die Arbeit erfordert. Sie sind geschieden oder beeinträchtigt oder haben sich emotionell vom Vatersein distanziert. Als Ergebnis wird eine große Zahl der Familien von Frauen zusammengehalten. Wir zahlen einen hohen Preis dafür. Haben Sie jemals einen Mann sagen hören, daß es die Sache der Frau sei, eine Familie zu gründen? Oder daß »die Familie mich nicht braucht, sie kommt ganz gut alleine zurecht«?

Wenn ich es Ihnen so klargemacht habe, wie es sich in meinem eigenen Kopf darstellt, dann müssen Ihnen einige Dinge aufgefallen sein an Ihrem Familienbeziehungsnetz. Lassen Sie mich kurz beschreiben, was mir ins Auge fällt.

Jedes Familienmitglied muß einen Platz haben, einfach weil es ein menschliches Wesen ist und weil es vorhanden ist. Für jede Familie und für jedes Familienmitglied ist es entscheidend, daß sein Platz vollständig anerkannt, akzeptiert und verstanden wird.

Jedes Familienmitglied steht in Beziehung zu den anderen Familienmitgliedern. Das Wichtigste ist hier wiederum, daß diese Beziehungen klar verstanden werden.

Jedes Familienmitglied wirkt auf die anderen ein und wird von jedem anderen beeinflußt. Deshalb ist jeder wichtig, und jeder trägt zu dem bei, was mit dem anderen vorgeht, und hat Anteil daran, den anderen zu ändern.

Jedes Familienmitglied ist potentiell das Zentrum vieler Anforderungen, einfach weil es so viele Beziehungen hat. Das ist normal und natürlich. Wichtig ist nicht, wie man diese Anforderungen *vermeidet,* sondern wie *man mit ihnen befriedigend umgeht.*

Die Familie entwickelt sich über lange Zeit weiter. Sie muß immer auf das aufbauen, was schon entwickelt worden ist. Wir stehen immer am obersten Rand des zuvor Gebauten. Deswegen brauchen wir, um zu verstehen, was in der Gegenwart geschieht, eine Perspektive der Vergangenheit. Ich möchte hinzufügen, daß eine Vergangenheit, die hinsichtlich der gewonnenen Erfahrung und dem daraus resultierenden Lernen gesehen wird, gewöhnlich die Gegenwart erleuchtet. Man sollte sie nicht als richtig oder schlecht einordnen wollen.

Jedes Familienmitglied trägt mindestens drei »Rollen-Hüte«, mit denen es lebt und durch die es lebt. Wichtig ist, daß du den Rollen»hut« trägst, der mit dem, was du sagst und tust, übereinstimmt.

Du mußt Geschicklichkeit darin entwickeln, ein so schnell mit den »Hüten« jonglierender Künstler zu werden, daß du den richtigen Hut zur richtigen Gelegenheit trägst.

12. Kapitel

Besondere Familienzusammensetzungen:
Unvollständige und gemischte Familien

Ungefähr 25 bis 35 Prozent der Kinder heute werden nicht von den Erwachsenen großgezogen, die sie zur Welt brachten. Ich beziehe mich hauptsächlich auf Familien, in denen die Eltern geschieden, einer oder beide gestorben sind, nie geheiratet haben oder aber sich aus irgendeinem Grund nicht mehr um die Kinder kümmern können. Bekommen diese Kinder neue Eltern, nennt man diese Stief-, Adoptiv- oder Pflegeeltern. Ich nenne diese neu zusammengestellten Familien *gemischte Familien*. Wurde eine Familie nicht wieder ergänzt, dann ist das eine *unvollständige Familie*.

Ich möchte dieses Kapitel in zwei Abschnitten behandeln, zunächst die unvollständige Familie, dann die gemischte Familie.

Alle Familien sind sich mehr ähnlich als verschieden. Alle Themen, über die ich bis jetzt sprach, treffen sowohl für die gemischte als auch für die unvollständige Familie zu. Diese Familien haben nur zusäztliche Aspekte, die sie verschieden erscheinen lassen.

Die Familie mit nur einem Elternteil erfordert besondere Aufmerksamkeit. Zur Zeit gibt es dreierlei Arten — erstens: ein Elternteil hat den anderen verlassen und der zurückbleibende heiratet nicht mehr; zweitens: ein Elternteil adoptiert auf legale Weise ein Kind; drittens: eine unverheiratete

Frau behält ihr Kind bei sich. Unvollständige Familien, gleichgültig wie sie entstanden, bestehen meistens aus einer Mutter und ihren Kindern. Das besondere Problem liegt darin: wie kann eine Familie, die nur aus einem Erwachsenen besteht, entwicklungsfördernd für die Kinder sein? Hier können wir die Wirkung von Geistern und Schatten der Vergangenheit spüren. Sie haben zum Teil etwas zu tun mit der Antwort auf die Frage, warum es überhaupt zu einer unvollständigen Familie gekommen ist. Meistens drehen sich diese Antworten darum, daß ein Mann irgendwie versagt hat. Die große Schwierigkeit in solchen Familien liegt darin, ein vollständiges Bild von Mann und Frau wiederzugeben.

Leicht macht der zurückbleibende Elternteil (wie schon bemerkt meistens eine Frau) negative Aussagen über den geschiedenen Mann, besonders wenn der Grund seines Weggehens Scheidung, Verlassen, eine illegale Schwangerschaft, also auf jeden Fall die Ursache von großem Kummer für die Frau war. Es wird ihr sehr schwer fallen, an die Kinder keine Botschaften über die »Schlechtigkeit« des Mannes abzugeben. Das bewirkt natürlich bei einem Jungen, daß es ihm schwierig wird zu glauben, Männlichkeit sei gut. Wie kann er dann später fühlen, daß *er* gut ist? Ein Mädchen ist insofern beeinträchtigt, als es schwer für sie sein wird, zu sehen, daß ein Mann begehrenswert ist. Dadurch hat es oft ein schiefes Bild von Männern, und der Grundstein für späteres Leid mit ihnen wird gelegt. Weil ein Kind aus einer unvollständigen Familie keine Gelegenheit hat, eine funktionierende Mann—Frau-Beziehung zu erfahren, wächst es ohne ein entsprechendes Vorbild auf.

Es gibt eine geringe Anzahl von Familien, in denen der Vater der einzige Elternteil ist. Viele Väter fühlen sich ziemlich unfähig, mit der Sehnsucht nach Versorgtsein und Nähe ihrer Kinder umzugehen. Gewöhnlich müssen sie sich eine andere Frau ins Haus holen, die hilft, für Haushalt und Kinder Sorge zu tragen. Kümmert sich eine solche Haushälterin tatsächlich um die geheimen Nöte der Kinder? Viel hängt von der Persönlichkeit der Haushälterin ab, von der Einstellung des Vaters und von den Kindern selbst. Diese Situation ist alles andere als leicht, zumal der Vater mitunter meint, er müsse sich der Frau emotional verbunden fühlen, obwohl er in keiner Weise etwas für sie empfindet. Es erfordert eine gehörige Portion Geduld und Verständnis von allen Beteiligten in dieser Lage.

In unvollständigen Familien kommt die Mutter allzuleicht in die Versuchung, einen älteren Sohn in die Rolle des Ehemannes zu drängen. So verdreht sie seine eigene Rolle als Sohn seiner Mutter und seine geschwisterliche Rolle in Beziehung zu seinen Brüdern und Schwestern. Diese Probleme sind nicht unüberwindbar. Es ist für eine Frau sehr wohl möglich, eine gesunde annehmende Haltung gegenüber Männern einzunehmen und reif genug zu sein, so daß sie es nicht nötig hat, ihren Kindern negative Botschaften über Männer zu geben. Sie wird möglicherweise Beziehungen ihrer Kinder zu Männern, die sie kennt und schätzt, fördern und unterstützen. Das können ihre eigenen Eltern sein, Ehemänner von Freundinnen oder eigene Freunde. Wenn sie ein Kind auswählt und es bittet, mit ihr zusammen die Familie zu führen, kann sie das erreichen, indem sie den Unterschied erklärt zwischen einer Zuständigkeit für eine bestimmte Aufgabe und einem Wechsel in einer Rolle als Ganzes. Zum Beispiel ist es natürlich, daß du mehr darüber weißt, wie man ein Fliegengitter einsetzt, wenn du ein Junge von siebzehn Jahren bist und groß genug für diese Arbeit, als wenn du erst ein Junge von zehn Jahren bist. Wenn du Fliegengitter anbringst oder andere Arbeiten machst, die normalerweise vom Familienvater gemacht werden, heißt das nicht, daß du die Rolle dessen, der mit der Mutter zusammen die Familie führt, als Hauptaufgabe übernehmen mußt.

Wahrscheinlich ist es für Jungen aus einer unvollständigen Familie die größte Falle, in die sie tappen können, wenn sie überbemuttert werden und/oder den Eindruck gewinnen, daß die Frau die Dominierende in der Gesellschaft ist, und sie schließlich das Gefühl bekommen, ein Mann sei nichts.

Wenn ein Mann das Gefühl hat, daß er für seine hilflose Mutter dasein muß, bringt ihn das oft in eine Lage, in der er selbst kein unabhängiges Leben beginnen kann. Manche Jungen reagieren darauf, indem sie entweder bei ihren Müttern bleiben und ihre eigenen heterosexuellen Neigungen außer acht lassen, oder aber sie rebellieren und verlassen ihr Zuhause mit dem Gefühl, daß Frauen Feinde sind, die sie dann abwechslungsweise quälen und verherrlichen, um sich dann allzuoft den Rest ihres Lebens zu verpfuschen. Eine Ein-Eltern-Familie ist im Grunde unvollständig. Wenn eine erwachsene Frau diese Einheit als im Grunde unvollständig betrachtet, könnte sie alles daransetzen, eine Vollständigkeit möglich zu machen. Das kann sogar darin bestehen, daß sie ihre Kinder immer wieder bei einer kompletten Familie, der sie, vertraut und die sie mag, wohnen läßt — eine Art zwangloses Pflege-Eltern-Übereinkommen.

Das Mädchen kann in einer unvollständigen Familie in ihren Erfahrungen über die Beziehung zwischen Mann und Frau gestört werden. Ihre Einstellung zu ihrer Weiblichkeit kann eine ganze Skala umfassen, von dem Gefühl, eine Dienerin zu sein, alles geben zu müssen, nichts zu empfangen, bis hin zu dem Gefühl, daß sie alles alleine tun muß und vollkommen unabhängig ist.

Nun kommen wir zu den gemischten Familien.

Es wurde viel darüber gesagt und geschrieben, wie Leute auf die Ehe vorbereitet werden, die vorher nie verheiratet waren. Ich habe das auch in diesem Buch gemacht. Aber ich habe das Gefühl, daß diese Art von Vorbereitung für Leute, die schon verheiratet waren und es zum zweiten Mal versuchen, sogar noch wichtiger ist. Alle gemischten Familien fangen unter großen Belastungen an. Meiner Meinung nach könnten diese Belastungen bewältigt und produktiv eingesetzt werden, wenn sie richtig verstanden würden.

Alle gemischten Familien haben gewisse Dinge gemeinsam. Teile aus vorher existierenden Familien werden zusammengesetzt. Im Grunde gibt es drei Formen:

1. Eine Frau mit Kindern, die einen Mann ohne Kinder heiratet;
2. eine Frau ohne Kinder, die einen Mann mit Kindern heiratet;
3. beide, Mann und Frau, bringen Kinder aus der vorangegangenen Ehe mit.

Im ersten Fall besteht die gemischte Familie aus der Ehefrau, deren Kindern, dem Ehemann und dem Ex-Ehemann der Frau. Im zweiten Fall besteht die Einheit aus dem Ehemann, dessen Kindern, der Ehefrau und der Ex-Frau des Ehemannes. Im dritten Fall setzt sich die Familie zusammen aus der Ehefrau, deren Kindern und deren Ex-Mann, dem Ehemann, dessen Kindern und seiner Ex-Frau.

Ob diese Gruppen alle unter einem Dach leben oder nicht, sie sind jeweils ein Teil im Leben der anderen — zum Guten oder Schlechten. Es muß Raum für alle geschaffen werden. Sie alle sind bedeutsam für Wachstum und Erfolg der gemischten Familie. Manche Leute aus gemischten Familien versuchen so zu leben, als existierten diese anderen nicht.

In irgendeiner Weise üben alle diese Leute eine Macht aus. Die Probleme wachsen an, wenn sie nicht Zeit finden, miteinander zu reden, wenn sie Meinungsverschiedenheiten haben oder, wie manchmal, offene Feinde sind.

Stellen Sie sich ein Kind vor, das zu Hause mit Mutter und Stiefvater lebt, Vater und Stiefmutter leben woanders; alle diese vier Erwachsenen tragen für das Kind Verantwortung. Können Sie sich vorstellen, wie es für das Kind wäre, in einer Atmosphäre zu leben, in der jeder etwas anderes von ihm erwartet, besonders wenn die Erwachsenen sich dessen nicht bewußt sind und wenn sie nicht klar miteinander reden?

Was soll ein Kind in einer Situation tun, in der es zwei sich widersprechende Anweisungen bekommt (manchmal bekommt es vielleicht so viele Anweisungen, wie Eltern da sind)? Zwei Punkte sind wichtig um des Kindes willen: Zunächst, das Kind sollte von allen Beteiligten dazu ermutigt werden, zu erzählen, wie viele verschiedene Anweisungen es bekommt. Außerdem sollten sich alle beteiligten Erwachsenen von Zeit zu Zeit mit dem Kind oder den Kindern treffen, um herauszufinden, was jeder einzelne tut und inwieweit sie miteinander übereinstimmen oder nicht. Wenn die jeweiligen Erwachsenen offen sind in dem, was sie tun, besteht die Chance, daß das Kind wenigstens wählen kann und nicht zum Geheimnis-Träger der Erwachsenen wird — ein Problem, das oft zwischen geschiedenen Eltern aufkommt, die sich immer noch als Feinde sehen und ihre Kinder als Spione einsetzen.

Ich erinnere mich an ein sechzehnjähriges Mädchen, das sich abwechslungsweise verrückt und deprimiert verhielt. Es stellte sich heraus, daß sie zwar mit ihrer Mutter und dem Stiefvater zusammenlebte, aber ein Wochenende mit dem Vater und dessen Verlobter verbrachte, das nächste mit der früheren Frau des Vaters und deren Mann, das dritte Wochenende mit den Großeltern mütterlicherseits und das vierte mit den Großeltern väterlicherseits. Überall wurde sie angehalten, zu erzählen, was sich bei den anderen abspielte, mit dem Versprechen, nicht zu erzählen, was »hier« los ist. Das Traurige an der Geschichte war, daß alle diese Erwachsenen das Mädchen wirklich gern hatten und ihr helfen wollten, aber sie belasteten sie — ich nehme an unbewußt —, weil sie eifersüchtig waren, sich als Rivalen sahen und verärgert miteinander waren. Das gleiche kann sich in einer normalen Familie abspielen, zwischen Mann und Frau, wenn sie nicht offen miteinander sein können. Ohne es zu wollen, erwarten sie von dem Kind, mit etwas fertig zu werden, was sie selbst nicht meistern. Natürlich kann das Kind das unmöglich auf konstruktive Weise bewältigen, und so reagiert es oft auf diese Belastung, indem es krank wird, böse, verrückt, dumm oder alles zusammen.

Es ist unnötig zu betonen, daß es in den Sitzungen mit der Familie dieses sechzehnjährigen Mädchens etliche stürmische Stunden gab, bis die ganze Wahrheit auf dem Tisch lag. Danach konnten einige Besserungen erzielt werden, so daß das Mädchen nicht mehr verrückt oder deprimiert spielen mußte. Das geschah nicht über Nacht, denn sie mußte ganz langsam lernen, wieder zu vertrauen.

Könnten alle Erwachsenen um ein Kind herum miteinander offen sein und für das, was sie denken und fühlen, Verantwortung übernehmen, würde ihre Ehrlichkeit dem Kind nützen und es könnte frei entscheiden, weil es auch offen sein könnte. Mit jedem offen sein heißt nicht, daß du ihn lieben mußt. Von ehemaligen Verheirateten ist kaum zu erwarten, daß sie sich immer noch lieben, aber sie können offen sein, ohne die Probleme auf das Kind zu übertragen.

Ich glaube nicht, daß die Tatsache, daß eine Familie gemischt ist, an und für sich ein Hinderungsgrund ist, ein gutes Familienleben zu entwickeln. Ich habe Leute sehr erfolgreich und auf verschiedene Weisen gemischte Familien bilden sehen. Wie auch immer, es gibt alle möglichen Belastungen, die zum Gedeihen oder auch zum Verderben genutzt werden können.

Das führt uns wiederum zu dem Prozeß zurück, der sich zwischen Menschen abspielt. Das ist, so meine ich, der entscheidende Faktor dafür, was in Familien geschieht.

Neben allen Schwierigkeiten, die entstehen, wenn zwei

Menschen miteinander leben, gibt es also in einer gemischten Familie Probleme, die aufkommen, indem man sich bemüht, für alle Kinder, die zu der neuen Familie gehören, Platz zu schaffen, und für die Leute, mit denen sie in Verbindung stehen. Das sind gewöhnlich die Ex-Gatten. Manch eine potentiell zufriedenstellende neue eheliche Beziehung wurde schmerzlich, weil keine erfolgreichen Wege gefunden wurden, das zu bewerkstelligen.

Prüfen wir doch einige dieser Probleme im einzelnen. Für einen geschiedenen Menschen, der noch einmal heiratet, ist die Erfahrung einer Scheidung an und für sich normalerweise schmerzlich. Sich scheiden lassen müssen bringt Enttäuschung mit sich, und die Möglichkiet ist sehr groß, dadurch Mißtrauen zu entwickeln. In gewisser Weise hat der zweite Ehegatte eine härtere Nuß zu knacken als der erste. Oft liegt da eine heimtückische Art von Psychologie zutage, die sagt: »Du mußt es besser machen als dein Vorgänger.« Menschen, die nach einer Scheidung wieder heiraten, wurden einmal verletzt, und sie vergessen nicht so leicht.

Deshalb ist es so wichtig für die Leute, die Bedeutung dieser Scheidung herauszufinden, zu verstehen und die Fehler, die sie dabei an sich entdecken, so zu verwerten, daß sie daraus lernen. Das ist bei weitem besser, als sein Schicksal zu beklagen, Groll in sich zu tragen oder an extremen Enttäuschungen zu leiden.

Eine Frau, die wieder heiratet, neigt oft dazu, ihre Kinder wie ihr persönliches Eigentum zu behandeln; das führt zu einer Belastung von Anfang an. Sie meint oft, daß sie den neuen Ehemann nicht belasten könne, vielleicht, weil sie das Gefühl hat, er würde sie nicht verstehen. Manchmal empfindet sie eine Loyalität zu ihrem vorhergehenden Mann, die nicht angebracht ist. Einige oder alle diese Dinge tragen zu der Tatsache bei, daß der neue Ehemann als Helfer keine klar definierte Rolle hat. Ein Mann, der in eine Familie kommt, hat den Vorteil, einige neue Perspektiven mitzubringen. Er kann Dinge auf eine neue Weise angehen, die in die neue Familie integriert werden sollte.

Es ist eine Zwickmühle, daß sich die Frau möglicherweise so sehr nach der »starken Hand eines Mannes« sehnt, daß sie von ihm erwartet, viel mehr Macht und Einfluß auszuüben, die ihm aber erst aus längerem Umgang mit den Kindern zuwachsen könnten. Das trifft besonders dann zu, wenn sie das Gefühl hat, daß die Kinder »verlottert« sind. Das ist ein ziemlich schwerer Auftrag. Neue Ehemänner mögen geneigt sein zu versuchen, alle Erwartungen und Wünsche ihrer Frauen zu erfüllen, um dann doch kläglich zu versagen. Vielleicht ist er das neue Familienoberhaupt, aber es ist wie im Geschäftsleben oder sonstwo, wenn die Chefs wechseln, müssen sie sich erst in ihrer neuen Situation vortasten. Wenn der neue Ehemann die Vaterrolle zu früh übernimmt, kann das zu unnötigem Leid der Kinder führen.

Die Frage, wie der Stiefvater einbezogen wird, ergibt sich noch in anderem Zusammenhang. Dadurch, daß die Frau und die Kinder natürlich viele Jahre zusammen waren, fallen öfter »Familienwitze« oder ähnliches, die dem Mann das Gefühl geben, Außenstehender zu sein. Wenn ich mit Menschen arbeite, die sich auf ein Leben als gemischte Familie vorbereiten, ist einer meiner Ratschläge, sich immer darüber klar zu sein, daß jeder schon vorher ein Leben hatte, und vieles, was sich jetzt im Leben abspielt, hat einen Bezugspunkt in der Vergangenheit. Die Lösung ist, freiweg zu fragen, wenn einer etwas hört, was er nicht versteht. Bevor sie Fragen stellen, reagieren viele Stiefeltern in dieser Situation, indem sie denken: »Nun, das geht mich nichts an«, oder »Ich sollte nicht nachfragen«, oder »vielleicht soll ich davon nichts wissen« oder ähnliches. Solche Botschaften werden häufig als erniedrigend empfunden. Ein anderer schneller Schluß ist: »Wenn ich davon etwas wissen sollte, hätte sie es mir erzählt.« Ein zusätzlicher und ähnlicher Aspekt hängt zusammen mit ehemaligem Besitz, Freunden oder Kontakten. Auch sie greifen auf die jetzige Ehe über, ohne daß es jemand will. Dagegen muß etwas getan werden. Wir können nicht aus unserer Haut und alles kaputtmachen oder vor allem davonlaufen, was wir gestern waren. Es muß Raum geschaffen werden, um die Dinge, die zum Gestern gehören, miteinzubeziehen und neu zu integrieren. Darunter fallen natürlich die Schwiegerleute oder die Großeltern und die Verwandten der Leute, die sich scheiden ließen. Es gibt wenig Scheidungen, bei denen die Verwandten keine Meinung äußern, und oftmals haben sie zu dem, was geschah, was hätte geschehen können oder was hätte geschehen sollen, zu viel zu sagen. Allen diesen Dingen muß Rechnung getragen werden. Es ist wichtig, daß jeder klar sieht, was geschah, und ehrlich darüber berichtet. Das klingt leicht. Ich weiß, es ist es nicht.

Bis jetzt habe ich im allgemeinen über die Frau gesprochen, die nach einer Scheidung wieder heiratet, und über einige der Spannungen und Schwierigkeiten, denen sie gegenübersteht. Ich möchte sie daran erinnern, daß auch der Ehemann vorher schon ein Leben hatte, und wenn er Kinder hatte, können ähnliche Probleme entstehen. Hatte der Ehemann auch Kinder, dann leben sie normalerweise in einem anderen Haushalt, getrennt von ihm. Das versetzt ihn in die Lage, daß er für seine Stiefkinder mehr Zeit hat als für seine eigenen, eben durch die Nähe. Das erzeugt häufig ein Gefühl des Unbehagens seinerseits, weil er meint, seine eigenen Kinder werden vernachlässigt. Wenn er seine Kinder auf Besuch zu sich ins Haus kommen läßt, kann das für seine Ex-Frau, die Mutter der Kinder, zu einem Problem werden, weil sie dann mit einer anderen Frau die Elternschaft teilt.

Bei beiden Erwachsenen, die wieder heiraten, muß sich ihre Aufgabe als Eltern einem drastischen Wandel unterziehen, wenn sie erfolgreich sein wollen.

Schließlich haben sich die Eltern scheiden lassen, nicht die Kinder von den Eltern. Wie machen es Eltern möglich, für ihre eigenen Kinder Eltern zu sein und für die Kinder des Gatten Stiefeltern, ohne eine Gruppe von Kindern zu vernachlässigen oder zu prellen?

Es ist leicht einzusehen, daß die Situation von gemischten Familien wirklich verwickelt ist. Sind beide geschiedenen

Eltern kongruent, können sie die Probleme zusammen so angehen, daß die darin verwickelten Kinder gewinnen anstatt zu verlieren.

Zunächst ist es wichtig, sich daran zu erinnern, daß die Erwachsenen geheiratet haben. Die Kinder waren freiwillige oder unfreiwillige Anhängsel. Sie sollten Platz für ihre wirklichen Eltern behalten dürfen, und man sollte ihnen helfen, einen Weg zu finden, ein zusätzliches Elternteil hinzuzufügen. Das braucht Zeit und Geduld — vor allem am Anfang, und ich kann diesen Punkt nicht oft genug betonen. Stiefeltern sind Fremde. Sie können sogar als Eindringlinge empfunden werden. Das hat mit ihrer Güte oder Liebenswürdigkeit wenig oder gar nichts zu tun.

Schau mal für einen Augenblick mit den Augen eines Kindes, das jetzt zu einer gemischten Familie gehört. Es wird sich fragen: »Wie werde ich meinen neuen Elternteil behandeln? Wie werde ich ihn nennen?«

Das einzig wirklich ernste Problem, mit dem ein Kind in einer gemischten Familie konfrontiert wird, ist vielleicht, daß es nicht frei ist, den zu lieben, den es möchte. Liebt es jemand anderen als erlaubt, kann es in Schwierigkeiten kommen. Es sollte von seiner Freiheit überzeugt werden.

Manche wollen den Wert des geschiedenen Elternteils in den Augen ihrer Kinder erhalten. Das kann übel werden. Was erzählen Sie, als Frau, Ihren Kindern, wenn Sie viele Jahre lang mit einem Alkoholiker gelebt haben? Er hat Sie geschlagen und verkümmern lassen, und jetzt leben Sie mit einem Mann, der all das nicht tut. Können Sie Ihre Kinder unterstützen, den Vater zu achten und gleichzeitig den neuen Mann anzunehmen, ohne ihnen irgendwie mitzuteilen, daß der erste nicht gut war? Manchmal versucht der zurückbleibende Elternteil so zu leben, als wäre der andere gar nicht existent. Das ist der Fall, wenn der andere im Gefängnis sitzt, in der Nervenheilanstalt lebt oder lange Zeit Unverantwortlichkeit gezeigt hat, kurz, unter Bedingungen lebt, derer man sich vielleicht schämt. So wie ich es sehe, und ich habe hundert und aberhundert von Fällen erlebt, läuft ein

Kind dann jedesmal große Gefahr, ein niedriges Selbstwertgefühl zu entwickeln, wenn es gezwungen wird, einem seiner
leiblichen Eltern den Rücken zu kehren oder ihn zu verleugnen. Wie kannst du sagen: »Ich bin gut«, wenn du das
Gefühl hast, du stammst von schlechten Eltern?

Ich möchte damit bestimmt nicht sagen, daß man nur
Gutes über einen Elternteil sagen soll, ohne Rücksicht darauf,
ob er gut ist. Darum geht es nicht. Aber wenn du Menschen
verstehst, kommst du dahinter, daß sie aus verschiedenen
Teilen bestehen. Kommt es dann zu zwischenmenschlichen
Beziehungen, fallen manchmal zwei negative Teile zusammen und der Ärger fängt an. Zum Beispiel ein Mann, der
gewalttätig ist, wird nicht durch sich selbst so. Sehr oft reagiert er auf die Provokationen seiner Frau, die den Verlust
seiner Kontrolle auslösen, und eines Tages wird sie von ihm
geschlagen.

Nebenbei, ich habe nie einen von Grund auf schlechten
Menschen gefunden. Solch ein gewalttätiger Mann ist nicht
von Grund auf schlecht. Es erfordert eine gehörige Menge
Reife und Verständnis von einem Erwachsenen, um das zu

erkennen. Zum Beispiel kann eine Frau, deren Mann gewalttätig gegen sie war, einiges zu ihrem Verständnis ihrer selbst und ihres Mannes dazugewinnen, wenn sie fähig ist zu erkennen, daß der Mann wegen seines niedrigen Selbstwertgefühles gewalttätig reagierte. Auch sollte sie sehen, daß die Interaktion zwischen ihnen beiden seine spezielle Art des Verhaltens auslöste. Das hilft, die Schuld-Frage aufzuheben, die einer der Gründe ist, warum so viele Eltern von ihren Kindern verlangen, den anderen Elternteil zu verleugnen.

Du kannst dir als Stiefvater in einer Familie Zeit lassen und mußt nicht drängen. Du bist ein Eindringling und ein Fremder im Leben des Kindes. Gib auch dir eine Chance. Schaff für den anderen Elternteil deines Stiefkindes Raum in deinem eigenen Gemüt. Ihn gibt es. Du kannst ihn nicht wegwünschen. Nochmals, denk daran, du mußt das Vertrauen des Kindes gewinnen. Laß es bei jeder Gelegenheit wissen, daß Du nicht versuchst, den anderen Elternteil zu ersetzen. Kein Mensch sagt, daß du das Kind lieben mußt. Du kannst ihm aber immerhin die Stellung eines menschlichen Wesens geben.

Wichtige Fragen sind immer, wie sollen die derzeitigen Gatten mit den Ex-Gatten planen in bezug auf das Wohlergehen des Kindes? Wie ist der Ex-Gatte in die derzeitige Familie miteinbezogen?

Dabei stoßen wir auf die Fragen nach Besuchen und Unterstützung, die immer schwierig sind, besonders wenn kleine Kinder darin verwickelt sind. Antworten darauf werden fast ausschließlich durch die Art bestimmt, wie jeder einzelne der geschiedenen Partner sich mit der Tatsache der Scheidung abfindet. Gibt es immer noch Spannungen in der Beziehung, sind diese Fragen alles andere als leicht zu lösen.

Schatten aus der Vergangenheit sind eine Realität, mit der sich das neue Paar auseinandersetzen muß. Auch die Kinder können sich nicht wirklich diesen Schatten entziehen. Sie waren ein Teil dieser alten Verletzungen, und sie ergreifen oft Partei. Ihre Treuegefühle sind zerrissen. Oft leben sie nicht mit dem Elternteil, für den sie Partei ergriffen. Sie lebten in gestörten Familien. Ihre Probleme lösen sich nicht unbedingt auf, einfach nur weil das Familienoberhaupt gewechselt hat.

Mehrere Kinder zusammenzubringen, die sich nicht kennen und die sich ihres Platzes nicht sicher sind, kann für die Ehe eine große Belastung sein. In der Tat würde ich sagen, daß eine der größten Belastungen in einer bestehenden gemischten Familie damit etwas zu tun hat, daß die Kinder nicht unbedingt die neue Freude der Ehepartner widerspiegeln. Es ist nicht die Frage, *ob* es Belastungen geben wird, sondern *wie* sie sein werden und *wie* man mit ihnen fertig wird. Das bedeutet eine große schöpferische Herausforderung an das neue Ehe-Team. Zeit, Geduld und die Fähigkeit auszuhalten, wenn man (zumindest zeitweise) nicht geliebt wird, sind sehr wichtig. Schließlich, welchen Grund hat ein Kind dafür, automatisch seine Stiefeltern zu lieben? Genauso viel oder wenig Gründe wie für Stiefeltern, das Kind automatisch zu lieben.

Es gibt auch gemischte Familien mit »deinen Kindern«, »meinen Kindern« und »unseren Kindern«. Diese Situation läßt das Potential an Problemen ansteigen, und der Vorgang, wie man damit umgeht, ist ziemlich derselbe.

Ich habe das Gefühl, eine Tatsache hat vielen Familien geholfen, einen Weg zu finden, mit diesen Dingen umzugehen. Nämlich, daß sich der neue Ehemann und seine Frau ziemlich klar über die großen Belastungen sind und daß sie offen miteinander sein können und offen mit den Kindern. Sie erwarten von den Kindern nicht, daß sie ihnen gegenüber unecht sind, sie können frei und ehrlich sein. Ich muß nochmals betonen, daß das nicht leicht geht. Auch ist das Leben nach der Hochzeit ganz anders als vorher, wo man sich den Hof macht. Genauso wie es schon in der ersten Ehe vor und nach der Heirat sehr verschieden war. Es gibt öfters Überraschungen. Ein Leben mit Mamas Freund oder Papas Freundin ist nicht dasselbe, wie wenn sich diese Situation dann in eine Familie verwandelt.

Da fällt mir ein zehnjähriger Junge ein, dessen Vater und Mutter sich scheiden ließen, als er fünf war. Seine Mutter hat wieder geheiratet, als er acht war. Ungefähr ein Jahr nach der zweiten Heirat fragte der Junge eines Tages seine Mutter ziemlich unvermittelt: »He, Mama, was ist mit Harold geschehen?« (Harold war ein Mann, der eine Zeitlang ziemlich oft gekommen war und die Nacht bei der Mutter verbracht hatte.) Sofort wollte der Stiefvater wissen, wer dieser Harold ist. Die Mutter wurde rot und schickte den Sohn in sein Zimmer. Er ging, aber er wurde Zeuge eines Streits, in dem der Mann im Grunde genommen seine Frau beschuldigte, daß sie ihm Dinge verheimliche. Der Streit endete damit, daß er sie eine Schlampe, eine Lügnerin und ähnliches hieß. Offenbar hat sie im Zusammensein mit ihrem zweiten Mann ein Bild gezeichnet, das zu sagen schien: ich habe alles, was geschah, erzählt. Es kam einfach so, daß Harold nicht unter denjenigen war, von denen sie erzählt hatte.

Etwas anderes geschieht, wenn die vorhergehende Ehe, vor allem für die Mutter, besonders schmerzlich war, weil sie unter Umständen anfängt, ihre Kinder als Symbol dieses Schmerzes zu sehen. Jedesmal, wenn die Mutter mit den Kindern in eine Art negative Phase kommt, ruft das alle Erinnerungen an schmerzliche Zeiten zurück und ebenso alle Ängste über die schrecklichen Auswirkungen, von denen sie fürchtet, die Kinder würden sie erben.

Ich kenne eine Frau — zum zweiten Mal verheiratet —, die jedesmal Visionen ihres immer rebellierenden Gatten hatte, wenn ihr vier Jahre alter Sohn »nein« sagte. Der Mann war schließlich ins Gefängnis gekommen, weil er jemanden tätlich angegriffen hatte. Wenn ihr kleiner Sohn dann »nein« zu ihr sagte, sah sie ihn schon im Gefängnis und schlug ihn unbarmherzig, um zu verhindern, daß er kriminell würde. Das ist eine klare Erläuterung dafür, wie das Verhalten dieser Frau mehr Probleme schuf. Ihre Vorstellungen von dem Kind, und was das »nein« bedeutete, gehörten zu einer anderen Zeit, nicht zu dem, was momentan ablief.

Beinahe jede Familie entwickelt bestimmte Rituale,

Traditionen oder Weisen, etwas zu tun. Diese Art von Gebräuchen sollte von allen erkannt und verstanden werden, andernfalls kann sie eine wirkliche Quelle des Ärgers werden.

Wenn die Dinge zwischen Kindern und ihrem Vater nicht wirklich klar liegen, haben die Kinder eine Menge zu leisten, bis sie fähig sind, sich über einen Vater klarzuwerden, der jetzt mit einer anderen Frau verheiratet ist und mit der er andere Kinder hat. Diese Situation kann ein niedriges Selbstwertgefühl hervorrufen, Fragen, Eifersüchte und so weiter. Ich habe den Eindruck, daß viele der Kinder, deren Vater sich von der Mutter scheiden ließ und wieder heiratete, ihren Vater mehr als nötig vermissen müssen. Der Grund ist die Tatsache, daß der Vater und dessen zweite Familie weder darauf vorbereitet sind, diese anderen Kinder in ihre Familie zu integrieren, noch wirklich wissen, wie sie das tun sollen.

Wie der derzeitige Mann und seine Frau überhaupt zusammenkamen, das hat eine Menge damit zu tun, wie die Dinge jetzt weitergehen. Nehmen wir an, der Mann und die Frau waren beide vorher verehelicht, trafen einander und hatten ein Verhältnis, während sie immer noch verheiratet waren, ließen sich von ihren jeweiligen Gatten scheiden und gründeten selbst eine neue Ehe. Wenn beide nicht außerordentlich offen miteinander reden, kann derjenige, der »verletzt« zurückgelassen wird, leicht die Gefühle der Kinder so beeinflussen, daß sie die neue Beziehung nicht anerkennen.

Das Alter der Kinder hat eine ganze Menge mit den Schwierigkeiten zu tun, die einer zweiten Ehe anhaften. Sind die Kinder wirklich klein — vielleicht unter zwei oder drei —, sind die Möglichkeiten einer Einmischung des Vorhergegangenen nicht so groß wie wenn die Kinder älter sind. Sind die Kinder erwachsen, hat die neue Ehe keine Bedeutung für sie — sie geht dann nur die neuen Ehepartner an. Das stimmt, solange Familienangelegenheiten nicht mit Geld, Reichtum, Geschäft oder etwas ähnlichem verknüpft sind. Ich kannte einige Fälle, wo ältere Kinder gegen den Plan einer neuen Heirat ihrer Eltern gekämpft haben, weil sie Ärger wegen des Geldes erwarteten.

Prüfen wir doch noch eine hypothetische Familie, um einige Punkte über neue Partner und Kinder in gemischten Familien zu klären.

Jennifer und Jim sind dreiunddreißig beziehungsweise fünfunddreißig Jahre alt. Nach zehn Jahren Ehe lassen sie sich scheiden. Drei Jahre später trifft Jennifer einen anderen Mann, mit dem sie glaubt, eine bessere Ehe führen zu können. Sie heiratet ihn. Jim und Jennifer haben drei Kinder, und als sie wieder heiraten, ist Tom zwölf, Diana zehn und Bill acht Jahre alt. Jim zog in eine andere Stadt ungefähr hundert Meilen entfernt. Entsprechend den Scheidungsbedingungen konnte Jim seine Kinder einmal im Monat sehen. Aber weil er ein neues Geschäft anfing, konnte er nicht immer so oft kommen. Jedoch bezahlte er weiterhin Alimente und Unterstützung für die Kinder. Vor Jennifers zweiter Heirat lebte sie bei ihrer Mutter, die zusammen mit ihrem Vater die Elternschaft für Tom, Diana und Bill übernahmen. Jennifers Verhältnis mit Jerry begann ungefähr ein Jahr bevor sie heirateten. Weil Jennifer auch arbeiten mußte, ging die elterliche Fürsorge mehr und mehr auf die Mutter über. Jennifer mußte viel reisen — es geschah sogar auf einer ihrer Reisen, daß sie Jerry traf. Sie verbrachten wenig von der Zeit, die sie und Jerry zusammen hatten, mit ihren drei Kindern. Jerry lernte letztere kurz kennen. Es waren nette Stunden zwischen ihm und den Kindern, aber Jerry konnte keineswegs das Gefühl haben, sie wirklich zu kennen.

Jennifer und Jerry heirateten. Natürlich wollte Jennifer jetzt für die Kinder ein Heim schaffen, nachdem sie verheiratet war und ein Heim hatte. Aber das bedeutete, die Kinder von Großmutter und Großvater wegzunehmen. Jennifer und Jerry waren sehr verliebt. Ohne allzuviel darüber nachzudenken, erwarteten sie natürlich, daß sie die Familie sehr leicht wieder herstellen könnten.

Jerry war übrigens auch verheiratet gewesen und hatte

eine zwölfjährige Tochter, die in einer Stadt siebenhundert Meilen entfernt mit ihrer Mutter lebte. Nach dem Scheidungsübereinkommen konnte seine Tochter Theresa die Sommerferien bei ihm verbringen. Im allgemeinen bestand zwischen Theresa und ihrem Vater eine gute Beziehung.

Nun gut. Laß uns einige Dinge überlegen, die bei der Entwicklung dieser gemischten Familie berücksichtigt werden müssen.

Zunächst, von jedermanns Seite sollte klar erkannt werden, daß es eine vollkommen neue Einheit ergibt, wenn Jennifer, ihre Kinder und ihr neuer Mann zusammenkommen. Selbst wenn Jim nicht oft auf Besuch kommt, bezahlt er Unterstützung für die Kinder, und er ist unbestritten Teil des Gesamtbildes. Sofort taucht eine naheliegende Frage auf: Welche Rolle wird Jerry bei den Kindern spielen? Seine Rollenbezeichnung ist Stiefvater. Aber was heißt das eigentlich? Gewöhnlich hofft eine Frau, daß der Mann ihr hilft, die Kinder großzuziehen. Und vielleicht, ohne es zu merken, baut sie auf die Tatsache, daß der Mann, weil er sie liebt und sie ihn, gute Voraussetzungen in bezug auf die Kinder mitbringen wird. In Wirklichkeit hat er diese Voraussetzungen gar nicht, und man sollte deshalb nicht von ihm erwarten, daß er in das Leben der Kinder tritt und sofort hilfreich ist. Sehr viele Stiefeltern erwarten das von sich selbst. Jerry ist ein Fremder, und für einige Zeit wird er für Jennifers Kinder ein Fremder bleiben. Jims Schatten existiert noch ziemlich stark und wird bis zu einem gewissen Grade immer da sein. Manchmal meinen die Leute, ihr Selbstwert hängt davon ab, wieviel man sofort ändern kann. Dabei ist es *Zeit*, die man tatsächlich braucht, wenn man eine neue Situation erlebt — viel Zeit, die in jeder Situation notwendig ist, um wirklich mit ihr vertraut zu werden.

Zurück zu Jennifer und Jerry. Was in der Ehe zwischen Jennifer und Jim geschah, war vielleicht nicht ganz annehmbar für die Kinder; dadurch konnten Barrieren gegen den Stiefvater aufgebaut werden. Angenommen, die Kinder erhielten versteckte Botschaften, etwa daß sie auf der Seite ihrer Mutter sein sollen gegen ihren Vater und daß sie den neuen Ehemann als ihren Vater ansehen sollen.

Jennifer empfindet vielleicht immer noch viel Schmerz, Bitterkeit und Enttäuschung — ein Vermächtnis ihrer ersten Ehe. Viele Frauen empfinden so und erwarten von ihren Kindern, sie sollten ebenso empfinden, und diese Botschaft wird den Kindern auf mannigfaltig feine, aber sehr wirkungsvolle Art übermittelt. Wenn der Vater anruft oder schreibt, die Kinder möchten doch kommen, kann Jennifer zum Beispiel mit sehr bestimmtem oder leerem Ausdruck sagen: »Nun, das ist deine Entscheidung! Geh hin, wenn du willst!« Die Botschaft kann aber auch alles andere als fein sein: »Wenn du zu deinem Vater gehst, dann hab bloß nichts mehr mit mir zu tun!« Indirekt oder direkt kommen Störungen auf, wenn Jennifer oder jeder andere in ihrer Lage von ihren Kindern erwartet, daß sie ihre eigenen Gefühle über ihren ersten Mann teilen.

Das Vermächtnis von Schmerz aus einer ersten Ehe ist eine Störquelle anderer Art. Die Erwartungen an eine zweite Ehe können ungeheuer sein — sie grenzen manchmal an die Erwartung eines Nirwana. Viele Erwachsene in einer gemischten Familie erwarten Wunder. Weil sie den störenden Ehegatten losgeworden sind und jetzt einen besseren haben, »sind alle Probleme gelöst«. Sie vergessen, daß Menschen immer noch mit Menschen in Verbindung stehen, daß es immer noch bittere Stunden geben wird, (vor allem dann, wenn Forderungen viel größer sind, als sie je ein Mensch erfüllen kann), und es wird die gleichen den Selbstwert erniedrigenden Dinge geben, zum Beispiel, daß die Menschen unverschämt zueinander werden, schnippisch, ärgerlich oder stur.

Es bleibt schließlich wirklich bei der Tatsache, daß Menschen Menschen sind und sich wie Menschen verhalten, ob in einer normalen oder gemischten Familie.

Zum Beispiel erinnere ich mich an eine Frau, die wieder heiratete, als ihr ältestes Kind elf Jahre alt war. Als es vierzehn wurde, begann es, seiner Mutter störendes Verhalten zu zeigen. Sofort schloß sie daraus, daß es ein Fehler war, wieder zu heiraten. Wenn sie nicht wieder geheiratet hätte, hätte sich der Sohn nicht so verhalten. Sicher hatte die Beziehung, die zwischen ihr und ihrem Sohn in bezug auf den Stiefvater bestand, etwas mit dieser Situation zu tun, aber es handelte sich auch um ein Experiment des Sohnes mit seiner Mutter und um die Tatsache, daß er sich als Außenseiter fühlte. Das hätte auch in einer Familie ohne zweite Ehe oder Stiefvater geschehen können.

Kurz, jeder, der heiratet, erwartet, daß sein Leben sich verbessert, und auch von einer zweiten Heirat erwartet er das. Außerdem sieht es so aus: je mehr du vom Leben haben willst, je mehr du erwartest, je höher deine Vorstellungen sind, desto größer kann die Enttäuschung sein, wenn das nicht eintrifft, was du erwartet hast.

Eine andere häufige Variante einer gemischten Familie ist die Heirat von zwei Leuten, denen der erste Ehegatte gestorben ist. Dabei entstehen andere Fallen. Nehmen wir an, eine Frau war fünfzehn Jahre verheiratet, und ihr Mann starb. Ziemlich bald danach traf sie einen Mann, der nie verheiratet war. Nehmen wir an, der erste Mann starb einen tragischen Unfalltod. Ihre Ehe war annehmbar — nicht zu aufregend, eher langweilig. Aber der Schlag des Todes verdrängte die Erinnerung an die Langeweile und Eintönigkeit dieser Ehe und hinterließ bei dieser Frau ein übertriebenes Gefühl davon, wie gut diese Ehe doch war. Dann heiratet sie einen Mann, der für sie sorgen kann, den sie mag und der vielleicht aufregender ist als der erste. Aber in Zeiten, wo sie sich von ihrem jetzigen Mann enttäuscht fühlt oder verärgert, sagt sie ihm, wieviel besser das Leben mit ihrem vorherigen Mann gewesen war, und läßt für den zweiten Mann ungünstige Vergleiche mit seinem Vorgänger offen.

Natürlich könnte dasselbe bei einem Mann vorkommen, der wieder heiratete, nachdem seine Frau starb.

Ich bin der Ansicht, Menschen sind keine Engel, und jede Beziehung hat ihre Schwierigkeiten. Wegen unserer seltsamen Einstellung dem Tod gegenüber, worüber wir schon früher gesprochen haben, neigen wir dazu, den Verstorbenen zu einem Heiligen zu erheben. Das ist unrealistisch. Kein menschliches Wesen kann mit einem Heiligen konkurrieren. Es ist auch wichtig für beide, den Mann und die Frau, die Tatsache zu akzeptieren, daß da einer vorher lebte, daß dieser Mensch ein Mensch mit eigenem Recht war, der einen Platz hatte und der deshalb an diesem Platz anerkannt werden sollte. Zum Beispiel kenne ich mehrere Leute, die heirateten, nachdem ihre Ehegatten starben. Der neue Ehepartner besteht darauf, daß keine Fotos oder Habseligkeiten des Vorgängers erlaubt sind, beinahe möchte er von seiner Frau verlangen, sich von der Erinnerung an diesen anderen Menschen zu befreien. Das ist wiederum eine Reaktion aus niederem Selbstwertgefühl, und es klingt so, als würde dieser Mensch meinen, »wenn du deine erste Ehe anerkennst, dann kannst du die zweite unmöglich anerkennen«. Ich betrachte das als eine emotional ziemlich unterentwickelte Haltung, kurz — als Unsinn!

Wir sprachen zuvor über die Probleme, die Kinder haben können, wenn die Erwachsenen den Elternteil, der gestorben ist, entweder nicht erwähnen oder aber vergöttlichen. Für ein Kind ist es ziemlich schwer, wenn nicht unmöglich, sich mit einem Geist oder einem Heiligen in Verbindung zu bringen.

Eine andere Falle entsteht, wenn der neu dazugekommene Gatte empfindlich reagiert bei Bemerkungen darüber, »wie die Dinge zu sein pflegten«. Ich denke ganz besonders an Leute, die in Familien leben, in denen ein Gatte gestorben ist. Sie waren wirklich willens, alles zu tun, was sie konnten. Aber ohne es zu wollen, brachten sie den ganzen Haushalt durcheinander, weil sie von den Familienmitgliedern forderten, sich ganz anders als früher zu verhalten. Die Dinge lägen sicherlich anders, wenn solch ein Mensch erkennen würde, daß er erst zu den Kindern, die da sind, Brücken bauen muß, um dann Schritt für Schritt Raum für sich selbst und seine neuen Einflüsse zu schaffen. Nochmals, der Stand deines Selbstwertgefühls hängt nicht davon ab, wie viele Veränderungen du in kürzester Zeit bewirken kannst.

Die Pflegefamilie ist eine andere Form der gemischten Familie. Sie kann aus einem Pflegekind bestehen und keinen anderen Kindern; es können auch ein Pflegekind und einige eigene Kinder vorhanden sein, oder auch ein eigenes Kind und mehrere Pflegekinder. Die Zusammensetzung der Familie macht einen Unterschied, zumindest in der Art der Belastungen, die zu überwinden sind. Allgemein gesprochen, ein Kind wird ein Pflegekind, wenn sich seine eigenen Eltern — aus welchem Grund auch immer — nicht mehr um es kümmern können. Vielleicht weil das Verhalten des Kindes so ist, daß die Leute aus seiner Familie es nicht mehr aushalten, weiterhin mit ihm zu leben. Oder eine Person vom Fürsorgeamt kann entscheiden, daß ein Familiensystem schädlich für das Kind ist und daß es in einer anderen Familie eine bessere Chance hat. Häufig werden die Eltern in diesen Fällen als schwer vernachlässigend beurteilt — Eltern, deren Verhalten so strafend, so hart und verletzend ist, daß jemand dafür sorgt, daß das Kind ein anderes Zuhause bekommt. Wenn das Kind zum Beispiel geschlagen wird bzw. fortwährend Gewalttätigkeiten erlebt, wird es in eine Stelle gebracht, wo es bessere Lebensbedingungen erwarten kann. Beinahe alle Pflegekinder kommen in Pflegeheime auf Grund eines Gerichtsurteils, was noch ein neues Element in das Bild bringt, nämlich das Gericht (Fürsorgeamt). Nun liegt die Erziehung des Kindes nicht nur bei den Pflegeeltern und den leiblichen Eltern, sondern auch beim Gericht (Fürsorgeamt).

Manchmal sind beide Eltern gestorben und lassen das Kind ohne ein Heim zurück. Verwandte und Vormund wollen es nicht in ein Waisenhaus stecken, also suchen sie eine Familie, die es aufnimmt. Aus irgendeinem Grund ist das Kind nicht zu adoptieren, das heißt, es wird keinen festen Status haben. Trotzdem wird es wahrscheinlich lange Zeit in einer Pflegefamilie leben. In gewissem Sinne wird es als Kostgänger aufgenommen.

Es gibt andere Umstände, daß die Mutter zum Beispiel in eine Nervenklinik oder ins Gefängnis muß. Was das Kind betrifft, war mit ihm bis zu dem Zeitpunkt, an dem seine Mutter weggenommen wurde, alles in Ordnung: (nehmen wir an, der Vater ist tot oder geschieden.) Nun muß für das Kind ein Platz geschaffen werden, solange die Mutter in der Anstalt festgehalten ist. Diese Art der Unterbringung ist mehr zeitlich begrenzt.

Bei allen diesen Unterbringungen ist eine Botschaft miteingeschlossen, nämlich über die Art der Stellung, die das Kind in seiner Pflegefamilie haben wird. Die Botschaft enthält die Antwort auf die Frage, die in den Köpfen der Mitglieder der Pflegefamilie steckt: »Warum kannst du nicht in deiner eigenen Familie bleiben?« Die Botschaft ist real, und es gibt auch noch eine Botschaft, die hinter dieser steht. Was ich meine, ist folgendes: Nehmen die Pflegeeltern ein Kind, das zu Hause über die Stränge schlug, so kann es sein, sie benehmen sich superstreng, um zu verhindern, daß das Kind wieder über die Stränge schlägt. Kommt das Kind von Eltern, die es geschlagen haben, können Pflegeeltern möglicherweise aus starkem Mitleid reagieren. Sie werden sich überschlagen, um besonders liebevolle Eltern zu sein. Nichts weckt den Zorn und den Beschützertrieb mehr als mißhandelnde leibliche Eltern. Die Falle hierbei liegt darin, daß die

Pflegeeltern dem Kind über seine eigenen Eltern negative Gefühle vermitteln und damit tatsächlich die Möglichkeiten zerstören, daß es eine abgerundete Selbsteinschätzung entwickelt. Ich kann diesen Gedanken nicht zu oft betonen: Niemand kann gut über sich selbst fühlen, wenn er das Gefühl hat, daß er von Teufeln oder schlechten Menschen stammt.

Hat das Kind keine lebenden Eltern mehr, haben die Pflegeeltern die Aufgabe, ein gutes Gefühl dabei zu entwickeln, wenn sie jemandem »alles« geben, der trotz allem nicht *ihr* Kind ist.

Geht das Kind durch eine Anzahl von Pflegestellen, sollten die Pflegeeltern vorsichtig sein, sich zu sehr zu binden, da es sich offensichtlich um eine zeitlich begrenzte Unterbringung handelt. Die Dauer einer Pflegestelle reicht von einer Übernachtung bis zu 21 Jahren. Eines steht fest – ein Kind, das in eine Pflegefamilie kommt, braucht ganz persönliche Hilfe, und gewöhnlich spürt man sehr stark, daß seine Eltern bei ihm irgendwie falsch gehandelt haben. Ob sich das bei dem Kind zu einer wirklichen Belastung entwickelt (die »Schlechte-Saat-Psychologie«), hängt zu einem großen Teil von der emotionalen Beständigkeit und Entwicklung der Pflegeeltern ab. Wenn sie ihre Aufgabe darin sehen, nicht nur ihre Zeit anzubieten, sondern eine Brücke zu sein zwischen dem Kind und seiner möglichen neuen Entwicklung, und wenn sie sich selbst freimütig in eine Eltern-Kind-Beziehung einbringen können, dann besteht sehr wohl die Möglichkeit, daß die Pflegefamilie erfolgreich sein wird und ein ausgeglichenes menschliches Wesen mit gutem Selbstwertgefühl hervorbringt.

Sehr oft sind den leiblichen Eltern des Pflegekindes Besuche oder ähnliche Kontakte erlaubt, während das Kind in einer Pflegefamilie ist. Ob die wirklichen Eltern zum integrierten Bestandteil im weiteren Leben des Kindes werden und ob sie zu seinem Wachstum beitragen, hängt zu einem großen Teil davon ab, wie die Pflegeeltern die leiblichen Eltern einschätzen. In gewisser Weise unterscheidet sich diese Situation kaum davon, einen geschiedenen Elternteil im Le-

ben eines Kindes zu integrieren. Ich habe von einigen Pflegefamilien gehört, die empört waren über das, was sie über das
Verhalten der leiblichen Eltern dem Kind gegenüber gehört
haben, und die dann Schwierigkeiten hatten, die wirklichen
Eltern bei ihren Besuchen in irgendeiner Weise zu akzeptieren.

Das führt uns zu der Frage: wie können Pflegeeltern
die wirklichen Eltern des Kindes gutheißen, wenn sie zum
Beispiel wissen, daß das Kind von ihnen schwer geschlagen
und verletzt wurde? Ein Kind zu schlagen oder zu verletzen
zeigt offensichtlich destruktives und vernunftwidriges Verhalten der Erwachsenen. Ist man sich aber der Tatsache bewußt, daß dieses Verhalten von einem Menschen mit niedrigem Selbstwertgefühl kommt, kann das dazu beitragen, ver-
ständnisvoller zu sein und die Eltern nicht einfach zu ver-
dammen. Ich wünsche mir für jedes verpflanzte Pflegekind,
daß in seiner Pflegefamilie jemand ist, der den wirklichen
Eltern hilft, zu wachsen und Fortschritte zu machen, so daß
sie wieder zu verantwortungsbewußten, liebenden Menschen
werden, die ihre Aufgabe als Eltern erfüllen können. Wenn
überhaupt, so wird das doch oft durch die Pflegeeltern erreicht. Ich erlebte einmal ein schönes Beispiel dafür. Ein
Pflegeelternpaar betrachtete die Eltern ihrer drei Pflegekinder
als Menschen, die es nötig hatten zu wachsen. Wenn sich die
Gelegenheit dazu bot, verhielten sie sich diesen Eltern gegenüber wie Eltern und halfen ihnen damit, die Orientierung
wiederzufinden mit dem Ergebnis, daß sie in sich wuchsen
und sich angenommen fühlten.

Ich möchte noch ein paar Worte über eine andere Art
von Familie sagen. Über die Familien-Gemeinschaft (Wohn-
gemeinschaft, Kommune), die sich mehr und mehr zu verbreiten scheint. Es gibt Unterschiede, aber im allgemeinen
basieren sie auf der Idee, daß eine Gruppe Erwachsener mit
ihren Kindern zusammenlebt, auf verschiedene Art, entweder im gleichen Haus oder Häuserkomplex, wo sie sich die
gemeinsamen Arbeiten aufteilen und manchmal sogar ge-

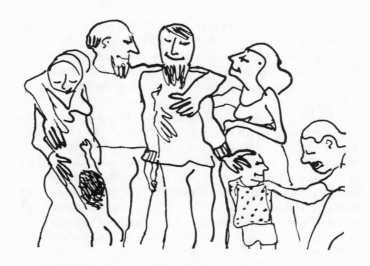

meinsamen Besitz haben. Sie wechseln sich auch in der Ob-
hut über die vielen Kinder ab, und manche teilen auch ihr
Sexualleben.

Es ist ein Vorteil dieser Art von Familie, daß das Kind
verschiedenen Modellen ausgesetzt wird. Ein großes Problem
ist dabei natürlich, daß zwischen allen Erwachsenen ein sehr
gutes Verhältnis sein muß, so daß die wechselnde Fürsorge
für die Kinder wirklich etwas bringt. Die Kibbuzim sind ein
Modell für eine Art kommunales Wohnen, abgesehen davon,
daß die Hauptfürsorge in den Händen einer Frau liegt, die
eine Art Hilfs-Elternteil ist. Die leiblichen Eltern werden wie
Besucher behandelt, in dem Sinne, daß sie nicht voll an den
Entscheidungen beteiligt sind. Sie haben unter Umständen
mit den täglichen Lebenserfahrungen sehr wenig zu tun.
Aber es ist natürlich ein Unterschied, ob man erzählt bekommt und hört, was sich ereignet hat, oder ob man mit
allem, was in jedem Augenblick geschieht, Auge in Auge
konfrontiert wird.

Was Haushaltshilfen betrifft, Erzieherinnen oder Kinder-
schwestern, es gibt viele normale Familien, in denen in

234

Wirklichkeit eine zwanglose Form der Pflegefamilie besteht. Dort entstehen ähnliche Probleme der Entfremdung des Kindes von seinen wirklichen Eltern, wie wir sie schon in diesem Kapitel besprochen haben.

Viele Kinder machen eine Vielzahl von Erfahrungen in gemischten Familien. Im Laufe seines Lebens kann ein Kind Mitglied einer Stieffamilie, einer Ein-Eltern-Familie, einer Adoptiv- oder Pflegefamilie gewesen sein. Es ist zum Beispiel für ein Kind zwischen Geburt und Mündigkeit möglich, fünf verschiedene Väter gehabt zu haben. Natürlich hat es einen biologischen Vater. Möglicherweise stirbt der Vater oder er geht fort, und das Kind lebt einige Zeit beim Großvater. Dann heiratet die Mutter wieder, und es bekommt einen Stiefvater. Unter Umständen stirbt der Stiefvater, die Mutter heiratet vielleicht nochmals, und das Kind hat einen neuen Stiefvater. Ebenso ist es möglich, daß das Kind irgendwelche Schwierigkeiten hat und dann in eine Pflegefamilie kommt, wo es bleibt, bis es mündig ist. So etwas geschieht des öfteren. Das gleiche trifft für eine Person zu, die Mutterstelle vertritt — allerdings in geringerem Ausmaß. Es gibt viele Kinder, bei denen eine Anzahl verschiedener Erwachsener Mutterstelle vertreten haben.

Ein roter Faden läuft durch all diese Familien-Varianten: Erwachsene bemühen sich, ihre Mittel den Kindern für deren Entwicklung zur Verfügung zu stellen. In der Zwischenzeit versuchen sie, mit ihrer eigenen Entwicklung fertig zu werden, und sie versuchen, einen Weg zu finden, dies mit dem Wachstum und der Entwicklung der Kinder in Einklang zu bringen. Alle diese Dinge, die in den verschiedenen von mir beschriebenen Pflegefamilien geschehen können, treffen auch auf Normal-Familien zu. Mann und Frau können eifersüchtig aufeinander sein, Kinder können sich als Außenseiter fühlen oder eifersüchtig auf ihre Brüder oder Schwestern sein; sie alle können Erfahrungen machen, die ihnen das Gefühl geben, von den anderen Familienmitgliedern isoliert zu sein oder die ihnen ein niedriges Selbstwertgefühl vermitteln.

Was ich klarmachen will, ist dies: die Form einer Familie bestimmt im Grunde genommen nicht das Geschehen in einer Familie. Die Form stellt die verschiedenen Arten von Herausforderungen dar, denen man begegnen muß. Aber letzten Endes bestimmt der Prozeß, der sich zwischen den Familienmitgliedern abspielt, wie gut die Familie miteinander klarkommt, wie gut die Erwachsenen wachsen — einzeln und miteinander — und wie gut sich die Kinder zu schöpferischen, gesunden menschlichen Wesen entwickeln. Dafür, daß dies gelingt, sind der *Selbstwert*, die *Kommunikation*, die *Regeln* und das *System* die Hauptmittel.

So gesehen entsprechen besondere Familienzusammensetzungen eigentlich den natürlichen Familien.

13. Kapitel

Der Familienplan: Grundlage für Familienbildung und Erziehung der Kinder

Erwachsene sind aufgewachsene Kinder. Die Familie ist der Ort, wo sie aufgewachsen sind. Erinnern sie sich an das Gefühl, als sie Ihr erstes Kind zum ersten Mal sahen und in Ihren Armen hielten? Erinnern Sie sich an das Gefühl, als Sie Ihren Ehegatten betrachteten, als er das Kind anschaute und hielt? Erinnern Sie sich an Ihre Hoffnungen, Träume, Unruhen und Ängste? Ich meine, daß ein guter Teil der Erwachsenen, die der Aufgabe gegenüberstehen, aus dem Kind vor ihnen einen akzeptablen Erwachsenen zu machen, bei dieser Vorstellung zittern.

Jeder, der ein Kind anschaut, wird feststellen, daß es ohne die Fürsorge eines Erwachsenen sterben würde. Jeder Erwachsene stellt fest, daß er schon viel weiter ist als das Kind. Außerdem, nachdem kein Baby auf die Welt kommt, ausgerüstet mit einem kleinen Rucksack voll Anweisungen, wie es wachsen und sich entwickeln soll, muß sie ihm jemand zusammenstellen und darbieten — jetzt, nicht erst in zehn Jahren. Dieser »jemand« seid ihr, die Eltern. Und dieser kleine Rucksack voll Anweisungen entsteht aus eurem Plan, nämlich eurem Erziehungskonzept. Darum dreht es sich in diesem und im nächsten Kapitel.

Ich nehme an, die meisten Eltern empfinden eine schwere Verantwortung, das beste, was sie können, für ihr Kind zu tun. Möglicherweise fehlt es ihnen an Information

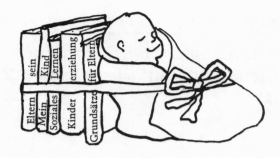

oder sie haben unklare Vorstellungen, oder sie sind nicht
sehr einfühlsam, aber ich denke, im ganzen gesehen sind sie
guten Willens.

Zwei Riesenfragen stellen sich allen Eltern in irgendeiner Form: »Was für ein Mensch soll mein Kind werden?«
und »Wie kann ich mich selbst und meinen Partner einsetzen, um das zu erreichen?«

Eure Antworten als Eltern sind die Grundlage eures Pla-
nes, eures Designs zur Formung von Menschen. Alle Eltern
finden auf diese Fragen Antworten. Diese können klar, un-
bestimmt oder unsicher sein, aber sie sind da.

Diese Aufgabe ist alles andere als leicht. Eltern unter-
richten in der härtesten Schule der Welt – in der »Schule für
Formung von Menschen«. Zu zweit teilt ihr euch alle Rollen: Ihr seid das Oberschulamt, Schuldirektor, Klassenzim-
mer, Lehrer und Hausmeister. Von euch wird erwartet, daß
ihr auf allen Gebieten des Lebens Experten seid. Die Liste
wächst weiter, indem eure Familie wächst. Dazu kommt, daß
es wenig Schulen gibt, die euch auf diese Aufgabe vorbereiten, und über den Lehrplan besteht kein allgemeines Übereinkommen. Ihr müßt ihn selbst aufsetzen. Eure Schule hat
nie Ferien, keine Feiertage, keine Gewerkschaften, keine au-
tomatischen Beförderungen und Gehalterhöhungen. Vierundzwanzig Stunden am Tag seid ihr im Dienst oder zumindest
abrufbereit, dreihundertfünfundsechzig Tage im Jahr, mindestens achtzehn Jahre für jedes Kind, das ihr habt. Außer-

dem müßt ihr euch mit einer Verwaltung zufriedengeben, die aus zwei Führern oder Chefs besteht — wie's auch immer sein mag —, und ihr kennt die Fallen, in die zwei Chefs miteinander geraten können.

Innerhalb dieses Kontextes betreibt ihr eure »Formung von Menschen«. In meinen Augen ist das der härteste, komplizierteste Beruf in der Welt, der am meisten von Angst besetzt ist und einen Blut und Wasser schwitzen läßt. Er erfordert ein Höchstmaß an Geduld, gesundem Menschenverstand, Humor, Takt, Weisheit, Aufmerksamkeit, Wissen und Verantwortung. Gleichzeitig trägt er die Möglichkeit für die lohnendste, erfreulichste Erfahrung im Leben in sich. Welche Eltern schmelzen nicht dahin, wenn ihre Kinder mit leuchtenden und blitzenden Augen sagen: »Mensch, Mama und Papa, ihr seid großartig!«

Menschen formen heißt viel zu versuchen und viel zu irren. Dabei lernst du das meiste erst dann, wenn du es schon tust.

Das erinnert mich an die Geschichte eines Psychologen, der seine Doktorarbeit über Kindererziehung schrieb. Zu der Zeit war er unverheiratet. Seine Vorlesung lautete: »Zwölf Erfordernisse für die Kindererziehung.« Er heiratete dann, hatte ein Kind und änderte seine Rede in »Zwölf Vorschläge zur Kindererziehung«. Er und seine Frau bekamen noch ein Kind, sein Vorlesungstitel lautete dann »Zwölf Tips zur Kindererziehung«. Nach der Geburt des dritten Kindes hielt er keine Vorlesungen mehr.

Ich glaube, die meisten Eltern würden die Art von Mensch, die ihr Kind einmal sein soll, etwa so beschreiben: ehrlich, selbstachtend, leistungsfähig, ehrgeizig, anständig, stark, gesund, gescheit, liebenswürdig, herzlich und fähig, mit andern auszukommen, und einer, der von anderen gemocht wird. »Ich möchte stolz auf ihn sein«, würden diese Eltern sagen. Passen diese Eigenschaften zu Ihrem Bild eines erstrebenswerten Menschen? Lesen Sie bitte weiter.

Ich denke, daß es nicht so sehr darum geht, *was* Eltern mit ihren Kindern erreichen wollen; vielleicht geht es vielmehr darum, *wie* etwas vermittelt werden kann. Leider haben wir bis jetzt dem »wie« wenig Aufmerksamkeit geschenkt. Ich hoffe, dieses Buch hilft dabei, indem beide Themen beleuchtet werden.

Mit der Kombination des »was« und des »wie« will ich mich in diesem und dem folgenden Kapitel beschäftigen. Ferner möchte ich auch die Art der Wertvorstellungen und Ziele behandeln, die sich Eltern von ihren Kindern erhoffen; und ich will die Richtungen beschreiben, die sie einschlagen werden, um dies zu erreichen. Jede Familie hat solche Vorstellungen und Pläne; sie sind von einer Familie zur anderen recht verschieden. Ich glaube, einige dieser Konzepte führen zu »nährenden« Familien und andere zu gestörten.

Vielleicht können Sie sich der Art Ihres persönlichen Erziehungsplanes bewußt werden, während Sie das lesen. Vielleicht können Sie auch kritisch schauen, wie er sich für Sie und die anderen in Ihrer Familie zur Zeit auswirkt. Vielleicht bekommen Sie sogar ein paar Ideen, wie Sie ändern könnten, was für Sie nicht gut ist. Es könnte auch sein, Sie finden Bestätigung für Ihr Handeln nach Ihrer Konzeption.

Weil so viele Familien von Erwachsenen begründet werden, die selbst noch nicht reif sind, kommen viele Eltern in die Lage, daß sie, was sie den Kindern beibringen möchten, selbst noch nicht gelernt haben. Zum Beispiel können Eltern, die bisher selbst nicht gelernt haben, ihre Launen zu zügeln, ihre Kinder nicht lehren, wie sie die ihren unter Kontrolle bringen können. Nichts bringt die Schwächen der Erwachsenen deutlicher ans Licht als das Aufziehen eines Kindes. Wenn sich diese Situation ergibt, beginnen kluge Eltern mit ihren Kindern gemeinsam zu lernen.

Die beste Vorbereitung, die ich für eine Elternschaft kenne, liegt in der Reife, der Offenheit und der Wahrnehmungsfähigkeit der Erwachsenen, die sich dieser ungeheuren Aufgabe unterziehen. Wollen Erwachsene, die ihre eigene Reife noch nicht erreicht haben, eine Familie gründen, ist der Prozeß unendlich viel komplizierter und waghalsiger — nicht absolut unmöglich, nur sehr hart. Zum Glück kann man zu jeder Zeit und in jedem Familienleben Veränderungen vornehmen, solange die Familienmitglieder das Bedürfnis nach einer Veränderung haben und einen Weg finden, es zu tun.

Wo auch immer Sie sich in Ihrer eigenen Entwicklung befanden, als Sie Vater beziehungsweise Mutter wurden, Sie standen an jenem bestimmten Punkt, als es soweit war. Es hilft jetzt nichts, sich die Haare zu raufen und sich zu beschuldigen, wenn Sie nun rückblickend meinen, Sie seien nicht das gewesen, was Sie »hätten sein sollen«, als Sie geheiratet haben, als Sie Vater oder Mutter wurden und so weiter. Die wirklich wichtigen Fragen sind: Wo stehen Sie jetzt? Was geschieht heute? Welche Richtung können Sie von hier aus einschlagen? Es mindert Ihr Selbstwertgefühl und macht Sie unfähig zu ändern, was Sie ändern könnten, wenn Sie die Zeit mit irgendwelchen Klagen verbringen. Glauben Sie mir, sich anzuklagen ist eine kostspielige Art, seine Energie zu verbrauchen.

Die meisten Eltern wünschen Ihren Kindern ein mindestens so gutes, wenn nicht besseres Leben, als sie es selbst hatten, und sie hoffen dazu beitragen zu können. Dadurch fühlen sie sich wertvoll und hoffnungsvoll. Ich weiß, es ist schrecklich enttäuschend, wenn es nicht so eintrifft, besonders wenn man sich sehr bemüht hat. Vielleicht sind sie sich nicht bewußt, welch große Rolle die eigene Erfahrung spielt, die jeder Mensch in seiner eigenen Kindheit gemacht hat, und wie stark diese die Atmosphäre beeinflußt, in der sie ihre Kinder großziehen. In der Tat, ich würde sogar so weit gehen zu behaupten, daß dies die Hauptgrundlage bildet, auf welcher oder gegen welche die meisten Familienkonzeptionen entworfen werden. Es ist leicht, in Ihrer Familie das zu wiederholen, was sich in Ihrer eigenen Kindheit abspielte. Und das ist so, ob Ihre Familie nun entwicklungsfördernd oder gestört war.

Ihr jetziges Modell von dem Ihrer Eltern abzuschauen ist natürlich, aber voller Fallen, in die junge Paare ahnungslos treten können. Wie alle Fallen können sie vermieden werden, wenn man weiß, daß sie da sind und wie man sie vermeiden kann.

Wenn Ihnen die Art, wie Ihr Vater und Ihre Mutter Sie erzogen haben, gefallen hat, und wenn Sie von der Art, wie sie miteinander umgegangen sind, ein gutes Gefühl hatten, dann können sie ein ganz akzeptables Modell für Ihren Erziehungsplan sein. Sie sagen: »Ich will es so machen wie sie.«

Wenn Sie, was in Ihrer Kindheit geschah, nicht mochten, dann werden Sie es wahrscheinlich anders machen wollen. Leider reicht die Entscheidung, was nicht zu tun ist, nicht aus. Sie müssen entscheiden, was Sie anders machen werden und wie Sie es machen werden. An diesem Punkt fangen die Schwierigkeiten an. Sie befinden sich in gewisser Weise in einer Art Niemandsland, insofern als Sie kein Modell zum Nachahmen haben. Sie müssen ein Neues bauen. Wo wollen Sie es finden? Was wollen Sie hineinpacken?

Wahrscheinlich wollen die meisten Leute ihre Aufgabe als Eltern anders lösen, als sie es in ihrer Kindheit erlebten. Wie oft hört man: »Auf jeden Fall werde ich meine Kinder anders erziehen, als ich erzogen wurde!« Das kann alles bedeuten, von »strenger sein« bis zu »weniger streng sein«, »genauer« oder »weniger genau«, »sich mehr Arbeit machen« oder »sich weniger kümmern« und so weiter.

Nehmen Sie sich einen Moment Zeit. Erinnern Sie sich an das, was Sie in Ihrer Kindheit gesehen und erfahren haben und was Sie bei Ihren Kindern vermeiden wollen. Was haben Sie als Ersatz versucht? Wie gut funktioniert das? Inwieweit stimmt Ihr in dem, was Ihr vermeiden wollt, überein? Schreiben Sie fünf Erfahrungen auf, von denen Sie glauben, sie wären hilfreich für Sie gewesen. Schauen Sie, ob Sie herausfinden, was an ihnen hilfreich war. Dann suchen Sie fünf Erfahrungen, die Sie als destruktiv empfanden, und analysieren sie auf die gleiche Weise. Lassen Sie Ihren Ehegatten dasselbe machen.

Sie könnten sich zum Beispiel daran erinnern, wie hilfreich es war, wenn Ihr Vater klar und deutlich sagte, was er von Ihnen wollte. Vielleicht fiel Ihnen ein, wie er Sie direkt angeschaut hat, seine Hand sanft auf Ihre Schulter gelegt hat und wie er mit klarer Stimme sprach und bestimmt und freundlich war. »Ich wünsche, daß du bis fünf Uhr den Rasen gemäht hast.« Das könnte im Gegensatz zu Ihrer Mutter stehen, die mit schriller Stimme rief: »Wann wirst du überhaupt hier mal was tun? Wenn du nicht aufpaßt, kürzen wir dein Taschengeld!« Oder die Erinnerungen könnten Umgekehrtes zeigen.

Sie könnten sich erinnern, daß die Großmutter nicht besonders hilfreich war, weil sie immer Ja sagte, egal was Sie erbaten. Sie bekamen das Gefühl, ihr irgendwie verpflichtet zu sein. Es war nicht leicht, aufrichtig mit der Großmutter zu sein.

Vielleicht kamen Sie zu dem Schluß, daß Ihr Vater eine große Hilfe für Sie war, wenn Sie mit einem Problem zu ihm kamen. Er hörte zu und half Ihnen dann geduldig, sich zu einer Entscheidung durchzukämpfen. Ganz im Gegensatz zu Ihrem Onkel, der Ihre Probleme immer für Sie löste. Ihr Onkel hinderte Sie daran, für sich selbst zu lernen und auf Ihren eigenen zwei Füßen zu stehen.

Sie könnten auch zu dem Schluß gekommen sein, daß keiner Ihrer Eltern hilfreich war, denn wann immer Sie sie unterbrachen, ließen sie alles fallen und liegen, um ihre ganze Aufmerksamkeit auf Sie zu richten. Sie fingen an, sich ungeheuer wichtig vorzukommen, und wenn jemand anders Sie nicht genauso behandelte, fühlten Sie sich verletzt und verwirrt. Sie hatten keine Geduld und kein Verständnis dafür entwickelt, daß Sie manchmal auf Aufmerksamkeit warten mußten.

Eine rein negative Erfahrung mag für Sie gewesen sein, wenn Sie ein »schmutziges Wort« benutzten und Ihnen dann Ihre Mutter den Mund mit Seife auswusch oder Sie in den Schrank steckte. Zuerst schmerzte Ihr Körper, dann sannen Sie auf Rache. Später weinten Sie, weil Sie sich ungeliebt vorkamen.

Sobald Sie Ihre Liste fertiggestellt haben, gehen Sie einen

Schritt weiter und überlegen, wie Sie dieses Wissen für sich selbst auswerten können.

Nehmen Sie Ihre »destruktive Liste« und versuchen Sie herauszufinden, was Ihre Eltern versucht haben könnten, Ihnen beizubringen. Vielleicht ist es Ihnen jetzt mit Ihren Erwachsenenaugen möglich zu sehen, was Sie damals nicht sehen konnten. Es ist sehr wahrscheinlich, daß Sie Ihrem Kind dasselbe beibringen müssen, nur sollte es Ihnen jetzt möglich sein, einen konstruktiveren Weg zu finden. Zum Beispiel gibt es vielleicht eine bessere Art zu reagieren, wenn Ihr Kind ein schmutziges Wort benutzt, als seinen Mund mit Seife auszuwaschen oder es in den Schrank zu schließen. Können Sie ihn finden?

Vielleicht entdecken Sie, daß einige der Dinge, die Ihnen Ihre Eltern beibrachten, sich als falsch erwiesen haben. Vor Columbus mußten alle Eltern ihren Kindern beibringen, daß die Erde eine Scheibe sei. Es gibt viele Beispiele dieser Art. Etwa könnte man Ihnen beigebracht haben, daß »onanieren verrückt macht«. Sie wissen, es gab eine Zeit, in der sogar Ärzte glaubten, Onanie würde zum Irrsinn führen. Heute weiß beinahe jeder, daß das nicht stimmt. Die Gedanken darüber, onaniert zu haben, können beunruhigend sein, onanieren selbst ist harmlos. Wichtig ist, sich dieser Art von Unwahrheiten bewußt zu werden, um die wirkliche Wahrheit zu erfahren.

Junge Eltern müssen vieles neu lernen. Zum Beispiel wissen viele Erwachsenen nicht, wie sich der Körper wirklich entwickelt. Viele Menschen sind mit Psychologie nicht vertraut und damit, wie Gefühle Verhalten und Intelligenz beeinflussen. Vielleicht gibt es Leute, die immer noch nicht an menschliche Gefühle und deren Macht glauben, auch wenn ich mir das nicht vorstellen kann, nachdem wir so viele überzeugende Beweise für das Gegenteil um uns herum haben.

Auf die eine oder andere Art haben wir eine lange Zeit hindurch erfahren, daß Wissen ein wichtiges Werkzeug für die erzieherische Gestaltung von Menschen ist. Wir nehmen es bei der Schweinezucht wahr, aber nicht sosehr in bezug auf den Menschen. Von irgendwoher bekamen wir die Idee, daß die Gründung einer Familie nur auf Instinkt und Absicht beruhe. Wir verhalten uns, als ob jedermann ein guter Elternteil werden würde, wenn er es nur sein will, oder wenn es sich eben so ergab, daß er Empfängnis und Geburt durchmachte. Das ist die komplizierteste Aufgabe der Welt, und die meisten von uns tun so, als ob wir alle phantastische Eltern sein könnten, wenn wir uns von dem Gefühl berauschen lassen und uns das Etikett anhängen. Ich denke oft an die schrecklichen Lasten, die so manche Eltern tragen. Man erwartet von ihnen, Experten zu sein, und sie sind es nicht, selbst wenn manche so tun als ob (aber sich innerlich überhaupt nicht sicher sind.) Bemühungen größten Stils sind erforderlich, um Eltern in Kursen Hilfe anzubieten. Ich glaube wirklich, daß das ausschlaggebend ist. Es gibt spezielle Dinge, die man wissen sollte, um einen Menschen zum vollen Mensch-Sein zu bilden und zu führen. Manche dieser Dinge ändern sich von Zeit zu Zeit, weil wir mehr darüber lernen, was ein Mensch wirklich ist und wie er sich entwickelt. Können Sie sich vorstellen, was geschähe, wenn junge Eltern über das nachdenken würden, was zur Zeit über die enorme Aufgabe, die vor ihnen liegt, bekannt ist und wenn sie dieses Wissen nutzen würden? Ich erschrecke, wenn ich denke, wie lange wir diese ungeheuer komplizierte Aufgabe als selbstverständlich hingenommen haben.

Prüfen wir doch jetzt einige Augenblicke lang, wie eine Familie beginnt. Das Paar hat ein Baby, und offensichtlich sind jetzt drei, wo vorher zwei waren. Viel zu oft wird an diesem Punkt das Elternsein so gewichtig und fordernd, daß die Paar-Beziehung stirbt. Wenn das geschieht, werden die Kinder einen sehr, sehr hohen Preis bezahlen. Stirbt die eheliche Paar-Beziehung, so ist die Wahrscheinlichkeit für die Ehepartner groß, sich emotional jemandem außerhalb der Ehe zuzuwenden; das trifft vor allem für Männer zu.
Halten Sie einen Moment inne, und versuchen Sie sich über folgendes klar zu werden: Ist das bei Ihnen, bei Ihrem

*Ehepartner der Fall? Welche Wirkung hat das auf die Fami-
lienmitglieder? Wie fing es an? Was können Sie tun?*

An diesem Punkt verlieren viele den Mut, weil so viel von
dem, was sie versucht haben, keine Lösung gebracht hat. Ihre
Bereitschaft, das offen zuzugeben, könnte ein Wendepunkt
für Sie sein. Sie können lernen, die Dinge anders anzugehen,
egal wie lange sie schon falsch liefen.

Zunächst müssen Sie herausfinden, was Sie zu lernen
haben, und dann suchen Sie einen Weg, das zu lernen. Jemand, dessen Namen ich vergaß, sagte: »Das Leben ist deine
augenblickliche Sicht der Dinge.« Ändern Sie Ihre Ansicht,
und vielleicht kann sich Ihr Leben ändern. Ich hörte von
einem Mann, der sich immer beklagte, daß es überall, wo er
hinkam, dunkel war. Das änderte sich eines Tages vollkommen, als er sein Gleichgewicht verlor und beim Fallen seine
Brille herunterfiel. Und siehe da, es war hell! Er hatte nicht
gemerkt, daß er seine Sonnenbrille getragen hatte.

Nun, das war vielleicht eine Übertreibung, aber sie
spricht für sich. Viele von uns müssen die Erfahrung machen,
zu fallen oder das Gleichgewicht zu verlieren, um zu ent-

decken, daß sie Scheuklappen anhatten. Das kann eine bedeutsame Entdeckung sein.

Stellen Sie fest, daß etwas in Ihrer Familie falsch läuft, dann verhalten Sie sich, wie wenn in Ihrem Auto das rote Licht als Warnung für einen überhitzten Motor aufleuchtet. Das ist ein Signal dafür, daß etwas nicht richtig funktioniert. Halten Sie an — schauen Sie nach — und überlegen Sie, was Sie tun können. Wenn Sie es nicht reparieren können, suchen Sie sich jemanden, dem Sie vertrauen und der es kann. Egal was Sie tun, vergeuden Sie nicht Ihre Zeit mit Jammern, »ich Arme« und »du Böser«.

Tun Sie, was wir im Kapitel über Systeme besprochen haben. Machen Sie aus der Familie ein Forschungsteam anstelle einer Ankläger-Gesellschaft. Können Sie sehen, wie anders die Dinge in eurer Familie vielleicht lägen, wenn Sie die negativen, schmerzlichen Ereignisse als Achtungsschilder und Warnsignale gesehen hätten? Sie brauchen niemanden zu beschuldigen und sich auch nicht die Haare auszuraufen. Behalten Sie Ihre Haare, und seien Sie froh, endlich ein Signal bekommen zu haben. Es kann sein, daß es nicht besonders angenehm ist, aber es ist ehrlich und real, und man kann etwas tun.

Ich erinnere mich an eine Familie, die einmal in meiner Behandlung war. Der Vater kam mit seiner Frau und seinem 22jährigen Sohn, der psychisch ziemlich krank war. Als die Behandlung abgeschlossen war, legte der Vater mit Tränen in den Augen die Hand auf die Schulter seines Sohnes und sagte »Ich danke dir dafür, mein Sohn, daß du krank wurdest. Dadurch konnte ich gesund werden.« Ich bekomme immer noch eine Gänsehaut, wenn ich daran denke.

Ich erwähnte weiter oben die Fallen, in die man geraten kann, wenn man seine eigenen Eltern als Wegweiser für seine Erziehungsvorstellungen benützt. Eine dieser Fallen ist die Mühe, die einige Eltern auf sich nehmen, um ihrem Kind das zu geben, was sie als Kind nicht hatten. Das kann ganz gut gelingen, aber es kann auch zu einer schrecklichen Enttäuschung führen.

Ich erlebte einmal ein anschauliches Beispiel dafür. Es war kurz nach Weihnachten, als eine junge Mutter, ich will sie Elaine nennen, zu mir kam. Sie war wütend über ihre sechs Jahre alte Tochter Pamela. Es schien so, als hätte Elaine mehrere Monate gespart, um Pam eine ganz phantastische Puppe zu kaufen. Pamela reagierte auf die Puppe gleichgültig, für die ihre Mutter so hart gearbeitet hatte. Elaine fühlte sich innerlich vernichtet und enttäuscht. Äußerlich reagierte sie wütend. Aber innerhalb kurzer Zeit erkannte sie mit meiner Hilfe, daß dies in Wirklichkeit die Puppe war, nach der *sie* sich als kleines Mädchen gesehnt hatte und die sie niemals bekommen hatte. Sie schenkte ihrer Tochter, was in Wirklichkeit ihr eigener unerfüllter Traum war, und sie erwartete von Pamela eine Reaktion, die sie, Elaine, gehabt hätte, als sie sechs Jahre alt war. Was sie übersah, war, daß ihre Tochter schon mehrere Puppen besaß. Pamela wünschte sich viel mehr einen Schlitten, damit sie mit ihren Brüdern Schlitten fahren gehen konnte. Als dies klar wurde, war deutlich, daß dies in Wirklichkeit Elaines Puppe war. Ich schlug vor, daß sie sie zu ihrer eigenen Puppe erklären sollte, um so ihre Erfüllung zu erfahren; das tat sie dann auch. Diese spezielle Sehnsucht aus ihrer Kindheit konnte nun direkt befriedigt werden statt indirekt über das Kind.

Gibt es irgendeinen Grund, warum ein Erwachsener sich nicht, wenn er erwachsen ist, ganz offen einige seiner Kindheitsträume erfüllen kann, anstatt sie auf sein Kind zu übertragen? Kinder schätzen selten etwas, was nicht für sie ist, es sei denn, sie haben gelernt, »Ja-Sager« zu sein. Ich glaube zu ahnen, daß aus diesem Grund Eltern so viele Schnüre um die Geschenke für ihre Kinder wickeln. Ich denke gerade an die Situationen, wenn Väter Eisenbahnen für ihre Söhne kaufen, dann selbst die ganze Zeit damit spielen und strikte Bedingungen aufstellen, unter denen ihre Söhne sie benützen dürfen. Wieviel ehrlicher wäre der Vater, würde er die Eisenbahn für sich selbst kaufen. Dann wäre das sein Zug, und er könnte seinem Sohn erlauben, damit zu spielen oder auch nicht.

Viele Eltern haben anfangs eine Traumvorstellung, wie ihr Kind sein sollte. Dieser Traum hat oft mit dem Wunsch zu tun, daß ihr Kind etwas tue, was sie nicht tun konnten, wie zum Beispiel: »Ich möchte, daß er Musiker wird. Ich habe immer Musik geliebt.«

Es passiert Eltern leicht, daß sie, ohne es zu wissen, Pläne für ihr Kind machen, damit es so wird, wie es ihren Vorstellungen entspräche. Das entspricht aber nicht unbedingt dem Kind. Ich hörte einmal den inzwischen verstorbenen Abraham Maslow sagen, daß man Kinder in unsichtbare Zwangsjacken steckt, wenn man solche Hoffnungen und Pläne für sie hegt. Sie werden zu einer Falle, wenn das Kind nicht den gleichen Traum träumt. Ich höre oft Erwachsene klagen, daß sie unzufrieden sind mit dem, was sie tun. Ich sehe auch die Auswirkungen davon bei Erwachsenen, die sagen, sie wollen anders sein, aber sie wollten ihre Eltern nicht enttäuschen und wüßten auch nicht, wie sie dem Druck ihrer Eltern begegnen sollten. Schließlich erfordert es von seiten der Kinder eine Menge Mut und Können, wenn sie Eltern erfolgreich trotzen wollen. Was aus der individuellen Vergangenheit der Eltern nachklingt, die ungelöst oder unvollständig blieb, wird oft zu jenem Bestandteil, der die Erziehung irrational macht. Ich nenne dies die *vergiftenden Schatten* der Vergangenheit.

Wenn du immer noch von deinen Eltern abhängig bist, wirst du dich nicht frei fühlen, dich selbst wirkungsvoll einzusetzen, aus Angst, getadelt zu werden. Dies bewirkt leicht, daß du mit deinem Kind unehrlich umgehst. Einige ziemlich heimtückische Situationen können sich daraus entwickeln. Das nenne ich *gefesselte Elternhände*.

Ich kenne zum Beispiel einen 34 Jahre alten Vater, der sein Kind nicht offen züchtigen wollte, weil *sein* Vater die Partei des Kindes ergreifen würde und er und sein Vater darüber in Streit geraten würden. Er hat immer noch Angst, mit seinem Vater zu streiten, weil er meint, Streiten wäre etwas Schlechtes. Das Ergebnis ist natürlich, daß er sein Kind unehrlich und unpassend behandelt, was nicht zu den

Vorstellungen seines Erziehungsplanes paßt. Würde er Vorträge halten über die beste Methode, Kinder aufzuziehen, wäre seine Rede wohl ziemlich verschieden von seiner Erziehungspraxis.

Ich habe immer wieder die Phantasie, wie anders die Leute wären, wenn sie all das tun würden, was wir darüber wissen, wie hohes Selbstwertgefühl bei Menschen entsteht. Vieles von dem, was wir tatsächlich tun, zeitigt ein entgegengesetztes Ergebnis. Wir haben die zehn Gebote und das Grundgesetz — das alles gibt es seit langer Zeit. Wenn ich so um mich schaue, habe ich die Vermutung, daß wir die *Ziele* kennen, aber wir sind jetzt erst dabei, die *Wege* dorthin zu entdecken.

Es stimmt, wir haben viele Informationen, die für alle wichtig sind, aber sie liegen noch in den Händen von wenigen. Fachleute sollten informiert sein, und viele sind es auch. Ein Teil dieses Problems ist, daß Fachleute weitgehend von Leuten mit wirklich ernsthaften Schwierigkeiten aufgesucht werden. Ich möchte die Wichtigkeit der Schulung der Familien in Lebensfragen nicht schmälern; aber diese Arbeit erreicht, so gut wie sie ist, nur ungefähr eine Handvoll Menschen. Wir haben der Aufgabe, Menschen zu Menschen zu entwickeln, nicht die Priorität gesetzt, die sie braucht, wahrscheinlich weil es uns an Überzeugung mangelt, weil wir uns selbst nicht sicher genug sind, weil wir den Weg nicht gefunden haben.

Ich möchte nun über etwas sprechen, was ich den *elterlichen Deckmantel* nenne. So wie ich diese Wendung gebrauche, bezeichnet sie die Seite eines Erwachsenen, die er benützt, um seine Elternrolle zu spielen. So wie ich es verstehe, hat diese Seite nur einen Sinn, solange das Kind nicht für sich selbst sorgen kann und es Führung benötigt. Eine Schwierigkeit ergibt sich daraus, daß sich der Mantel nie ändert und nie abfällt. Welche Art des elterlichen Deckmantels du auch trägst, er ist ein wichtiger Faktor deines Erziehungsplans, egal ob du das Gefühl hast, ihn immer tragen zu müssen oder nicht.

Ich würde sagen, der elterliche Deckmantel hat drei wichtige Erscheinungsformen: die »Chef«-Verkleidung, die »Leiter- und Führer«-Verkleidung und die »Kameraden«-Verkleidung. Es gibt noch eine vierte, in der der Mantel keine Verkleidung darstellt, da kein sichtbarer Beweis irgendeiner Art von Erziehung vorhanden ist. Ich glaube, dieser kommt viel seltener vor als die anderen drei Arten.

Der »Chef« trägt hauptsächlich drei Gesichter — das des *Tyrannen*, der mit seiner Macht prunkt, alles weiß und als ein Ausbund von Tugend protzt. (»Ich bin die Autorität; du machst was ich sage.«) Er erscheint als Ankläger.

Das zweite Gesicht ist das des *Märtyrers*, der rein gar nichts für sich selbst erwartet, außer anderen zu dienen. Er geht sehr weit, um in den Augen der anderen als ein Nichts zu erscheinen. Er hat die Rolle des Beschwichtigers. (»Kümmere dich nicht um mich; sei nur glücklich.«)

Das dritte Gesicht ist das des *Großen Steinernen*, der unaufhörlich und ohne Leidenschaft Vorträge hält über das, was richtig ist. (»Das ist der richtige Weg.«) Diese Person hat die Rolle eines Komputers (rationalisierend).

Der »Kamerad« ist ein Spielgefährte, der ohne Rücksicht auf die Folgen nachgibt, verzeiht und normalerweise als belanglos erscheint: (»Ich konnte es nicht ändern — es war nicht meine Absicht.«) Kinder brauchen solche Kameraden als Eltern genausowenig, wie sie Löcher in ihren Köpfen brauchen. Unverantwortlichkeit der Kinder ist eine häufige Folge dieser Art von elterlicher Verkleidung.

Ich glaube, wir bezahlen einen hohen Preis für diese Methoden elterlichen Machtgebrauchs — übrigens eine andere Art, die Deckmantel-Verkleidung zu beschreiben. Die destruktivste von allen Verkleidungen ist für mich die des Tyrannen, der darauf besteht, gehorsame menschliche Wesen zu schaffen. Bei jedem dieser Fälle fand ich heraus, daß dieses Verhalten in erster Linie das Ergebnis eines niedrigen Selbstwertgefühls eines Erwachsenen war, der versuchte, seinen Selbstwert durch unbedingten Gehorsam seines Kindes zu erhöhen. Seine Art zu agieren zeigte seine Scham, seine Unwissenheit, seine Last, seinen Mangel an Reife, seine eigene verkümmerte Seele und sein geschrumpftes Ich. Das Kind wurde zum unglücklichen (manchmal tragischen) Opfer einer niedrigen Selbsteinschätzung dieses Erwachsenen.

Wenn ich es mit Erwachsenen zu tun hatte, die Kinder mißhandelten, war meine erste Reaktion Empörung. Waren die Wogen der Empörung und Übelkeit geglättet, sah ich diese Erwachsenen wie große Kinder, die sich ganz verständlicherweise nach ihrem eigenen Erwachsenenwerden sehnen. Dann kremple ich meine Ärmel hoch und gehe ans Werk, um sowohl diesen Erwachsenen als auch den Kindern aus ihrer Scham, ihrer Unwissenheit und ihrer Last herauszuhelfen.

Sie brauchen dringend Hilfe, denn die häufigste Form einer Behandlung, die ihnen widerfährt, ist Bestrafung; das verschlimmert die Dinge gewöhnlich nur. Eines Tages werden wir lernen, daß Bestrafung niemanden lehrt, ein besserer Mensch zu werden — weder ein Kind noch einen Erwachsenen. Zum Glück sind Erwachsene, die Kinder mißhandeln, relativ selten. Aber es gibt genug, so daß alle unsere Gefängnisse, Nervenkliniken, verschiedene Anstalten und Kliniken aller Art überfüllt sind. Es gibt auch genug, um das Zeitungsgeschäft anzuheizen mit Berichten über Mord, tätliche Beleidigungen und andere Greueltaten, die Menschen sich gegenseitig antun.

Viele Eltern mögen gelegentlich den spontanen Wunsch verspüren, ihren Kindern den Kopf einzuschlagen, aber wenige tun es. Viele Kinder empfinden ähnlich, aber nur wenige werden aktiv.

Selten werden Kinder, die im Rahmen der Gehorsamserziehung aufwachsen, irgend etwas anderes als Tyrannen oder sehr unterwürfige Leute, sofern in ihrem Leben nicht zwischendurch etwas Ungewöhnliches geschieht. Es liegt jenseits meines Fassungsvermögens, wie Urteilsfähigkeit durch »Gehorche-mir«-Methoden beigebracht werden kann. Wenn wir aber etwas in dieser Welt brauchen, dann Menschen mit Urteilsfähigkeit.

Der Mensch, der nicht seinen gesunden Menschenverstand einsetzen kann, ist jemand, der meint, er müsse tun, was andere von ihm wollen oder erwarten. Der Ruf nach Gehorsam: »Es gibt nur einen richtigen Weg, etwas zu tun, und das ist natürlich mein Weg.«

Ich habe das so oft gehört, daß ich eines Tages etwas tat, was ich törichte Forschung nenne. Ich versuchte herauszufinden, wie viele Arten es gibt, Geschirr abzuwaschen. Ich fand 247; alle gehen darauf aus, aus schmutzigen Tellern saubere zu machen. Die Unterschiede hingen mit der Art der verfügbaren Ausrüstung zusammen und so weiter. Kennen Sie jemanden, der auf ein bestimmtes Spülmittel schwört, oder der unabdingbar verlangt, daß Teller vor dem Abwaschen immer abgespült werden müssen? Wenn du eine Zeitlang mit einem Menschen zusammengewesen bist, der dauernd auf seiner Methode beharrt, würdest du ihn wahrscheinlich am liebsten umbringen. Vielleicht ist es kein Zufall, daß mehr als 50% aller Mörder Familienmörder sind.

Menschen, die mit jemandem zusammenleben, der sagt, »Du machst es so, weil ich es so sage« oder »Es ist so, weil ich es sage«, erfahren fortlaufend persönliche Beleidigungen. Es ist, als würde die andere Person die ganze Zeit sagen: »Du bist ein Trottel. Ich weiß es besser.« Solche Behauptungen haben auf das Selbstwertgefühl des Opfers eine langandauernde, lähmende Wirkung, besonders auf Kinder.

Bei keinem dieser elterlichen Deckmäntel kann eine vertrauensvolle Atmosphäre entwickelt werden. Effektives Lernen kann in einer Atmosphäre von Angst, Mißtrauen oder Gleichgültigkeit nicht erreicht werden. Das Thema »Chefgesicht« behandle ich hier ziemlich hart, aber jedes Wort ist mir dabei ernst.

Ich empfehle den Eltern, sich zu bemühen, Führer zu sein, das heißt, daß sie als freundliche, bestimmte, anregende, verständnisvolle Menschen aus einer Position heraus lenken, die mehr von der Realität als von Macht bestimmt ist.

Menschen wenden bei sich selber grausame Tricks an, wenn sie Eltern werden. Jetzt plötzlich müssen sie »ihre Pflicht erfüllen«, ernsthaft werden, Leichtigkeit und Freude aufgeben. Sie können nicht mehr ihren Wünschen nachgehen oder sogar Spaß haben. Zufällig glaube ich an das genaue Gegenteil. Ich glaube, normale Alltagsschwierigkeiten in Familien können von solchen Leuten in ganz anderem Licht gesehen werden, die glauben, daß man sich an Familienmitgliedern erfreuen kann und die tatsächlich miteinander Spaß haben. Ich habe sehr viele Erwachsene gesehen, die das Gefühl nie kennengelernt haben, wie es ist, wenn sich ein anderer Mensch an einem erfreut. Anstatt Spaß miteinander zu haben, versuchen sie, einander zu gefallen, Beifall zu finden und zu vermeiden, daß sie Mißbilligung ernten.

Ich erinnere mich an ein junges Elternpaar, das mir erzählte, daß es eine ihrer ersten Prioritäten war, sich an ihrem Kind zu erfreuen. Offensichtlich hatten sie schon Freude aneinander. Das war vor 15 Jahren. Die Freude dauert noch heute an. Ich fühle mich in dieser Familie immer wohl. Jetzt haben sie zwei weitere Kinder. Ständige Weiterentwicklung ist offensichtlich, es liegt ein Stolz in ihrer Verwirklichung und über alles bestehen gute Gefühle. Dabei handelt es sich nicht um übermäßig nachsichtige Eltern, noch ist die Familie ohne klarere und deutlich gesetzte Grenzen. Teil der Kunst, sich zu freuen, ist die Fähigkeit, flexibel und neugierig zu sein und einen Sinn für Humor zu haben. Wenn ein Fünfjähriger seine Milch über den ganzen Tisch gießt, kann das für ihn zu einer ziemlich unterschiedlichen Erfahrung werden. Welche er macht, hängt davon ab, in was für einer Familie er lebt und wie man dort solchen Dingen begegnet.

Meine Freunde Laurie und Josch würden wahrscheinlich sagen: »Hoppla, du läßt dein Glas machen, was deine Hand tun sollte. Sprich doch mal mit deiner Hand. Und jetzt laß uns in die Küche gehen, einen Schwamm holen und es aufwischen.« Dann würden Laurie und Davis buchstäblich in die Küche rennen, und vielleicht würden sie auf dem Rückweg sogar singen.

Ich höre Josch sagen: »Mein Gott, Davis, ich erinnere mich, wie mir das passierte. Ich hatte das Gefühl, etwas Schreckliches getan zu haben, und fühlte mich entsetzlich. Wie fühlst du dich?« Darauf könnte Davis antworten: »Ich fühl' mich auch schlecht, jetzt hat Mami mehr Arbeit. Ich hab's nicht absichtlich getan.«

Ich kann mir die gleiche Episode mit einem anderen Elternpaar vorstellen, mit Al und Ethel. Ethel schnappt Davis, schüttelt ihn und schickt ihn weg vom Tisch; während er weggeht, sagt sie zu Al: »Ich weiß nicht, was ich mit diesem Kind tun soll. Er wird zu einem richtigen Schlamper werden.«

Ein anderes Paar, das ich kenne, würde die Szene unter den gleichen Voraussetzungen nochmals anders spielen. Nachdem die Milch umgeschüttet war, schaut Henry zu Edith, runzelt die Augenbrauen und ißt weiter in tödlichem Schweigen. Edith holt schweigsam einen Schwamm, wischt die Milch auf, während sie Davis einen tadelnden Blick zuwirft.

Ich glaube, die Art, wie Laurie und Josch die Dinge angehen, ist eine Art, bei der jeder profitiert. Bei den anderen zwei Beispielen ist das fraglich. Was meinen Sie?

Freuen sich die Leute in eurer Familie von Zeit zu Zeit echt aneinander? Wenn Sie glauben »Nein«, schauen Sie, ob Sie herausfinden können, wie das zu ändern ist. Ich kann nicht verstehen, wie Menschen, die aneinander keine Freude haben, sich wirklich lieben können.

In meinen Augen ist die Freude an Menschen einer der Werte, die das Leben schöner machen. Wie kannst du Kindern Freude an ihren Eltern beibringen, den Eltern Freude an ihren Kindern, den Schwestern Freude an den Brüdern und den Brüdern Freude an ihren Schwestern? Ein wichtiger Schritt ist dabei zu lernen, sich selbst zu mögen. Kannst du dich über dich selbst freuen? Magst du dich in deiner eigenen Gesellschaft, wenn du einmal allein bist? Manche Leute kommen etwas durcheinander dabei; sie meinen, wenn sie mit sich selbst Spaß hätten, wären sie möglicherweise unsozial. Sie denken, wenn du Freude an dir selbst hast, kannst du keine Freude an anderen haben. Ich sehe das umgekehrt. Hast du nicht gelernt, dich über dich selbst zu freuen, kann es sein, du zerbrichst dir den Kopf darüber, wie schlecht du bist und was alles falsch an dir sein könnte. Du kannst dann wahrscheinlich auch für andere Leute zur Last werden.

Das Kind fängt an, Freude an sich selbst zu erfahren, wenn es lernt, Teile seines Körpers zu genießen, die Berührung seiner Hände, wie sich seine Haut anfühlt, die Farben und Klänge um es herum und besonders der Klang seiner eigenen Stimme, sowie das Vergnügen zu schauen.

Es kann sein eigenes Tun genießen, sein Patschen und Pflatschen und sein Spritzen. Wenn es merkt, daß die Erwachsenen um es herum Spaß an seiner Freude mit sich selbst haben, ist das ein großer Schritt auf dem Weg, dem Kind das Gefühl zu vermitteln, daß ein Mensch sich an einem anderen Menschen erfreuen kann. Freude ist eine Frage der Ästhetik. Wir tun relativ wenig in der normalen Kindererziehung, den Kindern zu Freude über sich selbst zu verhelfen. Ich sehe so viele Familien, bei denen die ganze Idee von Kindererziehung und von Elternsein eine schreckliche Erfahrung bedeutet, voll harter Arbeit, Verzweiflung und Last. Die Tatsache hat mich fasziniert, daß in meinem Zusammensein mit Erwachsenen ziemlich viel Leichtigkeit aufkommt, wenn ich es ihnen einmal ermöglichte, ihre Blockierungen gegen die Freude über sich selbst als Menschen loszuwerden. Ich weiß nicht, ob Sie die große Schwere und Grimmigkeit zwischen den Erwachsenen wahrnehmen. Es überrascht mich nicht, von vielen Kindern zu hören, daß sie eigentlich nicht erwachsen werden wollen, weil es keinen Spaß macht, erwachsen zu sein.

Ich denke nicht, daß Spaß haben die Leistungsfähigkeit schmälert. Außerdem meine ich, daß man nicht wirklich kompetent sein kann, ohne gleichzeitig Freude an dem zu haben, was man tut, und ohne eine gewisse Leichtigkeit dabei zu empfinden. Ich glaube, die Fähigkeit, über sich selbst zu lachen, das Witzige an sich selbst zu sehen, ist eine Eigenschaft, die zu entwickeln sehr wichtig ist. Das wiederum kommt durch die Familie. Wenn alles, was Vater und Mutter sagen, so zu verstehen ist, als wäre es der Inbegriff von Weisheit und Macht, dann gibt es wenig Gelegenheit, die lustige Seite der Dinge auszubauen. Schauen wir doch mal hin: Nur weil Erwachsene zu Ehemännern und Vätern, Ehefrauen und Müttern werden, heißt das doch nicht, daß sie aufhören, Menschen zu sein. Ich war in Wohnungen, in denen alles so sauber und ordentlich war, daß ich mir wie ein besonders steriles Handtuch aus der Wäscherei vorkam. Ich kann nicht erwarten, daß sich in dieser Atmosphäre Freude bei den Leuten entwickelt.

Welche Art von Atmosphäre herrscht in Ihrer Familie?

Die Familie bringt den Kindern bei, was lieben heißt. Haben Sie jemals innegehalten, um das Gefühl des Liebens wahrzunehmen? Wenn es mir widerfährt, fühlt sich mein Körper leicht an, meine Energie scheint anzuwachsen, ich fühle mich heiter, froh, angstfrei, voll Vertrauen und sicher.

Ich fühle die Bedeutung meines eigenen Wertes steigen und fühle mich begehrenswert. Ich nehme in erhöhtem Maße die Nöte und Wünsche des Menschen wahr, auf den diese Gefühle gerichtet sind. Mein Verlangen geht dahin, diese Nöte und Wünsche mit meinen eigenen zu vereinen. Ich möchte denjenigen, den ich liebe, nicht verletzen oder täuschen. Ich möchte mit ihm zusammensein, um Gedanken auszutauschen, um ihn zu streicheln und gestreichelt zu werden, um zu schauen und um angeschaut zu werden, um ihn zu erfreuen und um von ihm erfreut zu werden. Ich liebe das Gefühl zu lieben. Für mich bedeutet es die höchste Form, mein Menschsein auszudrücken.

Wenn ich meine Erfahrung als Maßstab dafür nehme, was es heißt zu lieben, so stelle ich fest, daß dies in vielen Familien Mangelware ist. Ich höre so viel von Kummer, Frustration, Enttäuschung und Wut, die Familienmitglieder füreinander empfinden. So viel Zeit wird damit verbracht, etwas Rechtes zu tun und die Arbeit zu erledigen, daß keine Zeit bleibt, sich zu lieben und sich aneinander zu freuen.

Nun gut. Wir haben über manches Elternleid gesprochen. Bevor ich einige Wege aufzeigen will, die Ihnen helfen sollen, eine kraftvolle Lebenskonzeption für Ihre Familie aufzuzeichnen, möchte ich noch einen ganz anderen Kurs einschlagen.

An diesem Punkt werde ich an eine klassische Erzählung von Robert Benchley erinnert. Benchley war ein College-Schüler, und es war eine seiner letzten Prüfungsarbeiten,

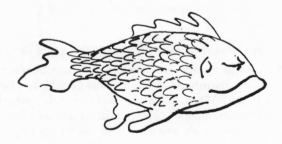

einen Aufsatz über Fisch-Laichplätze zu schreiben. Er hatte das ganze Semester kein Buch aufgeschlagen, aber unerschrocken fing er seine Abschlußarbeit an — ungefähr so: »Über Fisch-Laichplätze wurden schon viele Worte verloren. Trotzdem hat niemand bis jetzt dieses Thema aus der Sicht des Fisches behandelt.« Und so fuhr er dann fort und schrieb, was sicherlich zu der unterhaltendsten Abschlußarbeit in der Geschichte von Harvard wurde.

Nachdem wir alle diese Seiten dem Elternsein gewidmet haben, werden wir jetzt die Familiensituation aus der Sicht des Babys betrachten.

Ich war einmal ein Baby, aber ich kann mich nicht daran erinnern, wie ich mich gefühlt habe, abgesehen von Erinnerungsfetzen hie und da; vielleicht geht es Ihnen ähnlich. Ich habe viele Babys in ihrer Interaktion mit ihren Eltern beobachtet, genau wie Sie es getan haben. Außerdem hatte ich selbst viele Interaktionen mit Babies und Kleinkindern. Ich habe auch viel von den zur Verfügung stehenden Untersuchungen gelesen über das, was Babies sind.

Moderne Untersuchungen haben gezeigt, daß Babies alle ihre Sinne innerhalb von wenigen Stunden nach der Geburt zur Verfügung haben. Vor 50 Jahren wurden Babies mehr oder weniger für Dinge gehalten oder im besten Fall für unvollständige, teilweise menschliche Wesen. Jetzt wissen wir es besser[*].

Ich versuche, mich in ein Baby namens Joe zu versetzen, ungefähr zwei Wochen alt:

»Ich fühle von Zeit zu Zeit Schmerzen in meinem Körper. Mein Rücken tut weh, wenn ich zu fest eingepackt bin und ich zu lange in der gleichen Lage liegen muß. Mein Magen tut weh, wenn ich hungrig bin oder wenn ich zu voll bin. Wenn das Licht direkt in meine Augen scheint, tun meine Augen weh, weil ich meinen Kopf noch nicht wegdrehen kann. Manchmal bin ich in der Sonne, und das

---

[*] C. *Anderson Aldrich* und *Mary M. Aldrich:* Babies are Human Beings. An Interpretation of Growth (New York: Macmillan Co., 1947).

brennt mich! Manchmal ist meine Haut heiß durch zuviel Kleidung und manchmal kalt durch zuwenig. Manchmal schmerzen meine Augen, und es langweilt mich, an eine kahle Wand zu schauen. Mein Arm schläft ein, wenn er zu lang unter meinen Körper gepackt ist. Manchmal werden mein Po und meine Speckfalten vorn wund, weil ich zu lange feucht liege. Manchmal verkrampft sich mein Bauch, wenn ich Verstopfung habe. Wenn ich zu lange im Wind bin, dann prickelt meine Haut.

Manchmal ist alles so still, daß mein Körper sich trocken und ungemütlich anfühlt. Mein Körper tut weh, wenn das Badewasser zu heiß oder zu kalt ist.

Ich werde von vielen Händen berührt. Es tut weh, wenn diese Hände fest zugreifen. Ich fühle mich gepackt und gedrückt. Manchmal fühlen sich diese Hände wie Nadeln an, manchmal fühlen sie sich so lasch an, daß ich das Gefühl habe zu fallen. Diese Hände machen alles mögliche; sie stoßen und ziehen mich, sie unterstützen mich. Die Hände fühlen sich sehr gut an, wenn sie zu wissen scheinen, was ich empfinde. Sie sind stark und sanft.

Es ist richtig schmerzhaft, an einem Arm hochgenommen zu werden, oder wenn meine Knöchel zu fest zusammengedrückt werden beim Windelnwechseln. Manchmal habe ich das Gefühl zu ersticken, wenn ich so fest an einen Menschen gedrückt werde, daß ich nicht mehr atmen kann.

Es ist ganz furchtbar, wenn jemand an meine Wiege kommt und plötzlich sein großes Gesicht über das meine hält. Ich meine dann, ein Riese wird mich gleich zertreten. Alle meine Muskeln verkrampfen sich, und es tut weh. Immer wenn es weh tut, schreie ich. Das ist mein einziges Mittel, die anderen wissen zu lassen, daß mir etwas weh tut. Die Leute begreifen nicht immer, was ich meine.

Manchmal fühle ich mich gut bei den Geräuschen um mich herum. Manchmal tun sie meinen Ohren weh und ich bekomme Kopfschmerzen. Dann schreie ich auch. Manchmal rieche ich mit meiner Nase sehr angenehme Dinge, oder mir wird schlecht bei einem Geruch. Auch dann muß ich schreien.

Oft hören mich meine Mutter oder mein Vater, wenn ich schreie. Es sieht so aus, als ob sie meistens wüßten, daß mir was weh tut. Sie meinen, Nadeln pieken mich, mein Magen braucht Nahrung oder ich bin einsam. Manchmal habe ich den Eindruck, sie würden mich am liebsten in den Wind schießen, um sich mit was anderem beschäftigen zu können. Sie schütteln mich schnell, als wäre ich eine Einkaufstasche mit Lebensmitteln, und lassen mich dann allein. Dann fühle ich mich schlechter als vorher. Ich nehme an, sie haben etwas anderes zu tun. Ich vermute, manchmal störe ich sie.

Die Schmerzen in meinem Körper scheinen zu vergehen, wenn mich Leute so streicheln, als ob sie mich mögen. Es sieht so aus, als würden sie sich selbst gut fühlen, und ich weiß, sie versuchen wirklich, mich zu verstehen. Ich bemühe mich zu helfen, so gut ich kann; ich versuche, mein Schreien anders klingen zu lassen. Es fühlt sich gut an, wenn meine Mutter mich richtig anschaut, besonders wenn sie in meine Augen schaut.

Ich glaube nicht, daß meine Mutter weiß, wann ihr

Griff schmerzhaft ist und ihre Stimme schroff. Ich denke, wenn sie es wüßte, würde sie versuchen, es zu ändern. Manchmal wirkt sie so zerstreut. Wenn sich die Hände meiner Mutter oft hintereinander schmerzlich anfühlen und ihre Stimme ungemütlich bleibt, dann fange ich an, Angst vor ihr zu bekommen. Wenn sie zu mir kommt, mache ich mich steif und ziehe mich zurück. Dann sieht sie verletzt und manchmal ärgerlich aus. Sie meint, ich mag sie nicht, aber in Wirklichkeit habe ich Angst vor ihr. Dann schickt sie meinen Vater zu mir. Er ist viel sanfter und ich fühle mich warm und geborgen. Ich spüre, wie gut sich mein Vater fühlt, und ich fühle mich entspannt. Später höre ich meine Mutter und meinen Vater streiten. Ich bin sicher, es ist wegen mir. Ich hätte vielleicht nicht schreien sollen. Manchmal ist es umgekehrt.

Ich denke manchmal, meine Mutter weiß gar nicht, daß mein Körper genau wie ihrer reagiert. Ich wünschte, ich könnte ihr das sagen. Manche Dinge, die sie über mich und den Rest der Familie erzählt, wenn ich in meiner Wiege bin und sie mit ihren Freundinnen zusammen ist, würde sie, glaube ich, nicht sagen, wenn sie sich darauf besinnen würde, daß ich absolut gute Ohren habe. Ich erinnere mich, wie sie einmal sagte, »Joe wird wahrscheinlich werden wie Onkel Jim«, und sie fing an zu weinen. Es geschahen noch mehr solche Dinge, und langsam bekam ich das Gefühl, irgend etwas Schreckliches müsse falsch mit mir sein.

Jahre später finde ich heraus, daß Onkel Jim der Lieblingsbruder meiner Mutter war und ein großartiger Typ gewesen sein muß. Oft höre ich meine Mutter sagen, wie sehr ich ihm ähnlich war. Sie weinte, weil er bei einem Autounfall ums Leben kam, bei dem sie am Steuer saß. Das rückte die Dinge in ein vollkommen anderes Licht für mich, aber erst später. Ich nehme an, ich hätte mich nicht so schlecht gefühlt, wenn sie mir von ihrer großen Zuneigung zu Jim und von ihrer Trauer über seinen Tod erzählt hätte, vor allem nachdem ich ihm anscheinend in gewisser Weise ähnlich war. Ich hätte verstanden, daß es ihre Erinnerung an ihn war, die sie weinen machte, wenn sie mich anschaute. Ich möchte gern allen Erwachsenen, die Kinder großziehen, sagen, daß sie ihnen offen erzählen sollen, was sie denken und fühlen, egal wie klein oder groß die Kinder sind. So leicht kann ein Kind eine falsche Botschaft heraushören.

Nachdem ich geboren war, verbrachte ich die meiste Zeit auf meinem Rücken, so machte ich in dieser Position die Bekanntschaft mit den Menschen. Ich kannte das Kinn meiner Mutter und meines Vaters von unten fast besser als nahezu alles andere. Wenn ich auf dem Rücken lag, sah ich in der Hauptsache die Dinge, die oben über mir waren, und ich sah sie natürlich von unten. Ich dachte, so sind die Dinge.

Als ich lernte zu sitzen, war ich sehr überrascht, wie anders alles aussah. Als ich anfing zu krabbeln, sah ich die Dinge unter mir, und ich machte die Bekanntschaft mit Füßen und Knöcheln. Als ich anfing zu stehen, begann ich eine Menge über Knie zu erfahren; als ich das erste Mal stehen konnte, war ich ungefähr zwei Fuß hoch.

Als ich aufschaute, sah ich das Kinn meiner Mutter ganz anders. Ihre Hände sahen so groß aus. In der Tat, meistens, wenn ich zwischen meiner Mutter und meinem Vater stand, kamen sie mir sehr weit weg vor und manchmal sehr gefährlich, und ich kam mir sehr, sehr klein vor.

Nachdem ich gehen gelernt hatte, erinnere ich mich, wie ich einmal mit meiner Mutter in ein Lebensmittelgeschäft ging. Sie war in Eile. Sie hielt mich an einem meiner Arme fest. Sie lief so schnell, daß meine Füße kaum den Boden berührten. Mein Arm fing an, weh zu tun. Ich begann zu weinen. Sie wurde ärgerlich mit mir. Ich glaube nicht, daß ihr jemals klar war, warum ich geweint habe. Ihr Arm hing herunter, und sie ging auf zwei Füßen; mein Arm wurde nach oben gezerrt, und ich stand knapp auf einem Fuß. Ich begann, mein Gleichgewicht zu verlieren.

Ich erinnere mich, wie müde meine Arme immer wurden, wenn ich mit beiden, meiner Mutter und meinem Vater, ging und jeder mich an einer Hand festhielt. Mein Vater war größer als meine Mutter. Nach seiner Hand mußte ich mich höher strecken. So war ich irgendwie einseitig; die halbe Zeit hatte ich meine Füße nicht am Boden. Die Schritte, die mein Vater machte, waren riesengroß. Waren meine Füße mal auf dem Boden, versuchte ich, mit ihm Schritt zu halten. Schließlich, wenn ich es nicht mehr aushalten konnte, bettelte ich meinen Vater, mich zu tragen. Er tat es. Ich nehme an, er dachte, ich sei eben müde. Er wußte nicht, daß ich mich so verdreht hatte, daß ich sogar kaum noch atmen konnte. Es gab da sehr nette Zeiten, aber irgendwie blieben mir die schlechten länger im Bewußtsein.

Meine Mutter und mein Vater müssen einmal irgendwo in einem Seminar gewesen sein, denn sie wurden plötzlich anders. Immer wenn sie danach mit mir reden wollten, bückten sie sich, berührten mich sanft und schauten mich in Augenhöhe an. Das war so viel besser. (Ich bemühe mich, mit allen Kindern in Augenhöhe in Kontakt zu treten. Das bedeutet meistens, daß ich in die Hocke gehen muß.)«

Nachdem die ersten Eindrücke eine solch starke Wirkung haben, fragte ich mich, ob das erste Bild, das ein Kind von einem Erwachsenen bekommt, nicht das eines Riesen ist, der automatisch große Macht und Stärke bedeutet. Das kann ein Gefühl großer Behaglichkeit und Unterstützung vermitteln, aber auch großer Gefahr, verglichen mit der Winzigkeit und Hilflosigkeit des Kindes.

Ich habe das schon vorher erwähnt, aber es ist wichtig genug, um eine kleine Wiederholung zu vertragen. Die erste Begegnung eines Erwachsenen mit seinem Kind geschieht tatsächlich, wenn es noch sehr klein und hilflos ist. Das könnte die Tatsache erklären, daß die Eltern die Vorstellung von ihrem Kind, es sei klein und hilflos, viel länger beibehalten, als es der Wirklichkeit entspricht. Dann sind Sohn oder Tochter selbst mit achtzehn immer noch Kinder in den Augen ihrer Eltern, gleichgültig wie erwachsen, kräftig und leistungsfähig sie in Wirklichkeit sind. In ziemlich ähnlicher Weise könnte das Kind an seiner Vorstellung hängenbleiben, daß seine Eltern allmächtig sind, auch wenn es selbst schon genug Macht und Fähigkeiten entwickelt hat, für seine eigenen Rechte einzustehen.

Ich glaube, Eltern, die sich dieser Möglichkeit bewußt sind, helfen ihrem Kind so schnell wie möglich, seine eigene Kraft zu entdecken, und lassen es wissen, daß ihrer eigenen Macht Grenzen gesetzt sind. Freimütig setzen sie sich selbst ein, um ihrem Kind zu zeigen, wie es wirkungsvoll für sich selbst geradestehen kann. Erwachsene, die das nicht gelernt haben, scheinen oft entweder Parasiten bei anderen Leuten zu werden und sie zu beherrschen oder spielen Götter, gütige oder boshafte.

Als mir einmal klar war, daß ein Kind alle körperlichen Reaktionen eines Erwachsenen zeigt, und als ich herausfand, daß die Sinne im Alter von zwei Stunden voll funktionsfähig sind (sobald die Sinnesorganöffnungen nicht mehr verstopft sind), verstand ich, daß das Kind fähig ist, dasselbe zu empfinden wie ich. Nachdem ich festgestellt hatte, daß sein Hirn in der Lage war, seine Gefühle zu interpretieren, selbst wenn es mir nicht erzählen konnte, was es sich dabei dachte, war ich viel eher in der Lage, es wie einen Menschen zu behandeln.

Das menschliche Gehirn ist ein wunderbarer Komputer, dauernd damit beschäftigt, Dinge zusammenzubringen, damit sie einen Sinn geben. Genau wie ein Komputer »weiß das Gehirn nicht, was es nicht weiß«; es kann nur das auswerten, was schon vorhanden ist.

Wenn ich mit Eltern arbeite, mache ich folgende Übung.

Ein Erwachsener soll ein Kind in einer Wiege spielen, das auf dem Rücken liegt und noch zu klein zum Sprechen ist. Er soll nur mit Tönen und einfachen Bewegungen reagieren. Ich bitte dann zwei andere Erwachsene, sich über es zu beugen und die Dinge zu tun, die ein Baby braucht, während sie versuchen, seinen Fingerzeigen zu folgen. Ich bitte jeden Erwachsenen, einmal das Baby zu sein. Nach ungefähr fünf Minuten Rollenspiel bitte ich die Erwachsenen, einander zu erzählen, was sie während des Spiels empfanden. Mitten in einer dieser Situationen kündige ich irgendeine

Störung von außen an, etwa, daß das Telefon oder die Tür-
glocke läutet. Ich versuche einen Augenblick zu wählen, in
dem das Baby offensichtlich schwierig ist, und dann passe ich
auf, was passiert. Häufig ändert sich einiges. Ich bitte die
Leute, einander zu erzählen, was die Unterbrechung für je-
den einzelnen bedeutete. Probiert das selbst aus.

Das ist eine einfache Methode, Erwachsenen zu helfen,
eine Art Achtung zu bekommen vor dem, was ein Baby erleben kann und wie es diese Erlebnisse dazu benutzt, seine
Erwartungen und Vorstellungen von anderen aufzubauen.

Die Berührung einer menschlichen Hand, der Klang
einer menschlichen Stimme und die Gerüche in seiner Woh-
nung — das sind die ersten Eindrücke, mit denen ein Baby
anfangen muß zu lernen, was in dieser neuen Welt alles
vor sich geht. So wie die Eltern ihr Kind berühren, wie sie
sich anhören, das legt den Grundstein dafür, was das Kind
lernt. Es muß alle Berührungen, Gesichter, Stimmen und
Gerüche der Erwachsenen um es herum entwirren. Die Welt
eines Neugeborenen muß ein sehr verwirrender Ort sein.

Ich nehme an, das Kind hat einige recht klare Vorstellungen darüber entwickelt, was es zu erwarten hat, bis es
allein essen, gehen und sprechen und Darm und Blase unter Kontrolle halten kann. Danach entwickelt es nur noch
Variationen.

Das Kind muß langsam lernen, wie es mit sich selbst
umgehen kann, wie mit den anderen und wie es die Welt der
Dinge um sich herum behandeln soll. Das ist ein entschei-
dender Punkt im Erziehungsplan: *Was bringen Sie Ihrem*
Kind bei und wie bringen Sie es ihm bei?

Kein Lernen ist einschichtig. Während das Kind lernt,
seine Beine zum Gehen zu benutzen, lernt es auch etwas
darüber, wie es wahrgenommen wird und was von ihm erwartet wird. Gleichzeitig lernt es, was von anderen zu erwarten ist und wie man mit ihnen umgeht. Es erfährt auch
etwas über die Welt, die es erforscht und wie es in dieser
Welt agieren kann. »Nein, nein, nicht anfassen!«

In den ersten drei Lebensjahren muß das Kind mehr

grundlegende und unterschiedliche Dinge lernen als im ganzen restlichen Leben. Es wird niemals wieder damit konfrontiert werden, so viel an so vielen Fronten in so kurzer Zeit zu lernen.

Der bleibende Eindruck und das Gewicht dieses ganzen Lernens ist viel tiefer und schwerer, als viele Eltern annehmen. Würden die Eltern dies begreifen, würden sie den Zusammenhang stärker anerkennen zwischen dem, was sie schon hinter sich haben und der ungeheuren Arbeit, die ihr Kind leisten muß. Dann könnten sie nach den besten Wegen suchen, ihm zu helfen. Aus Unwissenheit fangen viele Eltern erst an, ihre Kinder wie Menschen zu behandeln, wenn sie schon im Schulalter sind und manchmal erst, wenn sie von zu Hause weggehen. (Ein Kind wie einen vollwertigen Menschen zu behandeln ist für viele Erwachsene ein ganz neuer Gesichtspunkt!)

Viele der Schwierigkeiten in Familien sind das Ergebnis von Unwissenheit und wenig Einfühlungsvermögen der Eltern, nicht von Absicht. Wir haben uns zu sehr auf Disziplinarmaßnahmen konzentriert und zu wenig auf Verständnis.

Es gibt noch drei andere Gebiete, die die Ausführung eines Familienplanes erschweren. Sie sind nicht so leicht abzusondern, weil sie in dem »Eisberg« unterhalb des wahrnehmbaren Familienablaufs stecken.

Das erste ist die Unwissenheit. Du weißt etwas einfach nicht. Und darüber hinaus weißt du vielleicht nicht, daß du es nicht weißt. So spürst du kein Bedürfnis, etwas herauszufinden.

Das zweite ist deine Kommunikation, die vielleicht nicht effektiv ist, so daß du Botschaften verteilst, von denen du nichts merkst, oder du meinst, Botschaften zu geben, die du gar nicht gibst, so daß all die guten Sachen, die du anzubieten hast, gar nicht ankommen.

Viele Eltern sind erstaunt darüber, was ihre Kinder aus scheinbar harmlosen Feststellungen oder Situationen entnehmen, mit denen sie versucht haben, ihnen etwas beizubringen. Ich kenne zum Beispiel ein Paar, das seinen Kindern

Rassentoleranz beibringen wollte. Sie luden einen kleinen Negerjungen in ihr Haus ein. Nachdem er weggegangen war, fragte die Mutter ihr Kind: »Was hast du über seine Kringellocken gedacht?« Aber so, wie sie es sagte, gab sie eine Botschaft, die seine Verschiedenheit hervorhob, und damit legte sie den ersten Grundstein für einen Abstand zwischen ihrem kleinen Kind und dem kleinen schwarzen Kind. Wenn Eltern mit der Möglichkeit rechnen, daß solche Dinge geschehen können, dann können sie überprüfen, was ihr Kind aufgeschnappt hat.

Dabei werde ich noch an eine andere Geschichte erinnert. Eine junge Mutter klärte ihren sechsjährigen Sohn Alex ziemlich langatmig über die Entstehung des Lebens auf. Einige Tage später fiel ihr auf, daß Alex sie ganz komisch betrachtete. Als sie ihn nach dem Grund fragte, meinte Alex: »Mami, macht es dich nicht schrecklich müde, wenn du auf dem Kopf stehst?« Die Mutter begriff überhaupt nichts. Sie bat ihn um eine Erklärung und er sagte: »Nun weißt du, wenn Papi den Samen reinsteckt.« Die Mutter hatte vergessen, den Prozeß des Geschlechtsverkehrs als schön darzustellen, und so füllte Alex ihn mit seinen eigenen Vorstellungen.

Das dritte Gebiet im Eisberg hat etwas mit Ihren Wertvorstellungen zu tun. Wenn Sie sich über Ihre eigenen Werte im unklaren sind, können Sie Ihr Kind nicht gut irgend etwas Klares lehren. Wie sollen Sie ihm etwas beibringen, was Sie selbst nicht wissen? Und wenn Sie das Gefühl haben, Sie könnten Ihr Problem nicht offen aussprechen, kann aus dieser Situation leicht ein »Tu lieber, was ich sage und nicht, was ich tue« werden, oder ein »Es spielt eigentlich keine Rolle« oder ein »Warum fragst du mich, richte dich nach deinem eigenen Urteil«. Alle diese Antworten können bei Ihrem Kind Gefühle von Ungerechtigkeit oder Schwindelei hinterlassen.

Wie ich schon gesagt habe, die Hauptdaten, mit denen Ihr Erziehungsplan gefüttert wird, stammen aus Ihrer Erfahrung in Ihrer Herkunftsfamilie und anderen Familien, zu denen ein enger Kontakt bestand. Alle die Leute, die Sie mit einem familiären Namen gerufen haben oder bei denen Sie verpflichtet waren, sie wie Eltern zu behandeln, steuern zu Ihren Erfahrungen bei, die Sie auf irgendeine Art bei Ihrem Erziehungsplan verwerten. Einiges davon mag hilfreich für Sie gewesen sein, anderes nicht. Trotzdem, all das wirkt fort.

Jetzt sind wir soweit, daß wir zum nächsten Kapitel übergehen können, in dem ich auf Entstehung und Inhalte der Lebens- und Familienpläne viel genauer eingehen werde.

14. Kapitel

Der Familienplan: Einige wesentliche Bestandteile

Jedes in diese Welt kommende Kind wird tatsächlich in verschiedene Bedingungen, Situationen und Atmosphären hineingeboren, selbst wenn es von demselben Elternpaar ist. Dies nenne ich die *atmosphärischen Einflüsse*. Sie haben mit dem zu tun, was geschieht, wenn das Kind geboren wird, sowie mit den vorherrschenden Einstellungen während seines Heranwachsens. Diese Einflüsse sind hochbedeutsam im Familien- und Erziehungsplan.

Die Erfahrung von Empfängnis, Schwangerschaft und Geburt läßt oft Schatten zurück, die sich auf die Atmosphäre auswirken, von der ein bestimmtes Kind umgeben wird. Wenn die Empfängis für Sie zur falschen Zeit kam oder unter unerwünschten Umständen, mögen Sie sich ärgerlich, hilflos oder frustriert fühlen. Diese Gefühle können je nach den Bedingungen Ihren Plan stören und in andere Richtung lenken. Das Baby kann zum Symbol einer Last werden. Ist die Erfahrung der Schwangerschaft begleitet von einer ausgedehnten Übelkeitsperiode und dauerndem Unbehagen, treten ernste Komplikationen bei Mutter oder Kind oder bei beiden während der Geburt auf, können ähnliche hemmende Wirkungen die Folge sein. Sie könnten unnötige Ängste entwickeln, die Sie daran hindern, normal auf Ihr Baby zu reagieren; auf diese Weise könnte es ein Symbol für Verletzung oder Bedauern werden.

Einige Babies werden zu früh geboren, einige mit fehlenden oder unbrauchbaren Körperteilen und einige mit inneren und intellektuellen Unzulänglichkeiten. Wenn das geschieht, kann das Fehlende oder Unbrauchbare unverhältnismäßig stark betont und in einen zu engen Zusammenhang mit der übrigen Persönlichkeit des Kindes gebracht werden, was wiederum den Plan beeinträchtigen wird. Oft wird das Kind nicht wie eine Person behandelt, sondern wie eine Art Krüppel, was natürlich einen Einfluß darauf hat, wie es reagiert und wie auf es reagiert wird.

Eine beträchtliche Anzahl von Kindern werden von Frauen geboren, deren Männer fort sind und weiterhin für lange Zeit nach der Geburt fortbleiben. Diese Ehemänner können beim Militärdienst sein, im Gefängnis, geschäftlich abwesend oder im Krankenhaus. Das hat von Anfang an einen Einfluß und legt den Grundstein für verzerrte Familienbeziehungen. Wenn der Vater zurückkehrt, hat er zuweilen große Schwierigkeiten, seinen ebenso wichtigen Platz bei seinem Kind einzunehmen, wie ihn seine Frau innehat. Wenn man einem Kind erst im Alter von zwei Jahren begegnet, muß man nicht erwarten, an gleicher Stelle zu sein wie der Erwachsene, der zwei Jahre früher da war.

Wenn der Vater gestorben, verschwunden oder geschieden ist bei der Geburt eines Kindes, kann daraus oft eine übertriebene Beziehung zwischen Mutter und Kind folgen, welche schließlich beiden schadet. Keine dieser Konsequenzen muß folgen, aber man muß aktiv, wachsam und schöpferisch sein, um sie zu vermeiden.

Es gibt andere unangenehme Umstände, die Einfluß darauf haben, wie das Kind in der Welt beginnt, wie zum Beispiel Tod, Krankheit, Arbeitslosigkeit des Verdieners oder ernste Probleme eines Familienmitgliedes. Die Belastung durch diese Art von Problemen bringt häufig mit sich, daß die elterliche Aufmerksamkeit auf etwas anderes gerichtet ist, nicht auf das neugeborene Kind. Das trägt zu Vernachlässigung und Gleichgültigkeit bei — was die Eltern niemals wirklich beabsichtigt hatten.

Zum Beispiel kenne ich eine Frau, die bereits zwei Kinder hatte, im Alter von einundzwanzig und zehn Monaten, als ein drittes Kind sich ankündigte. Sie fragte sich »Wo werde ich genug Arme und Beine hernehmen, um für dieses zu sorgen, nachdem ich schon zwei Babies habe?« Eine Frau in sehr angespannten finanziellen Verhältnissen sagte: »Wie werde ich dieses neue Kind ernähren können? Ich habe doch schon acht!« Oder: »Du lieber Himmel, noch ein Mädchen, und wir haben schon drei Mädchen!« Oder: »Du liebe Zeit, noch ein Junge, wo wir schon fünf haben!« Vielleicht gab es in den letzten fünfzehn Jahren kein Kind, und dann kündigt sich wieder eines an.

Jedes Kind kommt in das Leben seiner Eltern, während zugleich viele andere Dinge geschehen. Machen wir uns nicht vor, daß alle Babies für die Eltern zur besten Zeit auf die Welt kamen. Erwachsene sind nicht immer in der Lage, die Zeit für die Geburt eines Kindes zu bestimmen. Ich habe nie die Statistik untersucht, aber ich glaube nicht, daß allzu viele von uns zur bestmöglichen Zeit gekommen sind. Nebenbei gesagt, macht uns das nicht zu abgelehnten Kindern, selbst wenn viele von uns sich als »unerwünschtes Kind« erweisen, wenn wir so wollen. Das wichtigste ist, daß wir hier sind.

Ein anderer möglicher, atmosphärischer Einfluß ist die Tatsache, daß in der ehelichen Beziehung Störungen auftreten können, wenn das Baby kommt. Es kann sein, daß die Ehe sich nicht als die befriedigende Erfahrung erwiesen hat, die von den Ehepartnern erhofft wurde. Sehr oft führt das zu Schwierigkeiten der Eltern, dem Kind gegenüber sensibel und realistisch zu sein. Ich glaube, es gibt eine direkte Beziehung zwischen ehelicher Harmonie und der erfolgreichen Entwicklung eines Kindes. Wenn die persönliche Lebenssituation von einem Elternteil oder beiden nicht besonders glücklich ist, wird das Selbstwertgefühl der beiden niedrig sein, und es wird schwer sein, den Erziehungs-Plan begeistert und richtig anzuwenden.

Das erste Kind in einer Familie ist von besonderer Bedeutung. Bisherige Lebensumstände werden für das Paar drastisch geändert. Durch dieses erste Kind finden Erwachsene erstmals heraus, was es mit der Elternschaft auf sich hat. Das erste Kind ist immer im Experimentierfeld. Erste Kinder, allein durch die Tatsache, daß sie erste sind und bei Leuten geboren, die das erste Mal Eltern sind, werden anders behandelt als alle folgenden Kinder. In vielfältiger Weise beeinflußt das erste Kind die situativen Umstände für die darauffolgenden Kinder. Es ist wirklich ein Versuchskaninchen, und ich sehe keine Möglichkeit, wie es anders sein könnte.

Ich habe kurz die wichtigen Faktoren beschrieben, die die Atmosphäre beeinträchtigen können, in welcher der Plan durchgeführt wird. Kurz zusammengefaßt, sind die atmosphärischen Einflüsse: die tatsächliche Erfahrung von Empfängnis, Schwangerschaft und Geburt, individuelle Umstände in der Familie, der Zustand des Kindes, die Beziehung des Ehepaares, die Beziehung zu den Großeltern, der Wissensstand der Erwachsenen, ihre Arten der Kommunikation, und ihre Ansichten vom Leben.

Nun möchte ich anführen, was für mich die wesentlichen Lernerfahrungen zu sein scheinen, die für jedes menschliche Wesen zwischen Geburt und Erwachsensein stattfinden müssen. Sie lassen sich vier Hauptkategorien zuordnen, die, wenn sie in das Familienleben übersetzt werden, auf die folgenden Fragen hinauslaufen:

Was lehre ich mein Kind über es selbst?

Was lehre ich es über die anderen?

Was lehre ich es über die Welt?

Und was lehre ich es über Gott?

Könntet Ihr Euch jetzt niedersetzen und aufschreiben, welche grundlegenden Dinge Ihr Euren Kindern gerne geben würdet? Wie lehrt Ihr diese Dinge? Fragt Euch selbst, und fragt Euer Kind, was es gelernt hat, und seht, ob es das ist, was Ihr dachtet, ihm beigebracht zu haben.

Der Prozeß des Lehrens enthält folgendes: eine klare Vorstellung davon, was gelehrt werden soll, ein Bewußtsein davon, daß jeder Elternteil ein Vorbild ist, ein Wissen darüber, wie der andere dran interessiert werden kann, diesem Vorbild zu folgen, und die Kommunikation, es durchzuführen.

In der idealen Familie haben wir Erwachsene, die ihre eigene Einzigartigkeit klar zeigen, die ihre Kraft beweisen, die ihre Sexualität klar zeigen, die ihre Fähigkeit mitzufühlen dartun durch Verständnis, Freundlichkeit und Zuneigung, die ihren gesunden Menschenverstand gebrauchen, die realistisch und verantwortungsvoll sind.

Sagten wir, daß es kein Unglück ist, keine perfekten Eltern zu sein? Es gibt keine perfekten Eltern! Wichtig ist, daß Ihr versucht, euch in diese Richtung zu bewegen, und ehrlich darüber seid, wo ihr euch gerade befindet. Gesteht es euch ein, und lernt dann zusammen. Das Vertrauen eurer Kinder in euch wird eher steigen als nachlassen. Es ist eine unmögliche Sache für einen Menschen, Gott zu spielen. Dennoch bürden sich viele Eltern diese riesige Verantwortung auf.

Ich habe niemals perfekte Familien gekannt, perfekte Kinder oder überhaupt irgendwelche perfekten Menschen noch erwarte ich, jemals welche zu sehen. Ich glaube, es ist eine fruchtlose Suche.

So sind also die Schlüsselwörter *einzigartig, kraftvoll, sexuell, mitfühlend, sensibel, realistisch* und *verantwortungsvoll*. Könnt ihr euch selbst so beschreiben, wie ich es angegeben habe? Versucht ihr gerade, euren Kindern etwas beizubringen, was ihr selbst nicht seid? Falls ihr das tut, mag diese Feststellung schmerzhaft sein, aber benutzt sie als Signal für den Anfang, etwas in eurer Familie zu verändern.

Erinnert euch — wenn ihr als Erwachsene nicht alle diese Qualitäten besitzt, ist es nicht zu spät, sie zu lernen. Nur versucht um Himmels willen nicht, von euren Kindern zu verlangen, daß sie etwas tun, was ihr selbst nicht tun konntet, und sie dann zu kritisieren, weil sie euch auf diese Tatsache hinweisen.

Wenn die Ziele dessen erreicht sind, was ich die wesentlichen Lernerfahrungen genannt habe, folgen meiner Ansicht nach eine ganze Menge anderer Fähigkeiten nach, die wir als Menschen hochschätzen — Ehrlichkeit, Kreativität, Liebe, Interesse, Genußfähigkeit, Leistungsfähigkeit und konstruktives Problemlösungsverhalten. In diesem Rahmen kann die nötige Information, die alle Kinder brauchen im Sinne der obengenannten vier Kategorien, leichter gegeben werden.

Wenn Sie als Erwachsener erst einmal erfaßt haben, daß ein menschliches Wesen in jedem Alter eine *Person* ist, sei es bei der Geburt, mit zwei Wochen, fünfzehn, fünfunddreißig oder achtzig Jahren, wird Ihre Aufgabe, andere zu Menschen heranzubilden, leichter sein. Sie haben mehr mit Ihren Kindern gemeinsam als Sie dachten. Zum Beispiel ist die Enttäuschung, die ein erwachsener Mann verspürt, wenn er eine gewünschte Stellung verliert, nicht schmerzhafter als diejenige eines Vierjährigen, der sein Lieblingsspielzeug verliert. Die Erfahrung von Enttäuschung ist in jedem Alter die gleiche. Das Gefühl eines Kindes, das soeben eine Schimpfpredigt seiner ärgerlichen Mutter über sich ergehen lassen mußte, ist nicht anders als das Gefühl einer Frau, wenn sie eine Schimpfpredigt ihres Mannes über sich ergehen lassen mußte oder umgekehrt.

Es gibt nur sehr wenige Dinge, die ein Kind fühlt, von denen der Erwachsene aus eigener Erfahrung nicht etwas weiß. Kindern scheint das Wissen gut zu tun, daß ihre Welt aus Hoffnung, Furcht, Fehlern, Unvollkommenheit und Erfolgen eine Welt ist, die auch von ihren Eltern verstanden und geteilt wird. Welcher Erwachsene hat nicht bisweilen oder häufig Gefühle von Hoffnung, Angst, Enttäuschung, Entscheidungsunfähigkeit und Fehlern?

Dennoch glauben viele Eltern, daß ihre Autorität untergraben wird, wenn sie diese Gefühle ausdrücken. Wenn Sie danach handeln, werden Ihre Kinder Sie als unecht und verlogen erleben. Wenn Sie diese Haltung bisher eingenommen haben, hoffe ich, daß Sie damit experimentieren werden, wie sie zu ändern ist. Kinder haben viel mehr Vertrauen in Menschlichkeit als in Heiligkeit oder Perfektionismus.

Wenn Sie das überprüfen wollen, fragen Sie Ihre Kinder, was sie über Ihre Gefühle, Hoffnungen und Enttäuschungen wissen. Fragen Sie sie nach ihrem Gefühl, wenn sie mit Ihnen über Fehler sprechen, die Sie machen. Vielleicht könnten Sie es auch umgekehrt versuchen und Ihren Kindern Ihre Gefühle mitteilen über Hoffnungen, Enttäuschungen und Fehler ihrerseits. So kann eine ganze Menge geklärt werden.

Wenn ein Kind erst einmal ein Gefühl von Mißtrauen zu seinen Eltern entwickelt hat, weitet es sich aus in persönliche Isolierung und allgemeine Gefühle von Unsicherheit, Unausgeglichenheit und Rebellion. Wenn Erwachsene ihre eigene Menschlichkeit nicht anerkennen und ausdrücken und die des Kindes nicht anerkennen, ist das sehr beängstigend für das Kind.

Um nun auf die wesentlichen Lernerfahrungen zurückzukommen, so glaube ich, daß es nicht nötig ist zu erklären, was ich mit »sensibel«, »mitfühlend« und »realistisch« meine. Ich gebrauche diese Worte in der gleichen Weise wie Sie. Aber wenn es um *Einzigartigkeit, Macht* und *Sexualität* geht, möchte ich wesentlich detaillierter werden, nicht nur, weil mein Gebrauch dieser Worte anders sein könnte als Ihrer,

sondern auch, weil das Verstehen dieser Begriffe von grund-
legender Wichtigkeit für den Familienplan ist.

Ich glaube, daß *Einzigartigkeit* das Schlüsselwort ist für
Selbstwertgefühl oder vollen »Pott«. Wie ich es in dem Kapitel über Paare besprochen habe, kommen wir zusammen auf
der Grundlage unserer Ähnlichkeiten, aber wir entwickeln
uns weiter auf der Grundlage unserer Unterschiede. Wir
brauchen beides. Ich nenne diese Kombination von Gleichheit und Anderssein in einem Menschen die Einzigartigkeit.

Sehr früh werden Sie und Ihr Kind entdecken, daß es
auf manche Weise anders ist als Sie und andere Menschen
und umgekehrt. Ein häufig vorkommendes Beispiel fällt mir
ein.

Ich kenne zwei Jungen in einer Familie; einer ist vierzehn und der andere ist fünfzehn. Der Fünfzehnjährige interessiert sich für Leichtathletik und bevorzugt es, seine Zeit
damit zu verbringen. Der Vierzehnjährige interessiert sich
mehr für die künstlerische Seite des Lebens und zieht es vor,
seine Zeit dieser Art von Beschäftigungen zu widmen. Diese
Jungen haben dieselbe Hautfarbe, dieselbe Intelligenz, aber
sie haben verschiedene Interessen. Dies ist ein sehr einfaches Beispiel für die Art der Unterschiede, über die ich
spreche. Glücklicherweise haben diese Jungen Eltern, die ihre
Unterschiede respektieren und jedem helfen, sich in seiner
Art zu entfalten.

Genetisch gesehen ist jedes Kind anders, selbst wenn es
von denselben Eltern abstammt. Ich will hiermit sagen, daß
jedes Kind schon vom genetischen Standpunkt aus eine andere Ausstattung mit auf die Welt bringt als jedes andere
Kind. Somit bietet jedes, wenn es sich entfaltet und entwickelt, seinen Eltern eine Gelegenheit zu einem einzig-
artigen Abenteuer.

Es ist ebenfalls interessant, daß Eltern nicht aufhören,
sich zu entfalten, nur weil sie heiraten und Kinder haben.
Ebenso ist jeder Ehemann und jede Ehefrau anders als der
andere. Eine wichtige Lernerfahrung für das Kind wird es
sein, ihm zu helfen, die Unterschiede zwischen seinen Eltern

schätzen zu lernen. Wenn Eltern versuchen, eine Fassade von Gleichartigkeit zu zeigen, gehen sie an dieser sehr wichtigen Chance vorüber. Mama schläft gern morgens lang, und Papa steht gern früh auf, und das ist in Ordnung. Die Menschen müssen nicht gleich sein. Einige Unterschiede machen das Leben etwas komplizierter, aber die meisten können konstruktiv verwendet werden. Wenn Kinder keine Erfahrung damit machen vom Beginn ihres Lebens an, als einzigartig behandelt zu werden, wird es schwierig für sie werden, als ganze Menschen zu reagieren. Sie werden dazu neigen, mehr wie Stereotypen von Menschen zu reagieren, und haben eine Reihe von Übeln körperlicher, gefühlsmäßiger, sozialer und intellektueller Natur zu erwarten. Ich will damit nicht sagen, daß sie verflucht sind, aber sie werden behindert sein, bis sie neue Wege kennenlernen, gesunde Menschen zu werden.

Was werdet ihr eurem Kind beibringen über sein Anderssein? Wie werdet Ihr ihm beibringen, zwischen negativen und positiven Unterschieden zu unterscheiden? Wie werdet Ihr ihm beibringen, zu beurteilen, welche Unterschiede in anderen es ertragen sollte und welche es beeinflussen sollte, um sie zu verändern? Wie könnt Ihr ihm beibringen, daß es andersartige Menschen nicht zerstören muß, noch daß es ähnliche Menschen anbeten muß? Wir haben alle die Neigung, dies zu tun, nicht wahr?

Fremdheit und Andersartigkeit sind beängstigend, aber sie enthalten den Keim für Wachstum. Jedesmal, wenn ich in eine neue oder fremde Situation komme (das ist eine andere Art, Unterschiede zu beschreiben), habe ich Gelegenheit, etwas zu erfahren, was ich vorher nicht wußte. Ich kann nicht erwarten, daß alles angenehm sein wird, aber ich kann nicht anders, als dabei etwas zu lernen.

Ich habe dies schon an früherer Stelle gesagt; es ist wichtig. Mit Anderssein kann man nur dann erfolgreich umgehen, wenn Gleichheit gewürdigt wird. Die Gemeinsamkeiten von Menschen sind gering an der Zahl, sind aber grundlegend und wesentlich, voraussagbar und immer gegenwärtig, wenn auch nicht immer offensichtlich. Jeder Mensch erlebt sein ganzes Leben lang Gefühle, vom Zeitpunkt seiner Geburt an, bis er stirbt. Es kann Zorn, Sorge, Freude, Demütigung, Angst, Hilflosigkeit, Hoffnungslosigkeit und Liebe fühlen.

Dies ist die Grundlage, auf der wir eine fertige Verbindung haben zu allen anderen Menschen, zu jedem Zeitpunkt in unserem oder ihrem Leben.

Kinder fühlen.
Erwachsene fühlen.
Männer fühlen.
Frauen fühlen.
Weiße, schwarze, braune, gelbe und rote Menschen fühlen.
Reiche fühlen.
Arme fühlen.
Katholiken fühlen.
Protestanten fühlen.
Juden fühlen.
Menschen in Machtpositionen fühlen.
Menschen in unterlegenen Positionen fühlen.

Jeder Mensch fühlt. Es mag oft nicht gesehen werden, doch es ist so. Der Glaube daran, daß es so ist, auch wenn Ihr es nicht seht, läßt Euch anders handeln, als Ihr es getan hättet, wenn Ihr nur auf das reagieren würdet, was man sieht. Davon völlig überzeugt zu sein, ist es, was Eltern und Therapeuten erfolgreich macht.

Das Gefühl deiner Einmaligkeit zu entwickeln ist also grundlegend, die Grundlage, um hohen Selbstwert zu entwickeln. Ohne ein Gefühl für unsere eigene Einmaligkeit sind wir alle Sklaven, Roboter, Computer und Despoten — keine Menschen.

Ich denke, jetzt sind wir soweit, um über *Kraft* und *Macht* zu sprechen. *Kraft und Macht sind für jeden Menschen wesentlich.* Um eine mächtige Person zu sein, muß jeder alle seine Kräfte soweit wie möglich entfalten. *Macht,*

so könnte man definieren, heißt »fähig sein ... Fähigkeit zu
handeln ... Fähigkeit zu leisten oder zu produzieren ... Energie, Nachdruck, Stärke ... die Fähigkeit, andere zu kontrollieren ... Autorität ... Einfluß, Stärke, körperliche Kraft, Energie zum Ordnen, Einschränken, Zügeln.«

Körperliche Kraft ist die erste Macht, die entwickelt wird.
Fast jeder begrüßt den Beweis der Lungenkraft des Kindes bei
der Geburt mit Erleichterung. Es ist lebendig. Körperliche
Koordinierung, wie sie beim Drehen, Sitzen, Laufen, Festhalten von Sachen und der Sauberkeitserziehung sichtbar
wird, wird ebenfalls mit Freude begrüßt. Das Kind wächst
wie erwartet. Einfach gesagt, es lernt die Muskeln seines
Körpers zu beherrschen, bis zu dem Punkt, wo sich der Körper den Wünschen des Ich entsprechend verhalten kann. In
vielen Jahren habe ich bemerkt, daß Eltern endlose Geduld
haben, wenn sie ihrem Kind Macht über seinen Körper beibringen, und daß sie sich beim Wahrnehmen jeder neuen,
erfolgreichen Anstrengung freuen. Ich glaube, dies ist auch
ein geeigneter Weg, um die anderen Bereiche von Macht
und Stärke zu lehren — Geduld zu üben und jeden Ausdruck
neugefundener Fähigkeit des Kindes mit Freude und Zu-
stimmung zu beantworten. Körperliche Macht ist nur eine
Art — es gibt noch andere persönliche Stärken zu entwickeln,

nämlich intellektuelle, emotionale, soziale, materielle und geistige Macht.

Ein Mensch zeigt seine intellektuelle Macht (Denken) beim Lernen, sich Konzentrieren, Problemlösen und Neuerungen Einführen. Das ist schwerer zu lehren, kann aber mit derselben Art von Freude begrüßt werden, die ein Elternteil ausdrückt, wenn sein Kind den ersten Schritt wagt. Er kann strahlen: »Ich habe ein gescheites Kind!«

Die emotionale Macht eines Menschen zeigt sich in seiner Freiheit, alle seine Gefühle offen zu fühlen, sie klar auszudrücken und sie in konstruktive Handlungen zu lenken. Oftmals ist dies die Fähigkeit, die am schwierigsten zu lehren ist.

Seine materielle Macht zeigt der Mensch an der Art, wie er seine Umgebung nutzbar macht für seine eigenen Bedürfnisse, während er gleichzeitig die Bedürfnisse von anderen berücksichtigt. Leider ist dies nur zu oft beschränkt auf die Fähigkeit zu arbeiten.

Ein Mensch zeigt seine soziale Macht durch die Art, wie er mit anderen Leuten in Kontakt kommt, wie er mit ihnen teilen kann und sich mit ihnen zusammentut, um gemeinsame Ziele zu erreichen, ebenso wie er beides kann, führen und folgen. Nur zu oft kann dies ein trockenes, häufig wiederholtes Rezept werden.

Geistige Macht kann sichtbar werden in der Ehrfurcht eines Menschen vor dem Leben — seinem eigenen und dem aller anderen, einschließlich Tiere und Natur, mit der Anerkennung einer universellen Lebenskraft, an die sich viele als Gott wenden.

Viele Menschen begrenzen diesen Teil ihres Lebens auf so etwas wie eine Stunde am Sonntag. Ich glaube, die meisten von uns wissen, daß alle Menschen eine geistige, spirituelle Seite haben; eine Seite, die mit ihrer Seele zu tun hat, welche gewürdigt werden muß. Gerade jetzt haben wir erhebliche Schwierigkeiten mit Beziehungen zwischen Menschen verschiedener Rassen, verschiedener ökonomischer Gruppen und verschiedener Generationen. Viel von dem könnte gelöst werden, wenn unsere spirituellen Kräfte weiterentwickelt wären und wir sie einsetzen könnten.

Um dem Leben frei und offen zu begegnen, glaube ich, daß wir unsere Stärke auf allen diesen Gebieten entwickeln müssen, denn diese Art von Macht gibt uns, was wir brauchen, um dem Leben gewachsen zu sein.

Ich werde jetzt Eigenschaftswörter aus den Worten machen, die wir gebraucht haben, um Macht zu definieren: machtvoll, kraftvoll, stark, einflußreich, energisch, kontrollierend, regulierend, einschränkend und zügelnd. Dies sind die wichtigsten Seiten von Kraft. Gewalt ist der destruktive Gebrauch von Macht. Wenige Menschen würden gegen die ersten fünf Eigenschaften etwas einwenden, aber die letzten vier Worte könnten verwirrende oder negative Botschaften ausdrücken. Das sind die Worte, die mit Kontrolle zusammenhängen, welche von den meisten Leuten mit Autorität in Verbindung gebracht werden.

Kontrolle, Verantwortung und *Entscheidungsfähigkeit* hängen mit Macht und Kraft zusammen.

Die Fragen, wieviel Kontrolle ich über mich selbst habe, über dich, über die Situation, in der ich bin, und wie ich diese Kontrolle gebrauche, kommen immer wieder zur Sprache.

Wenn ich nun verstehen will, wie Handlung stattfindet zwischen zwei Menschen zu einem bestimmten Zeitpunkt, gibt es drei Bereiche zu beachten.

Der erste Bereich ist das Selbstwert-Niveau jedes Menschen (wie fühle ich über mich selbst zu diesem Zeitpunkt). Der zweite Bereich ist die Reaktion der Person auf den anderen Menschen (wie sehe ich aus und höre ich mich an und was sage ich), und der dritte ist das Wissen eines Menschen über die Hilfsquellen, die ihm zugänglich sind zu einem bestimmten Zeitpunkt (wo bin ich, welche Zeit und welcher Ort ist dies, wie ist die Situation, in der ich mich befinde, welche Gegenstände und Materialien kann ich hier gebrauchen, wer ist hier, was möchte ich, das geschehen soll, und welche Möglichkeiten gibt es in dieser Realität).

Zusammengenommen ergibt sich folgendes:
Der »Pott-Zustand« von Person A und von Person B.
Die Reaktion von A auf B und von B auf A.
A's Bild von den Möglichkeiten, die es gibt.
B's Bild von den Möglichkeiten, die es gibt.

Es ist ein guter Gedanke, die Dinge zu trennen, die du unter Kontrolle hast, von jenen, auf die du nur Einfluß hast. Ich habe die *Kontrolle* über die *Wahl*, ob ich handeln will oder nicht, und über die Art der Handlung. Dafür kann ich mich *verantwortlich* fühlen, mir selbst gegenüber ebenso wie anderen. Ich kann nicht verantwortlich sein für das, was man mir entgegenbringt; nur für meine Reaktion darauf. Ich kann mich nicht verantwortlich fühlen für den Regen, der fällt, während ich gehe; ich bin nur dafür verantwortlich, wie ich darauf reagiere.

Ich kann mich nicht verantwortlich fühlen für deine Tränen. Ich kann nur dafür verantwortlich sein, wie ich auf sie reagiere. Die Art, wie ich reagiere, wird deine Erfahrung des Weinens beeinflussen, aber nicht darüber entscheiden. Du mußt das selbst tun. Es mag sein, daß ich einen machtvollen Einfluß ausgeübt habe, auf den du gefühlt hast, mit Weinen reagieren zu müssen. Jeder von uns, so denke ich, trägt die Verantwortung, sich bewußt zu sein, welches Verhalten er zeigt, mit dem der andere sich auseinandersetzen muß. Wenn ich achtundzwanzig bin und deine Mutter, und du bist drei, werden meine Reaktionen auf dich zweifellos einen stärkeren Einfluß auf dich haben, als wenn du auch achtundzwanzig wärest und ein Berufskollege. Einige Situationen und einige Reaktionen haben einen größeren Einfluß als andere, und ich sollte auch darüber Bescheid wissen.

Ich glaube, es liegt ziemlich im Dunkel, was Verantwortung eigentlich ist und wie sie ausgeübt werden kann. Ich würde euch gerne mitteilen, wo ich stehe in meiner Erfahrung mit Verantwortung.

Als erstes nenne ich ganz klar mein eigen, was aus mir herauskommt — meine Worte, Gedanken, Körperbewegungen und meine Taten. Ich mag von dir beeinflußt worden sein, aber *ich* habe die Entscheidung getroffen, auf diesen Einfluß hin zu handeln, so daß dieser Teil ganz *meine Sache* ist. Dasselbe gilt für dich.

Was immer aus dir herauskommt, ist deine Sache und stellt *deine* Entscheidung dar, die Einflüsse um dich herum zu verwerten. Ich werde verantwortlich, wenn ich dies voll anerkenne. Ich kann dich dazu gebrauchen, mich zu beeinflussen, aber *nur ich* kann entscheiden, ob ich auf diesen Einfluß reagiere. Es gibt drei Ausnahmen dazu: wenn ein Mensch bewußtlos ist, wenn er ernsthaft körperlich krank ist und wenn er ein Kind ist.

Wenn wir nicht wissen, daß wir wählen können, wie das, was uns beeinflußt, zu verwenden, dann fühlen wir uns leicht unsicher und schaffen Beziehungen mit anderen, die anklagend und unbefriedigend sind, und die uns hilflos und noch unsicherer zurücklassen.

Ich möchte an dieser Stelle betonen, daß ein objektives Stück Wirklichkeit nicht unbedingt verändert werden kann durch unsere Wahlmöglichkeit. Wir wollen die objektive Realität von Blindheit betrachten. Wenn deine Augen nicht sehen, so sehen sie nicht — punktum. So lange wie du damit beschäftigt bist, der Welt deine Blindheit vorzuwerfen, wirst du deine Energien damit verschwenden, die Welt zu hassen und dich selbst zu bemitleiden, und folglich als ein Mensch verkümmern. Solange du dies tust, übernimmst du natürlich keine Verantwortung dafür, anzuerkennen, was *ist*. In dem Augenblick, wo du dies tust, kannst du deine Energien gebrauchen, um selbst schöpferisch zu sein und zu wachsen.

Hier ist das gleiche Thema, an einem anderen Beispiel dargestellt. Ein Ehemann schimpft seine Frau um 17.30 Uhr an: »Du verdammtes Weib«, schreit er. Ob er es sollte oder wollte, oder selbst ob er wußte, was er sagte, ist unwichtig gegenüber der Tatsache, daß dies es ist, womit die Frau zu diesem Zeitpunkt umgehen muß. Sie hat Wahlmöglichkeiten, ob sie es weiß oder nicht. Es mag kaum angenehmer sein als Blindheit, aber sie *hat wirklich* die Möglichkeit, aus verschiedenen Reaktionen eine zu wählen.

Können Sie sich an die ihr offenstehenden Möglichkeiten aus dem Kapitel über Kommunikation erinnern?

»Es tut mir leid, Du hast recht.« (Beschwichtigen)

»Hör auf, mich zu beschimpfen, Du Idiot!« (Anklagen)

»Ich vermute, in der Ehe muß man mit solchen Zeiten rechnen.« (Rationalisieren)

»Dr. Schmidt rief an und erwartet gleich Deinen Rückruf.« (Ablenken)

»Du wirkst ganz erschöpft«. Oder:

»Ich fühlte mich verletzt, als du das sagtest.«

Beide Antworten wären angemessen; im ersten Beispiel auf seinen Schmerz eingehend, im zweiten auf ihren eigenen.

Jede dieser Reaktionen kann die Reaktion ihres Ehemannes beeinflussen. Weil sie verschieden sind, können verschiedene Konsequenzen folgen; aber was sie sagte, muß nicht festlegen, wie er sich entscheidet zu reagieren.

In Familien ist es leider meist so, daß Kontrolle und Autorität in erster Linie von den Eltern beansprucht werden. »Ich (Elternteil) kontrolliere dich (mein Kind).« Auf diese Art erwirbt das Kind keine Wertschätzung für den positiven Gebrauch von Macht und kann in schlimme Folgeschwierigkeiten hineingeraten. Zwei Wörter, die einen Unterschied ausmachen: Spricht der Elternteil als ein *Leitender* oder als *Chef*? Wenn er als ein Leitender spricht, sind die Aussichten gut, daß er Kontrolle als ein Werkzeug zum Lernen gebraucht, und seine Fähigkeit, Stärke zu lehren, wächst. Du kennst meine Gefühle für »Chefs« von einem vorangehenden Kapitel. Wir wollen hier nur festhalten, daß ein Kind, welches beherrscht wird, kaum lernen kann, seine Macht konstruktiv zu entwickeln. Das Hauptergebnis wird sein, daß sein Selbstwert sinkt, und ein weiteres Beispiel der Kluft zwischen den Generationen wird entstehen.

Das Entwickeln von materieller Macht scheint die Eltern nicht allzusehr zu beängstigen. Wenn ein Kind zeigt, was es kann, so sind seine Eltern fast immer erfreut. Aber es gibt Fallen, die ich schon früher angedeutet habe.

Was werdet Ihr Eurem Kind beibringen, damit es seine

Kräfte gebrauchen kann, um produktiv, tüchtig und schöpferisch zu werden? Die meisten von uns merken, daß wir uns freuen, wenn wir lernen, wie etwas getan werden kann. Dennoch ist für viele Leute etwas schaffen und tüchtig sein nur mit der Arbeit verbunden, mit dem Verdienen des Lebensunterhalts. Dies bedeutet nur zu oft Verneinung von Vergnügen. Als Ergebnis leidet unsere Tüchtigkeit ebenso wie unser Selbstwert, und ganz gewiß unsere Lebensfreude. Solch ein Gefühl kann auch ernsthaft unsere Initiative hemmen, neue Dinge auszuprobieren und schöpferisch zu sein.

Was jedoch wirklich die Eltern beängstigt, ist die Entwicklung von emotionaler Macht — die grundlegenden Emotionen von Einsamkeit, Schmerz, Liebe, Freude, Zorn, Angst, Furcht, Frustration, Demütigung und Scham. »Sei nicht so zornig«. »Wie kannst du sie lieben; sie ist katholisch, jüdisch, schwarz oder weiß.« »Große Buben haben keine Angst.« »Nur Babies jammern.« »Hättest du getan, was dir gesagt wurde, so wärest du nicht allein.« »Du solltest dich schämen!« »Trage dein Herz nicht auf der Zunge.« »Verliere nicht die Beherrschung«, und so weiter. Diese typischen Bemerkungen habe ich oft gehört und sie zeigen, welche Art von emotionaler Erziehung in vielen Familien erfolgt.

Leider haben nur wenige Eltern ihre eigene emotionale Macht genügend entwickelt, so daß sie sie bei ihren Kindern tolerieren oder entwickeln können. Tatsächlich scheint dies so beängstigend zu sein, daß es aktiv unterdrückt wird. Viel von dieser Angst beruht auf Unwissenheit.

Ich selbst glaube, wenn Eltern mehr darüber wüßten, wie sie ihre eigene emotionale Stärke konstruktiver gebrauchen könnten, würden sie mehr Bereitschaft zeigen, für ihre Kinder Entwicklungsmöglichkeiten zu suchen. Was sie bisher gelesen haben, brachte hoffentlich für Sie mehr Klarheit zu diesem Thema.

Dies führt uns zu den wesentlichen Lernerfahrungen über Sexualität. Die Familie lehrt Männlich-Sein und Weiblich-Sein — *Sexualität* im weitesten Sinn.

Babies können bei der Geburt klar unterschieden werden in zwei Geschlechter, einfach durch den Unterschied ihrer Genitalien. Aber dies sagt nichts darüber aus, mit welchem Gefühl über sein Geschlecht ein jedes aufwächst oder ob es herausfinden wird, wie es mit dem, was man mit dem anderen Geschlecht gemeinsam hat, leben kann. Männer und Frauen sind verschieden — niemand wird darüber streiten. Aber *wie* verschieden? Viel hängt davon ab, welche Antworten ein Elternteil dem Kind auf diese Frage gibt, und wie er dabei erlebt wird. Dies wird sich auf die Art auswirken, wie er später versucht, die Sexualität seiner Kinder aufzubauen, und wird ein wichtiger Teil seines Familien-Plans werden.

Jedes Elternteil stellt ein Geschlecht dar, und das Kind hat so Gelegenheit, ein Modell dafür zu haben, was es werden kann.

Wußten Sie, daß beide, Mann und Frau, notwendig sind, um die sexuelle Identifikation jedes einzelnen Kindes zu entwickeln? Daraus können wir ersehen, daß jedes Geschlecht Aspekte von beiden Geschlechtern enthält. Jeder Mann hat einige weibliche Anlagen, und jede Frau einige männliche. Ich bin überzeugt, daß die einzigen wirklichen Unterschiede zwischen Männern und Frauen körperlicher und sexueller Art sind. Alle anderen angenommenen Unterschiede sind von der Kultur auferlegt und variieren von Kultur zu Kultur. Jedermann, der von Anthropologie etwas versteht, weiß von dieser Tatsache.

Keine Frau kann sagen, wie man sich als Mann fühlt, und kein Mann kann sagen, wie man sich als Frau fühlt. Dies wird dir sofort offensichtlich, wenn du gewahr wirst, daß keine Frau weiß, wie es ist, einen Penis zu haben und zu gebrauchen, oder Haar im Gesicht wachsen zu haben. Ebenso weiß kein Mann, wie es ist zu menstruieren, schwanger zu sein und zu gebären. Im normalen Lauf des Lebens der meisten Menschen findet eine Verbindung mit dem anderen Geschlecht statt, so daß dies wichtige Informationen sind, die man einander mitteilen kann. Jeder muß dem anderen mitteilen, wie es ist, sein Geschlecht zu haben. Der Vater zeigt dem kleinen Jungen, was es bedeutet, ein Mann zu sein, und wie ein Mann eine Frau ansieht. Ebenso ist es mit der Mutter und ihrem kleinen Mädchen. Aus dieser Erfahrung entwickelt das Kind ein Bild darüber, was ein Mann ist und was eine Frau ist, und wie die beiden sich aufeinander beziehen. Es ist klar ersichtlich, wo Verwirrung einsetzen kann, wenn (1) die Eltern dies nicht verstehen, oder (2) sie sich selbst nicht als geschlechtliche Menschen wertschätzen, oder (3) wenn sie nicht sehen, daß jedes Geschlecht verschieden, aber gleichwertig ist.

Wenn Vater und Mutter eines Kindes nicht gesunde Wege finden, sich an ihren Unterschieden zu erfreuen — das heißt, daß jeder sich am anderen erfreut und die Andersheit des anderen zu schätzen weiß, einschließlich ihrer Körper — wird das Kind eine unklare Vorstellung darüber entwickeln, wie es sich selbst als Mann schätzen kann und wie es eine Frau wertschätzen und erfreulich finden kann. Beide Eltern sind nötig, um dies zu ermöglichen.

Es ist ziemlich traurig, daß viele Väter und Mütter, als Ehemänner und Ehefrauen, dies nicht für sich selbst erreicht haben. Wie können sie es also ihren Kindern beibringen oder gar darüber sprechen? Des weiteren, wie in dem Kapitel über Regeln besprochen, sind die sexuellen Organe während so vieler Jahre als schmutzig und beschämend angesehen worden, daß daraus ein zusätzliches Hindernis entstand, offen umzugehen mit der ganzen männlich-weiblichen Frage. Man kann nicht wirklich frei über Männlichkeit und Weiblichkeit sprechen, ohne das Gespräch über die Genitalien einzuschließen.

Um sexuelle Identifikation zu ermöglichen, muß man ein Wissen über die Pflege, Erhaltung und Tätigkeit der Fortpflanzungsorgane eines Menschen erwerben und ihre Beziehung zum Leben jedes Menschen verstehen. Fast jeden Tag hören wir Geschichten von menschlicher Qual und Leid bei Erwachsenen, wegen ungenügendem, verzerrtem oder nicht vorhandenem Erfahrungswissen über das geschlechtliche Leben. Ihr werdet euch erinnern, daß ich feststellte, als ich über Regeln sprach, daß die Mehrzahl der sexuellen Verführungen zurückgeführt werden kann auf die einfach schlechte Wissensvermittlung, die in der Kindheit über Sexualität stattfindet. Wie viele Erwachsene haben Kindheitserfahrungen gemacht mit Masturbieren, heimlich Beobachten und sexuellen Experimenten, für die sie schwer bestraft wurden und von denen sie immer noch Narben tragen?

Ich bin wiederholt auf Fälle von jungen Mädchen gestoßen, die unvorbereitet waren auf die Menstruation und glaubten, sich ernstlich verletzt zu haben oder für etwas bestraft zu werden. Gleichermaßen heranwachsende Jungen, die Erektionen bekamen oder nächtliche Ergüsse hatten und insgeheim große Ängste ausstanden, daß etwas Böses mit ihnen geschehe, oder sie böse wären. Wir können unseren jungen Leuten diese Art von unnötigem Schmerz ersparen.

Das heranwachsende Kind lernt in der Familie viel über sich selbst als sexuelles Wesen, durch die Art, wie die Eltern einander behandeln und wie offen und ehrlich sie umgehen können mit männlicher und weiblicher Sexualität.

Wenn Sie, als eine Frau, den Körper Ihres Ehemannes nicht schätzenswert, erfreulich und lustvoll finden können, wie können Sie dann Ihrer Tochter beibringen, Männer zu schätzen? Dasselbe gilt für den Vater. Auf irgendeine Weise muß dieser Schleier von Heimlichkeit von dem ganzen sexuellen Thema gehoben werden, so daß Erwachsene vollständigere Persönlichkeiten sind.

Es gibt noch eine andere Art von Lernen, die stattfinden muß. Das ist, auf welche Weise Männer und Frauen zusammenpassen, wie sie ihre getrennten Persönlichkeiten zu einer neuen Art von Verbindung bringen — sexuell, sozial, intellektuell und emotional. In der Vergangenheit war es sehr leicht, Männer und Frauen gegeneinander zu stellen — der alte »Krieg der Geschlechter«. Dies ist unnötig und unbequem. Viele Familien trainieren Frauen, die den Männern dienen. Es wird dem Mädchen gesagt, es sei auf diese Welt gekommen, um dem Mann zu dienen. Wieder andere Familien lehren, daß Männer immer die Diener der Frauen sein müssen — sie müssen sie beschützen, für sie sorgen, für sie denken und fühlen und ihnen niemals Kummer verursachen. Manchen Kindern wird beigebracht, daß Männer und Frauen in jeder Hinsicht gleich sind, und die Tatsache von Unterschieden wird verleugnet. Wieder anderen wird beigebracht, daß sie zwar sexuell verschieden sind, aber auch Dinge gemeinsam haben, und daß sie zusammenpassen können. Um einen eher einfachen Vergleich zu nehmen, wenn ein Klempner Rohrverbindungen macht, muß ein Teil kleiner als der andere sein. Kein Klempner hat jemals seine Zeit damit verschwendet, daß er sich fragte, ob ein Teil besser als das andere ist. Er braucht sie beide, um sie gut einzupassen, damit befördert werden kann, was befördert werden muß. Ebenso ist es mit Männern und Frauen. Kann es ein Fließen zwischen beiden geben als Ergebnis ihres Kontaktes, ohne den ständigen Streit, wer obenauf ist?

Ich möchte gerne ein paar Bemerkungen über Geschlechter-Stereotypen machen, die das Verhältnis Mann—Frau in Familien stark beeinflussen. Von der Frau wird erwartet, weich, nachgiebig und zart zu sein, aber niemals hart und aggressiv. Vom Mann erwartet man, hart und aggressiv zu sein, aber niemals nachgiebig und zart. Ich glaube, Zärtlichkeit und Härte sind Eigenschaften, die jeder braucht. Dennoch werden diese Stereotypen in vielen Familien gelehrt. Wie kann ein Mann eingehen auf die Zärtlichkeit der Frau, wenn er sie selbst nicht entwickelt hat? Wie kann eine Frau sich auf seine Härte beziehen, wenn sie keine Erfahrung damit hatte? Mit diesen Stereotypen als Modellen ist es leicht für Männer, Frauen als schwach anzusehen, und für Frauen, die Männer anzusehen, als ob sie grausam und roh seien. Wie können sie auf dieser Basis zusammenkommen?

Ich habe bemerkt, daß Männer kürzer leben als Frauen, was nach meiner Meinung weitgehend der Tatsache zuzuschreiben ist, daß sie ihre weichen Gefühle unterdrücken. Man erwartet von einem Mann, daß er niemals weint oder verletzt ist. Er muß gefühllos werden, und wenn er Regeln gegen das Wütendsein hat, dann kann er seine aggressiven Gefühle nicht äußern. Wenn er dann diese Gefühle unterdrücken muß, gehen sie in den Untergrund und zerstören seinen Körper, und er bekommt schließlich hohen Blutdruck und Herzanfälle. Ich selbst war Zeuge von dramatischen Veränderungen bei wenigstens tausend Männern, die fähig waren, mit weichen Gefühlen in Kontakt zu kommen. Fast alle von ihnen hatten gesagt, daß sie vor ihrer Wut vorher Angst gehabt hatten, aber als sie ihre weichen Gefühle würdigen konnten, wurden ihre aggressiven Gefühle statt dessen in den Aufbau von Energie gelenkt.

Ähnlich ist es, wenn Frauen glauben, nur weiche Gefühle zeigen zu können. Sie fühlen sich so dauernd in Gefahr, zertrampelt zu werden. Also beschaffen sie sich Männer als Beschützer und fühlen sich wie in der Zwangsjacke. Um nur irgendeine Art Wertgefühl zu bekommen, verwandeln sie sich in Ränkeschmiede.

Wenn Menschen von weichen Gefühlen entfremdet sind, können sie gefährliche Roboter werden. Wenn sie von ihren harten Gefühlen entfremdet sind, werden sie Parasiten. Die Familie ist der Ort, wo alles dies verändert werden kann.

Wir haben viel über das Lehren gesprochen, jedoch laßt mich hier und jetzt sagen, daß es nicht möglich ist, einem Kind beizubringen, was es in jeder denkbaren Sitaution, in die es kommen kann, zu tun hat. Es gibt zu viele Situationen, und jede ist anders. Deshalb müssen die Eltern Wege lehren, an die Dinge heranzugehen; was Fragen einschließt wie: welchen Weg benutzt du hier? Welchen Weg dort? Mit anderen Worten — die Eltern müssen Urteilsvermögen lehren.

Ich bringe zwei Beispiele, die diesen Punkt verdeutlichen.

Epaminondas war ein kleiner Junge von fünf, der in einem weit entfernten Dorf lebte. Eines Tages brauchte seine Mutter etwas Butter. Sie entschloß sich, Epaminondas deshalb zum Laden zu schicken. Epaminondas war sehr froh, etwas für seine Mutter zu tun, weil er sie sehr liebte und er wußte, daß sie ihn liebte. Die Abschiedsworte seiner Mutter waren: »Gib acht, wie du die Butter zurückbringst.«

Epaminondas hüpfte fröhlich zu dem Laden, ein Liedchen vor sich hin singend. Nachdem er die Butter gekauft hatte, erinnerte er sich an die Worte seiner Mutter. Er wollte gern sehr vorsichtig sein. Er hatte noch nie vorher Butter heimgetragen. Er dachte und dachte, und entschied schließlich, sie auf seinen Kopf zu tun unter seinen Hut. Die Sonne war sehr warm. Bis er nach Hause kam, war die Butter geschmolzen und lief sein Gesicht herunter. Seine Mutter rief mißbilligend: »Epaminondas, du gebrauchst nicht den Verstand, mit dem du geboren wurdest! Du hättest die Butter sorgfältig kühlen sollen im fließenden Bach, sie in einen Beutel tun und damit heimrennen.« Epaminondas war sehr traurig. Er hatte seine Mutter enttäuscht.

Am nächsten Tag schickte ihn seine Mutter zum Laden, um einen kleinen Hund zu holen. Epaminondos war sehr glücklich. Er wußte genau, was zu tun war. Sehr sorgfältig und vorsichtig kühlte er das Hündchen im Bach, und als es kalt und steif war, tat er es in eine Tasche. Seine Mutter war entsetzt. In viel schärferem Ton sagte sie: »Du gebrauchst nicht den Verstand, mit dem du geboren wurdest. Du hättest eine Schnur um seinen Hals binden sollen und ihn heimführen!« Epaminondas war sehr, sehr traurig und verwirrt. Er liebte seine Mutter sehr, und sie liebte ihn, aber diese schrecklichen Ereignisse passierten. Jetzt wußte er genau, was zu tun war.

Am nächsten Tag beschloß seine Mutter, ihm noch eine Chance zu geben. Dieses Mal schickte sie ihn, einen Laib Brot zu holen. Epaminondas band fröhlich eine Schnur um den Brotlaib herum und zog ihn durch den Staub heim. Seine Mutter schaute ihn nur streng an und sagte nichts.

Am nächsten Tage sagte sie, sie würde selbst zu dem Laden gehen. Sie hatte gerade einen Kirschkuchen gebacken. Bevor sie ging, sagte sie: »Gib acht, wie du um diesen Kuchen herumgehst.« Epaminondas war sehr, sehr vorsichtig. Er setzte seinen Fuß geradewegs mitten auf den Kuchen!

Diese Geschichte beleuchtet das traurige Dilemma, das häufig zwischen Eltern und Kindern stattfindet. Das Urteilsvermögen ist sehr trickreich. Urteilsvermögen ist die Fähigkeit, auszuwählen, »was wann zu tun ist.« Es gibt kein Rezept, das für alle Situationen anwendbar ist.

Ich erinnere mich an ein ähnlich tragisches Ereignis, welches ein junges Elternpaar betrifft, Bill und Harriet, und ihre vierjährige Tochter Alyce. Harriet war abwechselnd wütend und erschrocken, als sie mir erzählte, wie Alyce einen gemeinsamen Freund aus der Studentenzeit der Eltern, der zu Besuch gekommen war, bösartig angegriffen hatte. Sie hatte Alyce bereits heftig geschlagen, aus ihrer eigenen Verwirrung. Obwohl Alyce sich niemals vorher so bösartig verhalten hatte, war es so dramatisch gewesen, daß Harriet befürchtete, dies könne beginnende kriminelle Tendenzen anzeigen oder gar eine Psychose. Sie erinnerte sich, daß ihr Großonkel eine Art Krimineller gewesen war. Nachdem die dazugehörigen Fakten erfragt worden waren, entstand das folgende Bild.

Um den Besuch des Freundes, Ted, vorzubereiten, hatten

ihm die Eltern ein kürzlich aufgenommenes Bild von Alyce
geschickt, aber sie hatten irgendwie versäumt, dasselbe für
Alyce zu tun, indem sie sie mit Ted über ein Bild bekannt
machten. Als Ted ankam, spielte Alyce auf dem Rasen. Er
kannte sie, aber sie kannte ihn nicht. Er näherte sich ihr in
einer ziemlich derben Art und versuchte, sie hochzuheben,
worauf Alyce mit Treten, Schreien und Beißen reagierte. Harriet und Bill waren sehr peinlich berührt über dieses Benehmen, und Ted war ärgerlich und gekränkt.

Als ich darauf hinweis, daß Ted Alyce kannte, aber
Alyce Ted nicht kannte, begann es zu dämmern. Die end-
gültige Erleuchtung kam, als ich fragte, was Harriet und Bill
ihrer Tochter beigebracht hatten, um auf fremde Männer zu
reagieren. In der Nachbarschaft waren einige Kinder belästigt
worden, und die Eltern hatten mit viel Aufwand Alyce klargemacht, daß, wenn ein fremder Mann sie zu berühren versuchte, sie mit all ihrer Kraft kämpfen sollte. Bill hatte sogar

mit ihr geübt. Bill kam etwa bis zur Hälfte seines Berichtes, hielt an, und prallte vor seinen eigenen Worten zurück mit Beschämung und einem fürchterlichen Gefühl tief im Magen. Alyce hatte genau das getan, was man von ihr gefordert hatte. Ich erschauere bei dem Gedanken, wie viele Male diese Art von Ereignis passieren mag und niemals richtiggestellt wird. Für Harriet und Bill war Ted ein Freund; für Alyce war er der fremde Mann, der sie zu berühren versuchte.

Nunmehr würde ich mich gerne einem Teil des Plans zuwenden, der ein wesentlicher Teil des Lebens ist, über den jedoch selten gesprochen wird: den Tod. Einige Lehren über den Tod sind völlig lächerlich. Nimm diese Medizin oder jenes Parfüm — denke auf diese Art und nicht auf die andere, und vielleicht kannst du selbst den Tod betrügen. Unmöglich!

Ich weiß, es ist für die meisten von uns ein schweres Thema, um überhaupt darüber zu reden, erst recht um frei und offen darüber zu reden. Dennoch scheint mir, daß das Leben ohne Sinn ist, wenn wir den Tod nicht als einen natürlichen, unvermeidbaren und wesentlichen Teil des Lebens ansehen. Der Tod ist keine Krankheit oder etwas, das nur schlechten Menschen passiert. Er geschieht mit jedem von uns.

Ich denke, es würde ein gutes Ziel sein, den *verfrühten* Tod zu verhindern, nicht den Tod selbst, und dies ist möglich durch bessere medizinische Versorgung, Sicherheit, bessere Umweltbedingungen und bessere Beziehungen zwischen den Menschen. Ich persönlich glaube, daß das Leben außerordentlich kostbar ist, und ich würde gerne produktiv lebendig bleiben, solange ich kann. Ich würde gern dabei helfen, dies auch für andere Menschen zu ermöglichen, und ich glaube, die Familie ist ein guter Ort, um zu beginnen.

Was sagen Ihre Regeln über den Tod? Wenn Sie einen Menschen geschätzt haben, und er stirbt, erleiden Sie einen Verlust und trauern. Für mich gibt es noch etwas anderes. Wenn der Mensch zu früh starb, fühle ich eine starke Empfindung der Hilflosigkeit, denn ein Teil von mir spürt, daß es hätte vermeidbar sein könen, wenn ... Für gewöhnlich gibt es tausend *Wenn.*

Es gibt wirkliche Unfälle, gewiß, aber ich habe das Gefühl, daß viele verfrühte Todesfälle vermieden werden könnten, wenn der Mensch sich selbst wirklich wertvoll fühlen könnte.

Nehmt ihr wahr, wieviel Heimlichkeit um den Tod gemacht wird? Ich kenne Erwachsene, die noch immer versuchen, die Tatsache des Todes vor ihren Kindern zu verstecken. Sie hindern sie daran, zu den Beerdigungen ihrer Großeltern zu gehen. Dann erledigen sie das Problem, indem sie den Tod abtun mit einer Bemerkung wie: »Oma kam in den Himmel«, und niemals wieder darüber sprechen. Ich stelle fest, daß viele Erwachsene denken, sie tun ihren Kindern einen Gefallen, indem sie sie auf diese Art »beschützen«; aber ich glaube, sie fügen ihnen wirklichen Schaden zu. Kinder, die nicht Gewißheit haben über den Tod ihrer Eltern und denen nicht geholfen wird, über den Tod zu trauern und ihn in ihr Leben zu integrieren, können schwere Blokkaden entwickeln.

Ich könnte dieses ganze Buch füllen mit Geschichten von Erwachsenen, die niemals den Tod ihrer Eltern wirklich in ihr Leben integriert haben, besonders wenn die Eltern starben, als sie noch Kinder waren. Diese Menschen haben ihr Leben lang seelisch gelitten, bis sie selbst starben.

Im übrigen, es sterben *Menschen,* nicht Heilige oder Teufel. Allzuoft benutzen die zurückgebliebenen Erwachsenen die Erfahrung des Todes, um den Verstorbenen zu einer Art von Heiligenstatus zu erheben, wodurch des Kindes Sicht über ihn als Mensch völlig verzerrt wird.

Ich weiß von einem Jungen, Jim, der zehn war, als sein Vater starb. Jedes Mal, wenn Jim eine negative Erfahrung mit seinem Vater erwähnte, machte seine Mutter ihm ernste Vorhaltungen, weil er »schlecht von den Toten« gesprochen hatte. Dies führte späterhin dazu, daß Jim alle Erinnerungen an seinen Vater aussperrte. Dann entwickelte er ein heiliges

Bild von ihm, zu dem er weder eine Beziehung haben konnte noch es als ein Modell benutzen konnte. Jim entwickelte einige schwere psychische Symptome.

Ich weiß von einer anderen Situation, in welcher, wann immer das Kind etwas Falsches oder Fragwürdiges tat, seine Mutter ihm zu sagen pflegte, daß es vorsichtig sein müßte, weil sein Vater vom Himmel heruntersehe und es bestrafen würde. Weil das Kind dies glaubte, entwickelte es bald Verfolgungsideen. Kannst du dir vorstellen, was es für ein hilfloses Gefühl ist zu glauben, daß es nirgendwo Alleinsein für dich gibt; daß du zu jeder Zeit beobachtet werden kannst?

Früher einmal war ich Mitarbeiterin in einem Behandlungszentrum für Mädchen. Ich war betroffen darüber, wie viele der Kinder, deren Eltern gestorben waren und die deren Tod nicht aktiv wahrgenommen hatten, geschädigt waren durch schwere Probleme mit ihrem Selbstwertgefühl. Ich war gleichermaßen betroffen, wie sich dies zu verändern begann, als ich es ihnen ermöglichte, Gewißheit über den Tod der Eltern zu erlangen. Ich fand Todesanzeigen, ich spürte Menschen auf, die bei der Beerdigung dabei gewesen waren, nahm sie mit zu Friedhöfen, wo ihre Eltern begraben lagen. Dann rekonstruierte ich mit ihrer Hilfe ihre Eltern als Menschen. Viele Male spielten wir im Rollenspiel Szenen vom Leben vor dem Tode und den Tod selber. Dies ist auch viele Male geschehen in den fortlaufenden Kontaktseminaren, die ich mit Erwachsenen in späteren Jahren hatte.

Der Tod ist ein unvermeidlicher Teil des Lebens für jeden von uns. Ich glaube, daß erst das Annehmen des Todes aus dem Leben eine wirkliche und lohnende Erfahrung macht.

Bis das getan ist, glaube ich, daß wir viele andere Dinge so auffassen, als ob sie der Tod wären, und so bringen wir unser Leben durcheinander. Zum Beispiel haben viele Menschen so große Angst vor Kritik, daß sie sie um jeden Preis vermeiden. Ich meine nicht, daß Kritik angenehm ist, aber sie ist notwendig und oftmals nützlich. Es ist verwirrend, der Kritik so zu begegnen, als wäre sie tödlich. Haben

Sie irgendwann einmal jemand gekannt, der nie etwas versuchte, aus Angst, kritisiert zu werden? Die Angst, Fehler zu machen, oder Angst, im Unrecht zu sein — kurz, jede Angst —, kann mit dem Tod zusammenhängen. Ich habe sagen gehört, viele Menschen haben so viel Angst, daß sie jeden Tag ein bißchen sterben; und die übrige Zeit versuchen sie, das Sterben zu vermeiden, so daß sie wirklich sterben, bevor sie jemals eine Chance hatten zu leben.

Der Tod ist der Tod. Er geschieht nur einmal in einem Leben. Es gibt im Leben nichts Vergleichbares. Wenn Sie diese Unterscheidung machen, dann ist alles andere — außer dem Akt des Sterbens — Leben. Es irgendwie anders zu sehen ist eine Entstellung des Lebens.

Die Frage des Sicherheitsgefühls ist ziemlich direkt bezogen auf die Angst vor dem Tod in einer Familie. Wie werden Sie einem Kind beibringen, sich sicher zu verhalten, und gleichzeitig ihm erlauben, Risiken einzugehen, so daß es weiterwachsen kann? Sie möchten nicht, daß Ihr Kind vor seiner Zeit stirbt, also lehren Sie es, vorsichtig zu sein.

Natürlich ist nichts 100prozentig sicher. Ich habe so viele Eltern kennengelernt, die ihre Kinder praktisch an die Haustür gekettet hielten wegen ihrer Ängste. Ich kann verstehen, daß man die Kinder beschützen will. Dennoch sind wir noch da — also sollten wir uns ein wenig entspannen und unseren Kindern dieselbe Gelegenheit geben, mit den Gefahren des Lebens zu kämpfen, wie wir sie hatten. Ich schlage nicht vor, daß wir Dreijährige allein durch die Stadt schicken. Ich schlage aber vor, daß wir danach sehen, was unsere Kinder tun wollen, daß wir möglichst realistisch sind bezüglich der Gefahren, anstatt sie zu vergrößern oder zu verkleinern.

Ich kenne einen zwölfjährigen Jungen, Ralph, dessen Mutter ihn keine drei Meilen Fahrrad fahren ließ, weil er getötet werden könnte. Ralph war ein guter, vorsichtiger Radfahrer, und das Rad war sein einziges Transportmittel. Er empfand seine Mutter als unfair, also dachte er sich einen Handel mit seinen Freunden aus durch geschicktes Lügen, so daß er trotzdem fahren konnte. Dies war doppelt schlecht, denn sein Wunsch, Rad zu fahren, spiegelte sein Bedürfnis nach Unabhängigkeit und Selbstvertrauen.

Ich würde gerne sehen, wenn Eltern ihr Kind am Ende des Tages fragten: »Welche Gefahr ist dir heute begegnet? Wie bist du ihr begegnet?«

Oftmals zitterte ich selber, als meine Töchter Teenager waren und ich zusah, wie sie Gefahren begegneten. Wann ist unser Wunsch, sie zu beschützen, realistisch, und wann ist er nur ein Vorwand, um uns selbst zu beruhigen? Es ist alles andere als leicht zu beurteilen, wann ein Kind soweit ist, neue Gefahren anzugehen — aber als Eltern müssen wir es tun.

Ich erinnere mich, wie meine zweite Tochter mit dem Familienauto zum ersten Mal alleine ausfuhr. Sie war erst sechzehn — wirklich noch ein Baby —, und um Gottes Willen, wie würde sie in diesem dichten Verkehr zurechtkommen? Es gab betrunkene Fahrer dort draußen. Sie könnte getötet werden. Außerdem hatten wir nur ein Auto, und was würde geschehen, wenn sie es zu Schrott führe? Was würde sein, wenn ich nicht dabei war, um sie zu lenken? Am Ende meiner Phantasien sah ich das Auto mit Totalschaden und sie im Leichenhaus.

Jedoch in einem anderen Teil meiner Überlegungen wußte ich, daß sie gute Fahrstunden gehabt hatte. Ich war mit ihr gefahren, und sie war eine gute Fahrerin. Wir waren versichert, und ich vertraute ihr. Nichtsdestoweniger schwitzte ich trotz dieser Überlegungen, als ich ihr zusah, wie sie aus der Tür ging. Ich wollte sie nicht mit meinen Ängsten beeinflussen, und so gelang es mir, schwach zu sagen: »Wie ist dir zu Mut, wenn du alleine fortfährst?« Sie lächelte und sagte: »Mach dir keine Sorgen, Mutter. Es wird gut gehen.«

Und natürlich ging es gut. Später hatten wir eine Gelegenheit, unser »Inneres« miteinander zu vergleichen. Sie erzählte mir, daß sie meine Sorge bemerkt hatte, und daß sie auch ängstlich war. Sie sagte, sie sei froh gewesen, daß ich sie mit meinen Befürchtungen nicht belastet hatte, weil sie ihre eigenen Ängste nur verstärkt hätten.

Ich möchte dieses Kapitel nicht beenden mit so düsteren Themen wie Tod und Gefahren. Ich möchte zu etwas zurückgehen, was ich berührt habe im Kapitel über Paare — nämlich Träume. Träume, und was wir mit ihnen tun, sind ebenfalls wesentliche Teile unseres Familienplans.

In der Tat glaube ich, daß ein großer Teil des Plans zu tun hat mit dem Ermutigen und Am-Leben-Erhalten von persönlichen Träumen. Der Traum darüber, was man werden will, nimmt großen Raum ein im Leben von Kindern. Ich glaube, der Traum steht als ein Leuchtturm, der uns zu größerem Wachstum und größerer Vollendung winkt.

Dein Traum ist deine Hoffnung für dich selbst. Wenn dieser Traum verschwunden ist, setzt Erstarrung ein, mit den dazugehörenden Einstellungen von Gleichgültigkeit und Resignation. Du riskierst es, ein Roboter zu werden.

Es ist traurig, aber wahr: die Familie ist oft der Ort, wo Träume sterben. Wir erfuhren dies, als wir über das Paar sprachen — nur zu oft sterben eigene Hoffnungen in der Familie, weil Hoffnungen, die während der Verlobungszeit da waren, zusammenfallen. Familienmitglieder können einander viel Anregung und Unterstützung geben, um ihre Träume am Leben zu erhalten. »Erzähl mir einen Traum, und ich erzähle dir meinen. Vielleicht können wir dann einander helfen, das zu erreichen, was wir beide wünschen.«

Ich empfehle, daß sich Familien zusammensetzen und offen über ihre Träume sprechen. Dies kann so wichtig sein für Kinder. Wieviel besser ist es zu sagen: »Wie können wir alle zusammenarbeiten, um deinen Traum zu verwirklichen?« als so etwas zu sagen wie »Ich werde dir erklären, warum das nicht durchführbar ist«. Glaubt mir, einige aufregende Dinge können passieren.

Halten Sie sich nicht nur an meine Worte. Setzen Sie sich zusammen mit Ihrer Familie und diskutiert offen über eure Träume. Findet aus erster Hand etwas heraus über dieses aufregende Gefühl.

Ich erinnere mich an eine Familie, die dies versuchte. Einer der Eltern fragte eines der Kinder: »Was möchtest du werden, wenn du erwachsen wirst?« Tom, ein Vierjähriger, sagte, er wollte ein Feuerwehrmann sein. Nach mehreren interessierten Fragen kam heraus, daß Tom liebend gern Feuer auslöschte; er zündete es auch gerne an. Er freute sich an den leuchtenden, glänzend roten Feuerwehrautos und mochte das Aussehen der starken Männer, die auf ihnen fuhren. Die Familie beschloß, daß Tom nicht warten müßte, bis er erwachsen wäre, um ein Feuerwehrmann zu werden. Man gab ihm spezielle Anweisungen, wie man Feuer im Ofen legt und anzündet. Sein Vater nahm ihn mit zur Feuerwehr, wo er Gelegenheit hatte, mit den Feuerwehrmännern »von Mann zu Mann« zu sprechen. Sie zeigten ihm verschiedene Möglichkeiten, Feuer zu löschen.

Jeder in der Familie hatte etwas davon, Tom bei seinem Traum zu helfen. Tom begann eine Rolle zu spielen in seines Vaters Traum, ein Chemielabor in seinem Haus einzurichten. Könnten Sie etwas Ähnliches tun?

Was können Sie tun, um eine Atmosphäre von Neugier und Vorstellungskraft lebendig zu erhalten, eine Suche anzuregen nach neuen Bedeutungen der Dinge, um neue Verwendungsweisen für Altbekanntes zu finden und in das Unbekannte vorzudringen? Das ist es, was Lust am Leben bringt. Die Welt ist voll von Dingen, über die man sich wundern kann, die einen mit Ehrfurcht erfüllen und die zu erforschen sind.

Träume kommen in der Gegenwart. Die Aussichten sind ziemlich günstig, daß ein Teil von fast jedem Traum *jetzt* verwirklicht werden kann. Ich empfehle, daß die Menschen ihre gegenwärtigen Träume soweit als möglich verwirklichen. Manchmal braucht man die Hilfe von anderen Menschen, aber die anderen müssen von dem Traum wissen, bevor sie helfen können. Probiert eure Träume aus, ob sie angemessen sind, schaut sie realistisch an. Kleine Träume zu verwirklichen hilft an große Träume glauben. In der Familie kann es geschehen.

Im Zeitraum meines Lebens kam man vom Kristall-Radioempfänger zum Farbfernsehen; von einem Ford zum

Ankurbeln zu den schnellen, bequemen Wagen, die praktisch von alleine fahren; von drei Meilen Fußmarsch zu einer kleinen Landschule zum Flug rund um die Welt in ein paar Stunden mit Düsenjägern; vom Ankurbeln eines Telefons an der Wand, wo man jemand namens »Zentrale« anrief, bis zu einem hübschen farbigen Telephon mit Tasten und Lichtern. All das in wenig mehr als fünfzig Jahren. Während dieser Zeit erweiterte ich ständig mein Wissen von der Welt und fuhr fort, neue Dinge zu erkennen, die mich mit Ehrfurcht erfüllten, mich erzogen und mich erregten. All diese Dinge kamen daher, weil jemand willens war, seinen Träumen zu folgen. Leider haben wir noch keine Träumer gehabt, die wissen, wie man die Menschen im selben Verhältnis voranbringt. Mein Traum ist es, in Familien einen Raum zu schaffen, wo Erwachsene mit hohem Selbstwertgefühl sich entwickeln können. Ich meine, wir haben einen Punkt erreicht, wo unser Ende in Sicht ist, wenn wir uns nicht mit Träumen dieser Art beschäftigen. Wir brauchen eine Welt, die für Menschen ebenso gut ist wie für die Technologie. Wir haben gute Werkzeuge. Alles, was wir tun müssen, ist, uns wirkungsvolle Wege »auszuträumen«, um sie zu nutzen.

Ich bin sehr traurig über die Anzahl von Erwachsenen, die ich in Familien antreffe, die ihren Träumen den Rücken zuwenden. Sie sind gleichgültig und resigniert. »Was kann

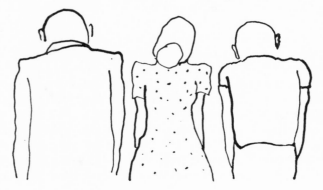

man schon ändern?« oder »Es ist doch egal« sind häufige Äußerungen.

Ich kenne einige Erwachsene, die es aus Interesse für die Entwicklung ihrer Kinder unternahmen, ihnen bei ihren Träumen zu helfen, und sich dann darum bemühten, ihre eigenen wieder aufleben zu lassen oder zu entwickeln. Wir wenden so wenig an von unseren Möglichkeiten als Menschen. Ich hoffe, ihr laßt eure Träume nicht sterben. Falls es schon geschehen ist, seht zu, ob ihr vergangene, früher gehegte Träume wieder entzünden könnt oder neue erfinden. Seht zu, was ihr tun könnt, um sie zu verwirklichen, indem ihr euch mit euren Familienmitgliedern hinsetzt, miteinander redet und sie um Hilfe dabei bittet.

15. Kapitel

Organisationstechnik der Familie

Es geschieht nichts einfach von alleine — in einer Familie so wenig wie irgendwo anders. Ein gewisses Maß an Lenkung ist notwendig. Deshalb wollen wir in diesem Kapitel über die »Organisationstechnik der Familie« sprechen. Sie unterscheidet sich nicht allzusehr vom Management anderswo, weil eine Familie ebenso wie eine Firma Zeit, Raum, Ausrüstungsgegenstände und Leute zur Verfügung hat, um ihre Arbeit zu bewerkstelligen. In jeder Art von Organisation wird festgestellt, was vorhanden ist. Es wird mit dem in Übereinstimmung gebracht, was man braucht; dann knobelt man aus, wie man es am besten verwenden kann. Ebenso stellt man fest, was fehlt, und sucht sich einen Weg, es zu bekommen.

Jedes Familienmitglied hat zu einem bestimmten Zeitpunkt seine Zeit, seinen Platz, seinen Körper, seine Fähigkeiten im Denken, Fühlen und Sprechen, seine Arme und Beine und sein Bewegungsvermögen, seine physische und emotionale Energie, sein Talent, seine Kompetenz, seine vergangenen Erfahrungen und seinen materiellen Besitz. Das alles zusammen bildet das Rohmaterial, das eine Familie besitzt, um den technischen Problemen des täglichen Lebens entgegenzutreten. Zu planen, wie diese Hilfsquellen genutzt werden können, das ist es, was ich Organisationstechnik der Familie nenne.

Eine der häufigsten Klagen, die ich höre, lautet, daß Familienmitglieder zuviel zu tun haben, daß sie zu viele Ansprüche haben und zuwenig Zeit, etwas zu tun. Vielleicht ist ein Gutteil dieser Last mit unwirtschaftlichen Verfahren verbunden, mit denen die Familienorganisation durchgeführt wird.

Um aus dem, was jeder hat, soviel wie möglich herauszuholen, müßt ihr zunächst einmal wissen, was vorhanden ist. Auf deine Fragen: »Wozu bist du jetzt in der Lage?« (auf kongruente Art gefragt), wirst du gewöhnlich Antwort erhalten. Viele Leute schätzen hier ungefähr ab, raten, aber prüfen nie nach. Einige orientieren sich am Alter: »Da du sieben bist, kannst du Vati in der Garage helfen. Bist du fünf, bist du zu jung zum Helfen.« Vielleicht ist Johnny, der fünf ist, in Wirklichkeit geeigneter als Harry, der sieben ist. Einige Familien entscheiden nach dem Geschlecht, was sie zur Verfügung haben: »Da du eine Frau bist, kannst du unmöglich...« oder »Da du ein Mann bist, würdest du nie...« Ich glaube, daß viele Fähigkeiten von Familienmitgliedern – besonders von Kindern – verlorengehen. Von Kindern nimmt man nicht an, daß sie »es können«, deshalb werden ihre Talente nie richtig entdeckt.

Es würde weit weniger geplagte Mütter und Väter geben, wenn es den Kindern erlaubt würde und sie ermutigt würden, sich in der Familie umfassender und in einem früheren Alter nützlich zu machen. Eine der lohnendsten persönlichen Erfahrungen für jeden Menschen ist es, etwas zu leisten. Du wirst nie herausfinden, wie produktiv deine Kinder sind oder sein können, wenn du sie nicht fragst und ihnen keine Chance gibst zu zeigen, was sie tun können.

Wie nützen Sie Peters (vier Jahre) Fähigkeit, schnell rennen zu können? Vielleicht können Sie ihn gelegentlich als Laufburschen einsetzen, wenn Sie gerade im Geräteschuppen arbeiten. Wie gebrauchen Sie das Talent der siebenjährigen Anette im schnellen Zusammenzählen? Warum können Sie sie nicht helfen lassen, die Haushaltsbuchführung auf dem laufenden zu halten?

Wir wissen alle, daß Familien in verschiedenen Milieus leben. Einige leben in großen Häusern, einige in kleinen, manche mit einer Menge Ausstattung, andere mit sehr wenig. Das Einkommen kann zwischen DM 100 und DM 50 000 im Monat schwanken und die Zahl der Familienmitglieder kann von drei bis zur Höhe von siebzehn oder achtzehn variieren.

Bei gleichem Haus, gleicher Familiengröße, Einkommen und arbeitssparenden Geräten werden manche Leute ihre Bedürfnisse für befriedigt halten und andere nicht. Wie man seine Hilfsmittel zu einem bestimmten Zeitpunkt nutzt, hängt auch damit zusammen, was man über sie weiß, wie man über sich selbst denkt und über die, mit denen man zusammenlebt. Anders gesagt: Das Schicksal des Managements hängt genauso stark von dem ab, was an Personen, Familienregeln, Kommunikation und Familienstruktur vorhanden ist, wie von den organisationstechnischen Plänen und den Dingen, die organisiert werden müssen.

Laß uns zuerst einen nüchternen Blick auf die Arbeitssituation werfen. Bei Arbeit in der Familie denkt man gewöhnlich an Putz- und Aufräumearbeiten. Obwohl sie notwendig sind, sieht man diese Arbeiten oft als etwas Negatives an, als »jemand-muß-es-machen«. Immer noch machen diese Arbeiten den größeren Teil der Familiengeschäfte aus.

Ich möchte euch jetzt bitten, etwas Ähnliches zu tun, wie ihr es im Kapitel über die Regeln getan habt. Setzt euch alle hin und stellt eine Liste von all den Arbeiten auf, die in eurer Familie getan werden müssen, damit sie funktionieren kann. Ernennt wie zuvor einen Schriftführer. In eure Liste nehmt solche Dinge mit auf wie Kleider waschen, bügeln, kochen, einkaufen, saubermachen, Buchführung, Rechnungen bezahlen, Arbeiten außerhalb des Hauses und so weiter. Wenn ihr Haustiere, einen Garten oder Rasen habt, werdet ihr die dazunehmen müssen. Wenn ein Familienmitglied besondere Fürsorge braucht, müßt ihr auch das miteinbeziehen. Dies sind grundlegende Arbeiten, die regelmäßig, wenn nicht täglich, übernommen werden müssen .

Zieht nun eure Liste zu Rate und stellt zusammen, wie diese Aufgaben zur Zeit in eurer Familie ausgeführt werden. Ihr werdet etwas über eure gesamte Arbeit erfahren, wenn ihr das tut. Vielleicht habt ihr euch noch nie hingesetzt und auf diese Weise das Bild eurer Familie betrachtet.

Findet ihr, daß nicht alle notwendigen Arbeiten getan werden? Vielleicht entdeckt ihr, daß sie mangelhaft gemacht werden oder daß zu viele Arbeiten auf eine Person fallen oder zu wenige auf andere. Wenn irgend etwas davon zutrifft, wird jemand in eurer Familie übervorteilt und fühlt sich frustriert.

Ich fand heraus, daß diese einfache Übung in etwa vierteljährlicher Wiederholung dazu verhilft, den Überblick über die Organisation der Familie zu behalten. Im Geschäftsleben kommt an dieser Stelle der Wirtschaftsprüfer ins Spiel. Diese Liste und das, was ihr mit ihr macht, kann der Leitfaden für die Wirtschaftlichkeit eurer Familie werden.

Es ist jedoch nicht so einfach, wie es klingt. Wenn ihr einmal wißt, was getan werden muß, ist die Wahl der besten Art und der besten Person für die Ausführung der Arbeit der nächste und oft der schwierigste Schritt.

Wie entscheidet ihr, wer was wann tun soll oder kann?

Die meisten Familien stellen fest, daß verschiedene Methoden zu verschiedenen Zeiten für diese Entscheidung zu verwenden sind.

Es gibt die Methode des Anweisens, wo ein Elternteil meint, seine Autorität als Leiter gebrauchen zu müssen und einfach befiehlt, was gemacht werden soll. »So wird es gemacht und damit basta!«

Manchmal ist es passender, die Abstimmungsmethode, den demokratischen Weg zu benutzen, bei dem die Mehrheit die Entscheidung trifft. »Wer alles will dies tun?«

Ein andermal stellt sich die Abenteurer-Methode — wie ich sie nenne — als beste heraus. Bei dieser Methode, die ziemlich viel Spielraum läßt, legt jeder seine Ansichten dar, und diese werden dann alle an der Wirklichkeit überprüft, um zu sehen, was tatsächlich möglich ist.

Und noch andere Situationen scheinen die Methoden der Zweckmäßigkeit zu verlangen. Wir kennen sie alle: Wer gerade greifbar ist, wird festgenagelt.

All diese Methoden passen in gewissen Situationen. Wichtig ist, diejenige auszuwählen, die für die besondere Situation am besten geeignet ist. Das erfordert wiederum Flexibilität und Freiheit.

Das Wort, vor dem man sich hüten muß, heißt »*immer*«. Zu viele Familien gebrauchen *immer* Befehle, stimmen *immer* ab, und so weiter. Wenn ihr »immer« um eure Familienorganisationstechnik herumschleicht, wird jemand unterdrückt, und ihr werdet euch selbst in einem bekannten, nicht beneidenswerten, ausgefahrenen Geleise wiederfinden.

Eltern müssen zeitweise entschlossen »ja« oder »nein« sagen können, wenn es um die Erlaubnis, etwas tun zu dürfen, geht. Sie brauchen aber auch das Geschick, zuzeiten zu fragen: »Nun, was möchtest du tun?« Manchmal brauchen sie das Verständnis, um eine Situation zu erkennen, wo sie sagen müßten: »Das ist etwas, das du selbst herausfinden mußt.«

Ich kenne zum Beispiel einige Familien, wo die Eltern nie etwas entscheiden — immer müssen es die Kinder. Wieder andere Familien haben überhaupt keine Leitung. Sie sitzen über alles und jedes stundenlang zu Gericht — sogar darüber, ob Vater weiße Hemden im Büro tragen sollte oder nicht. Andere Familien werden einzig und allein durch elterliche Anordnungen geleitet. — Noch einmal: Wir müssen auf unser Urteilsvermögen zurückgreifen, um zu wissen, was wann zu tun ist. Nichts von alledem fällt leicht.

Eine Familie fordert Schwierigkeiten geradezu heraus, wenn sie immer dieselben Arbeiten derselben Person zuweist. Johann trägt immer den Abfall heraus. Theresa wäscht immer ab. Mutter allein kauft immer ein. Abwechselnde Aufgabenzuweisung kann eine Menge dazu beitragen, den lästigen Aspekt der Hausarbeit in der Familienorganisation zu verringern.

Ein anderer Fallstrick ist, daß von einem einmal gemachten Plan erwartet wird, daß er für immer in Kraft bleibt. Ein Beispiel dafür ist ein Kind, das um halb neun Uhr ins Bett »gehört«, ganz gleichgültig, was geschieht — auch ob es vier oder vierzehn Jahre alt ist. Das ist gleichzeitig ein Beispiel für eine veraltete Regel, was den Vierzehnjährigen angeht.

Die Erkenntnis ist notwendig, daß die Kraft- und Wissensquellen sowohl der Kinder als auch der Eltern wachsen, wenn die Familie sich entwickelt. Jede Familie macht Phasen durch. Wenn sie jung ist und, sagen wir, alle Kinder unter fünf Jahre alt sind, ist die Organisationstechnik im Sinne des Benutzens der Kraft und Fähigkeiten eines jeden anders als mit Kindern von fünf und zwölf Jahren oder zwölf und sechzehn oder sechzehn und zwanzig Jahren. Ich weiß, wie schwer es ist, Entscheidungen zu treffen, und ich weiß auch, wie verlockend es ist, mühevoll nach dem »einen richtigen Weg« zu suchen und den dann bis in alle Ewigkeit zu benutzen. Ich glaube, daß gut ausgearbeitete Pläne eine spezifisch-festgesetzte Lebensdauer haben sollten, sagen wir, von einer Woche, einem Monat, einem Jahr, bis heute drei Uhr dreißig, wenn Mutter zurückkommt, oder »wenn du drei Zentimeter größer bist«.

In einer sehr jungen Familie, wo das Kind zum Gehen noch zu klein ist, muß ein Erwachsener ihm seine Beine zur Verfügung stellen und es herumtragen. Sobald es seine eigenen Beine gebrauchen kann, kann es selbst hinlaufen und sollte das auch. Kluge Eltern nützen jedes Zeichen von Wachstum beim Kind. Das Kind kann dann Dinge alleine machen und bei anderen Aufgaben mithelfen. Ein Problem ist, diese Evidenz von Wachstum nicht einseitig werden zu lassen. Wenn ein Kind die ersten Schritte macht, läuft es langsamer, als Vater oder Mutter es hinnehmen wollen. Der Erwachsene mag versucht sein, es aufzuheben und wegzutragen, obwohl das Kind eigentlich allein dorthin gelangen könnte.

Hier ist noch ein Beispiel. Wenn du zehn Jahre alt bist (und wahrscheinlich sogar vorher), könntest du leicht einige deiner Kleider bügeln. Sicher kannst du beim Waschen helfen. Eine der heutigen Waschmaschinen könnte ein Kind wahrscheinlich mit sechs Jahren bedienen. Die kreative Familie nützt alle diese Hände, Arme, Beine und Köpfe, sobald sie zur Verfügung stehen, sowohl in deren Interesse als auch in dem der Familie.

Viele Kinder haben mir gesagt, daß sie glaubten, es gäbe eine Art Komplott der Erwachsenen, alle dreckigen Arbeiten auf sie abzuschieben und alle angenehmen für sich zu behalten. Vielleicht stimmt daran etwas. Egal, wer mit den Aschenbrödelarbeiten befaßt ist, es kann schöpferische, lustige, unterhaltsame Wege geben, um aus Arbeit Spaß zu machen. Wenn nicht, kann man zumindest das Gefühl haben, etwas geleistet zu haben. Von keinem, der gerade die langweiligen Arbeiten ausführt, sollte je verlangt werden, dabei glücklich auszusehen.

Immer wieder bitte ich dringend um Beweglichkeit und Abwechslung. Eine Familie braucht lange, bis sie fähig ist, jedes Familienmitglied mit einigen konkreten Zeichen seines Wertes zu versorgen. Jeder Mensch braucht das Gefühl, wichtig zu sein und geschätzt zu werden, genauso wie das Gefühl, zu dem, was vor sich geht, etwas beizutragen. Ein kleines Kind lernt sich selbst als wertvoll anzusehen aus dem Gefühl, daß jemand seine Mitwirkung braucht und daß seine Beiträge tatsächlich angenommen, geprüft und wirklich ausprobiert werden.

Jetzt müßten wir, glaube ich, ein bißchen über den Umgang mit der Zeit in der Familie sprechen. Wir haben täglich alle vierundzwanzig Sechzig-Minuten-Stunden für uns zur Verfügung. Aber wir arbeiten, gehen zur Schule und tun eine Menge anderer Dinge, die der Familie etwas dieser Zeit wegnehmen. Wieviel »Familienzeit« hat eure Familie? Wieviel davon verwendet ihr für die Haushaltsarbeiten?

Manche Familien verwenden so viel ihrer Zeit auf Pflichtarbeit, daß sie keine mehr dafür übrig haben, sich aneinander zu erfreuen. Wenn das geschieht, können die Mitglieder zu dem Gefühl gelangen, daß die Familie ein Ort der Belastung für sie ist; die Organisationstechnik beginnt dann an Wert zu verlieren. Hier ein Hinweis, um das zu vermeiden:

Geht eure Liste der Arbeiten durch und stellt euch jeweils zwei Fragen: Ist diese Arbeit wirklich notwendig? Wenn ja, könnte sie wirtschaftlicher getan werden?

Wenn ihr rücksichtslos prüft, warum ihr die jeweilige Arbeit gerade macht, entdeckt ihr vielleicht nur »weil sie einfach immer gemacht wurde«, ja, daß sie in Wirklichkeit überhaupt keinen Zweck erfüllt.

Das bringt uns zu *Prioritäten*. Wenn es in eurer Familie so ist, daß die Haushaltsarbeiten den Familienmitgliedern zuwenig Zeit für gemeinsame Freuden lassen, dann müßt ihr, glaube ich, sorgfältig eure Prioritäten anschauen.

Ich empfehle, mit dem unabdingbar Notwendigen zu beginnen. Sucht die Arbeiten heraus, die den Unterschied zwischen Leben und Tod ausmachen, also zum Überleben notwendig sind. Dann können, wenn die Zeit es erlaubt, andere, weniger drängende Arbeiten getan werden. Das verlangt natürlich, daß ihr euch frei fühlt, eure Prioritäten wieder zu ändern. Um das genau zu beleuchten, möchte ich euch bitten, die Arbeiten innerhalb der Familie in zwei Kategorien einzuteilen: jetzt und später. Offensichtlich hat die lebenswichtige Jetzt-Kategorie höchste Priorität. Wie viele Posten an Arbeiten der Familie stehen auf der Seite dieser Kategorie? Wenn es mehr als fünf Punkte sind, sind es schon zu viele. Ihr entdeckt vielleicht, daß jeder Tag anders ist im Hinblick darauf, was die Kategorien im einzelnen enthalten.

Die zweite Kategorie »Es wäre gut, könnte aber später getan werden« kann eingeflochten werden, wenn es die Situation erlaubt.

Jetzt laßt uns einen Blick darauf werfen, wie ihr den Rest eurer Familienzeit verbringt.

Wieviel Zeit steht euch für den Kontakt mit den einzelnen Familienmitgliedern zur Verfügung? Wieviel von dieser in gegenseitigem Kontakt verbrachten Zeit ist angenehm und führt zu Freude? Wenn sehr viele Kontakte unangenehm sind, stimmt etwas nicht. Meine Erfahrung ist die: Nachdem die einzelnen ihren Teil an der Haushaltsarbeit gemacht haben, ist in vielen Familien die freie Zeit sehr geschrumpft. Oft ist kaum welche übrig, um mit jedem einzelnen Mitglied in Freude-bringender Art zusammen zu sein. Das alles führt leicht dazu, Familienangehörige als lästig und sich nicht um einen kümmernd zu erleben.

Jeder Mensch braucht Zeit zum Alleinsein. Einer der gequälten Schreie, die ich von Familienmitgliedern höre, ist der Ruf nach etwas Zeit für sich selbst. In Familien bekommen besonders Mütter Schuldgefühle, wenn sie Zeit für sich selbst haben wollen. Sie haben das Gefühl, sie würden der Familie etwas wegnehmen.

Die Familienzeit ist in drei Teile aufzuspalten: Die Zeit für jeden einzelnen, um allein zu sein (Ich-Zeit); die Zeit für jeden, um mit jedem einzelnen anderen zusammen zu sein (Partner-Zeit); die Zeit, wenn alle zusammen sind (Gruppen-Zeit).

Es wäre prima, wenn jedes Familienmitglied täglich etwas jeder dieser Zeitarten haben könnte. Das zu ermöglichen braucht es erstens das Bewußtsein der Notwendigkeit und zweitens das Finden der Möglichkeiten, die dahin führen.

Es gibt einige zusätzliche spezielle Faktoren, die den Gebrauch der Familienzeit in bestimmten Familien beeinflussen. Manche müssen entsprechend der Art und Weise, wie sie ihren Lebensunterhalt verdienen, ihre gemeinsame Zeit verteilen. Beispiele dafür sind Feuerwehrmänner oder Polizisten. Feuerwehrangehörige sind oft vierundzwanzig Stunden im Dienst und dann vierundzwanzig Stunden frei. Polizisten wechseln regelmäßig die Schichten. Es gibt Leute, die in Nachtschichten arbeiten, wie im Transportgewerbe etwa, wohingegen Beschäftigte auf Flugplätzen Tag und Nacht arbeiten.

Der größte Teil unserer Gesellschaft ist mit dem Geschäftsleben verknüpft, das sich ungefähr zwischen acht Uhr morgens und sechs Uhr abends abspielt. Die meisten Familien sind auch auf diesen Rhythmus eingestellt. Das bedeutet, daß Leute, die zu ausgefallenen Uhrzeiten arbeiten, neue Wege finden müssen, um an Planung und Arbeit in der Familie teilnehmen zu können.

Es gibt viele Familien, wo der Vater lange Zeit auf Reisen ist. Es gibt ganze Scharen von Männern, die ihr Zuhause sonntags verlassen und freitags zurückkehren. Diese Einteilung legt der einzelnen Familie eine große Belastung auf, wenn nicht ein hervorragendes Kommunikationssystem ausgearbeitet wird und wenn nicht die Zeit, in der der Mann zu Hause ist, weitgehend für Kontakte verwendet wird. Andernfalls führt dieser Rhythmus zu außergewöhnlichem Druck auf die Daheimgebliebenen. Er vermindert ihre Gelegenheiten für »Ich-Zeiten« und führt manchmal zum »Trost suchen« im Alkohol, zu Seitensprüngen, zu großer Nachsicht oder Strenge gegenüber den Kindern.

Natürlich bewirkt die Größe der Familie Unterschiede. Je größer die Familie, desto komplizierter wird die Organisationstechnik.

In dem Bemühen, der Familie zu helfen, diesen speziellen Aspekt der Organisationstechnik genauer anzusehen, habe ich, wie ich es nenne, eine Anwesenheitszeitliste angefertigt *(wo bist du wann?)*. Ich bitte jeden einzelnen, einen Tag lang festzuhalten, wo er zu bestimmten Zeiten ist. Suche zwei Tage aus, einen Tag in der Woche und einen am Wochenende.

Nehmt für jedes Familienmitglied ein Blatt Papier und teilt es nach den Uhrzeiten auf. Beginnt mit der Uhrzeit, zu der der erste aus dem Bett steigt, und endet mit dem Zeitpunkt, zu dem der letzte ins Bett geht.

Wenn der erste um fünf Uhr dreißig morgens aufstünde und der letzte um vierundzwanzig Uhr ins Bett ginge, würde euer Blatt folgendermaßen eingeteilt werden:

5.30 Uhr	10.30 Uhr	15.30 Uhr	20.30 Uhr
6.30 Uhr	11.30 Uhr	16.30 Uhr	21.30 Uhr
7.30 Uhr	12.30 Uhr	17.30 Uhr	22.30 Uhr
8.30 Uhr	13.30 Uhr	18.30 Uhr	23.30 Uhr
9.30 Uhr	14.30 Uhr	19.30 Uhr	24.00 Uhr

Jedes Familienmitglied trägt ein, wo er zu den verschiedenen oben angegebenen Tageszeiten war. Am nächsten Tag schreibt jemand dies alles zusammen. Er zeigt damit sehr augenscheinlich, welche Gelgenheiten jeder einzelne für »Ich-Zeit«, »Partner-Zeit« und »Gruppen-Zeit« hatte.

Ich erinnere mich an eine Frau, die, nachdem wir ihre Zeitliste gemacht hatten, sagte: »Mein Gott! Kein Wunder, daß ich mich einsam fühle! Ich sehe außer der Katze nie jemanden!« (Sie hatte eine sehr aktive Familie.)

Ich habe herausgefunden, daß es in der Tat ungewöhnlich ist, mehr als zwanzig Minuten am Tag zu finden, in denen die Familienmitglieder in Gruppenzeit zusammen sind. Zwanzig Minuten bis eine Stunde pro Woche kommt eher hin. Das bedeutet, daß die ganze Last der Familienangelegenheiten in zwanzig Minuten verhandelt werden muß, gewöhnlich während der Essenszeit. Das heißt, daß in zwanzig Minuten jeder essen muß, daß er die nicht abgeschlossenen und zukünftigen Angelegenheiten in Ordnung bringen muß und daß er sich um das kümmern muß, was während dieser Zeit passiert, wie Telefonanrufe, Leute, die hereinkommen, oder der Kleine, der vom Stuhl fällt. Das ist eine Menge für zwanzig Minuten und sogar noch eine größere Belastung für die Leute, die von sich erwarten, in dieser winzigen Zeitspanne ihr Wissen, ihr Bewußtsein und ihre Freude aneinander zu erweitern. Natürlich verhandeln Familienangehörige ihre Angelegenheiten die ganze Zeit über, ob jetzt alle zusammen sind oder nicht.

Du kannst wahrscheinlich ohne weiteres erkennen, daß sich die Chancen für Mißverständnisse in hohem Grade vervielfältigen, wenn eine Familie ihre Angelegenheiten verhandelt, ohne daß alle Mitglieder anwesend sind. Von Zeit zu Zeit geschieht das natürlich. Wenn dann jemand für das sorgfältige Notieren des Geschehens verantwortlich ist, so daß die abwesenden Mitglieder einen klaren Bericht bekommen werden, verkleinern sich die hieraus entstehenden Schwierigkeiten. Zum Beispiel: »Als du gestern abend auf das Baby aufgepaßt hast, hat Mutter uns gesagt, daß sie jetzt ganztags arbeiten geht. Wir wollten es dich wissen lassen, damit du darüber nachdenken kannst, inwieweit es dich betrifft.«

Sind sich die Familienmitglieder einmal darüber klargeworden, wie wichtig es für alle ist, über alle Familienangelegenheiten informiert zu bleiben, dann machen sie es sich zur Gewohnheit, daß sie schauen, wer nicht da ist, wenn sie über wichtige Dinge sprechen. Sie arbeiten Wege aus, über die die Fehlenden informiert werden. Es gibt verschiedene Weisen, das zu erreichen, etwa einen Berichterstatter ernennen, einen Zettel schreiben. Derartiges verringert das »Ich wußte es nicht« und beschneidet das »Sie machen Dinge hinter meinem Rücken«. Jeder muß daran denken, daß das nur ein Ersatz für die persönliche Anwesenheit ist. Aber es hilft. Wenn dagegen das Vertrauen zwischen den Familienmitgliedern stark abgesunken ist, wird es besser sein, die Angelegenheiten nur in Anwesenheit aller zu verhandeln — zumindest bis neues Vertrauen aufgebaut worden ist.

Wenn die Familie sich gewöhnlich bespricht, ohne daß alle da sind, und auch wenig »Partnerzeit« hat, dann erfahren die Mitglieder voneinander durch eine dritte Person. Ich nenne es *Bekanntsein durch Gerücht!* Das Problem ist, daß die meisten Leute vergessen, daß es Gerüchte sind, und es, was es vielleicht auch sein mag, als Tatsache behandeln.

Zum Beispiel erfahren Ehemänner oft von ihren Frauen, wie ihre Kinder sind und umgekehrt. Ein Kind sagt seinem Vater oder seiner Mutter, wie ein anderes Kind ist. In einer Familie glaubt jeder die anderen zu kennen, egal ob er den anderen tatsächlich erlebt oder nicht. Wie viele Kinder kennen ihre Väter durch eigene Erfahrungen mit ihnen? Wie viele Kinder erleben ihre Väter durch die Augen ihrer Mütter? Du kannst ahnen, wie gefährlich diese Praxis ist. Sie ist so etwas wie das alte Gesellschaftsspiel »Stille Post«, wo jemand der Person neben sich etwas ins Ohr flüstert und es dann im Kreis herum weitergegeben wird. Wenn der letzte berichtet, was er gehört hat, ist es beinahe immer völlig anders als das, was ursprünglich gesagt wurde.

Das ist jedoch die Art von Kommunikation, die in Familien oft vor sich geht: *Kommunikation durch Hörensagen.* Wenn Familien nicht für Gruppenzeit sorgen, um ihre familiären Dinge zu besprechen, ist das das einzige, was passieren kann, sofern nicht andere Auswege gefunden werden. In gestörten Familien ist diese Art von Kommunikation sehr häufig. Es gibt keinen Ersatz dafür, die eigenen Wahrnehmungen und Fakten selbst zu überprüfen, selbst zu hören und zu sehen.

Das wirkt sich auf die Qualität der Organisationstechnik aus. Zum Beispiel berichtet eine Ehefrau ihrem Mann, daß ihr Sohn Hans, der nicht anwesend ist, heute nicht den Rasen gemäht hat. »Tu *du* was dagegen, du bist der Vater.« Er fühlt sich vielleicht zur Bestrafung benötigt, damit seine Frau sich wohler fühlen kann. Er wird den Jungen wahrscheinlich ohne nähere Information strafen, es sei denn, er ist sich der Vorgänge sehr bewußt.

Vorhandene Gruppenzeit garantiert natürlich noch nicht, daß die Angelegenheiten der Familie wirkungsvoll verhandelt werden. Was geschieht, wenn ihr als Gruppe zusammen seid? Worüber sprecht ihr? Betrifft der größte Teil der Aussagen Fehler anderer Leute, oder sind es Lektionen, die einer oder mehrere anderen Familienangehörigen darüber erteilen, wie die Dinge sein sollten? Wird die Zeit von einem mit seinen langen Klagen über Mühen und Plagen ausgefüllt? Schweigt man? Sagt niemand etwas? Sitzen einige wie festgebunden auf ihren Stühlen und warten auf eine Gelegenheit, den Raum zu verlassen?

Eine der besten Arten, um das herauszufinden, ist, eine Tonbandaufnahme dabei zu machen und sie dann anzuhören. (Eine Video-Aufnahme ist noch besser. Aber ich weiß, daß ein Videorekorder nicht zur Standardausrüstung in den meisten Wohnungen gehört.) Wenn du kein Tonbandgerät hast, bitte doch jedes Familienmitglied, mit zu beobachten, was geschieht, und Bericht zu erstatten. Eine andere Möglichkeit ist, einen vertrauten Freund zu bitten, diese Aufgabe zu übernehmen. Das kann eine äußerst entlarvende Übung sein. Es wird zeigen, wie leicht es ist, uns des Gruppenprozesses in der Familie nicht bewußt zu sein.

Findet ihr, daß ihr diese Zeit dazu verwendet, mit euren Familienmitgliedern wieder vertraut zu werden, daß ihr damit in Berührung kommt, wie das Leben für jeden einzelnen zur Zeit aussieht und wie es an diesem Tag war? Ist es eine Zeit, in der die persönlichen Freuden und Unklarheiten genauso wie die Fehlschläge, der Kummer und die Wunden zutage kommen und angehört werden können? Wird sie dafür verwendet, neue Pläne, gegenwärtige Krisen und so weiter zu besprechen? Wenige Familien sind sich darüber im klaren, daß sie als Gruppe jeden Tag einen Prozeß der Trennung und Wiedervereinigung durchlaufen. Sie verlassen einander und kommen wieder zurück zueinander. Während sie voneinander getrennt sind, geht das Leben für sie weiter. Das Zusammenkommen am Abend schafft eine Gelegenheit zum Mitteilen und Teilhaben an dem, was in der Welt »da draußen« passiert ist, und den Kontakt miteinander zu erneuern. Die Essenszeit könnte dazu genutzt werden.

Ein typischer Tagesablauf in vielen Familien dürfte folgendermaßen aussehen: Der Vater steht, sagen wir, um sechs Uhr dreißig auf. Er rasiert sich, duscht und kommt dann in die Küche, wo seine Frau am Abend zuvor den Kaffee hingestellt hat. Er schnappt sich vielleicht ein paar Reis-Krispies, und wenn er mit allem fertig ist, weckt er seine Frau, die ungefähr um sieben Uhr fünfzehn aufsteht, weil sie das Frühstück für den Sechsjährigen machen muß, der um acht Uhr zum Bus gehen muß. In der Zwischenzeit ist der vierzehn Jahre alte Junge schon aufgestanden und macht draußen einige Laufübungen um den Häuserblock. Er wird um acht Uhr dreißig zur Schule gehen. Zwischen sieben Uhr fünfzehn, wenn Mutter aufsteht, und acht Uhr dreißig, wenn der älteste Sohn weggeht, bringt das mittlere Kind, ein Mädchen mit zwölf Jahren, ihre Zeit im Badezimmer zu, um sich fertig zu machen. Sie platzt gerade herein, als ihr kleiner Bruder am anderen Ende des Tisches mit seinem Frühstück beginnt. Sie hat ihre Hausaufgaben vom Abend zuvor nicht ganz fertig gemacht und setzt sich ans andere Tischende. beide fahren mit mit demselben Bus. Sie ist still und er hängt dem Gedanken nach, was an diesem Tag in der Schule geschehen wird. Mutter ist in der Küche beschäftigt und drängt die Kinder mit dem Essen, weil sie die Uhr im Auge hat und befürchtet, daß beide zu spät kommen. Schließlich geht das Mädchen weg und gibt ihrer Mutter einen flüchtigen Kuß auf die Wange, und der Sohn sagt: »Tschüß, Mama«. Jeder sitzt mit seinem eigenen Freund im Bus. Einige Minuten danach geht vielleicht Mutter zu ihrer Teilzeitarbeit. Alle sind jetzt weggegangen.

In einigen Stunden werden sie wieder nach und nach zurückkommen. Der Sechsjährige wird um zwei Uhr dreißig nachmittags nach Hause kommen und dann zu den Nachbarn hinübergehen, da Mutter vor drei Uhr nicht zu Hause ist. Mutter kommt um drei Uhr heim. Sie ruft die Nachbarin an, die ihr sagt, daß ihr Sohn da ist. Dann beschäftigt sie sich in der Küche mit etwas Wäsche, die gemacht werden muß. Schließlich und endlich braucht ihr Mann noch einige Hemden und die Kinder Unterwäsche. Das zwölfjährige Mädchen wird an diesem Tag bei einem Pfadfinderinnentreffen sein; der Vierzehnjährige wird irgendwelche leichtathletische Übungen machen. Wenn um sechs Uhr der Ehemann heimkommt, ist der Sechsjährige vom Spielen zurück, die Zwölfjährige ist mit den Pfadfinderinnen weg und der Vierzehnjährige wird später um halb acht kommen. Ehefrau, Mann und Sechsjähriger essen in Eile ihr Abendessen, und der größte Teil der Unterhaltung dreht sich darum, welche Rechnung zuerst bezahlt werden sollte. Dann hat Vater seinen Pokerabend und geht weg. Danach kommt der Vierzehnjährige, wenn der Vater nach Hause kommt, schläft er. So lebt Vater einen ganzen Tag lang, ohne seine Kinder zu sehen. Das könnte sich an mehreren Tagen wiederholen. Obwohl er vielbeschäftigt ist, interessiert er sich für seine Kinder und fragt vielleicht seine Frau, wie es mit den Kindern war. Natürlich weiß auch sie in Wirklichkeit nicht allzuviel darüber — sie hat sie hie und da gesehen. Je nachdem, wie sie sich fühlt, wird sie ihm sagen, was sie meint. Was sie sagt, hängt vielleicht mehr vom Zufall als von ihren Erfahrungen oder ihrer Beobachtung ab. Viele, viele Tage können auf diese Weise vorübergehen.

Solche Tage bilden eine ununterbrochene Reihe von halben Kontakten. Man verliert leicht den Kontakt und die Beziehungen zu Leuten. Die Trennung ist ziemlich beständig und verlängert sich. Die Wiedervereinigung geschieht nie.

Ich habe mit Familien gearbeitet, wo es keine Vereinigung gab, bis sie alle als Familie in meinem Büro zusammenkamen.

Es ist weise, zumindest einmal am Tag zusammenzukommen, damit jeder beim anderen wieder Fuß faßt. Bei dem geschäftigen Leben, das die meisten von uns führen, muß *diese Art des Zusammenseins geplant werden.* Sie kann nicht dem Zufall überlassen bleiben.

Die Organisationstechnik kann in diesem Fall sehr leicht überhandnehmen. Die Familien wissen in dem Fall, daß sie zusammen in einem Haus leben, aber sie haben nicht viele echte Erfahrungen miteinander.

Nachdem ich nun viele Tausende dieser Listen familiärer Zeitverteilung gesehen habe, glaube ich, daß die Meinung, Familien lebten zusammen, mehr Illusion als Realität ist. Das hat mir sehr geholfen, viel von dem Kummer zu verstehen, dem ich in Familien begegnet bin. Diese Art zu leben ebnet den Weg für alle möglichen verzerrten Vorstellungen darüber, wie es in der Familie wirklich ist. Die Anfertigung der Aufenthalts-Zeitliste ist ein erster Schritt zur Klarstellung davon, wieviel von eurer Meinung über eure Familie eine Illusion und wieviel Wirklichkeit ist. Ich habe noch ein Sprichwort erfunden: »Das, was man nicht weiß, ist Wirklichkeit, und das, was man sich ausdenkt, ist Phantasie.« Wenn man einmal das Problem kennt, kann man mit ein bißchen Planung Gelegenheiten schaffen, mit den Mitgliedern der Familie wirklich Verbindung aufzunehmen. Vielleicht könnt ihr hierbei auch einige Veränderungen zusammenbringen.

Es gibt noch einen Aspekt der Zeit, der eine große Rolle dabei spielt, wie gut Organisation funktioniert. Er betrifft das Zeiterleben jedes einzelnen und außerdem die Verschiedenartigkeit dieses Erlebens je nach Situation. Wenn du zum Beispiel aufgeregt bist, weil etwas auf dich zukommt, das du erwartest, scheint die Zeit endlos. Bist du mit etwas, was du besonders gern hast, beschäftigt und davon gefesselt, vergeht die Zeit wie im Fluge. Es gibt überhaupt keine direkte Beziehung zwischen dem Erleben der Uhrzeit und dem Erleben der persönlichen Zeit. Fünf Minuten können wie eine Stunde erscheinen oder wie eine Minute. Wie verschieden die Familienmitglieder die Zeit erleben, zeigt sich darin, wie die Arbeit getan wird.

Das Erleben von Zeit ist ein wichtiger Teil des Abschätzens der Zeit. Das vorherige Abschätzen der Zeit ist maßgebend für die Ausführung von Anordnungen und Verpflichtungen. Ich kenne viele Leute, die in alle möglichen Schwierigkeiten miteinander geraten, weil sie zu spät kommen. Die sofort folgende Vermutung, daß der Zuspätgekommene einen nur ärgern wollte, muß nicht unbedingt zutreffen.

Dem individuellen Erleben und Handhaben der Zeit als Teil des Problems wird wenig Aufmerksamkeit geschenkt. »Wenn du mich lieben würdest, wärst du pünktlich.« »Wenn du nicht so dämlich wärst, wärst du fertig.« Wir haben vorhin über Erpressung gesprochen, und dies ist eine ihrer Formen.

Kinder werden andauernd kritisiert, weil sie zu spät kommen. Eine Menge Familien versuchen mit dieser Langsamkeit ihrer Kinder eher durch Bestrafung als durch Belehrung fertig zu werden.

Wenn man auf die Welt kommt, weiß man nichts darüber, wie man seine Zeit einteilen kann. Das ist etwas, das man erst langsam über lange Jahre hin lernt. Ich glaube, daß mit der Zeit umgehen zu lernen eine der kompliziertesten Arten des Lernens fürs Leben ist. Viele Erwachsene haben immer noch Schwierigkeiten damit. Denke einen Augenblick lang an all die Faktoren, die jemand berücksichtigen muß, der um acht Uhr morgens sagt: »Heute abend um sechs Uhr werde ich an der und der Stelle sein.« Dieser Ort ist vielleicht fünfundzwanzig Kilometer entfernt. Es findet den ganzen Tag hindurch ein ständiger Prozeß des Auswählens, Ausscheidens und Regelns statt mit allem, was auftaucht, damit er pünktlich dort sein kann. Wie kann er die Erfordernisse seines Tagesablaufs rechtzeitig erledigen? Kann er die Einzelheiten des Transportes dorthin abschätzen? In welcher Weise sollen Unterbrechungen berücksichtigt werden? Wenn man darüber nachdenkt, ist es eigentlich wirklich ein Wunder, wie er sich selbst so steuern kann, daß er genug darüber weiß, wie dieser Tag abläuft oder ablaufen wird, um dir und sich selbst um acht Uhr morgens garantieren zu können, daß er um sechs Uhr abends dort ankommt.

Denken Sie über sich selbst und Ihre Beziehung zur Zeit nach. Blättern Sie zurück und betrachten Sie Ihre Familienzeittafel. Wenn die Komplexität der Verwendung von Zeit in größerem Maße begriffen würde, gäbe es mehr Verständnis und weniger Vorwürfe. Ich möchte wetten, daß in sehr vielen Familien von den Kindern verlangt wird, die Zeit in einer Weise zu handhaben, wie es die Erwachsenen selbst nicht können.

Viele Hausfrauen kommen hier in Schwierigkeiten. Sie sind damit einverstanden, daß sie um sieben Uhr abends das Essen fertig haben sollen. Tagsüber ruft jemand an oder kommt zu Besuch. Sie sehen etwas, das sauber gemacht werden muß, sie werden ganz von einem Buch in Anspruch genommen. Plötzlich merken sie, daß es sieben Uhr ist und sie nicht fertig sind mit dem Zubereiten des Abendessens. Das schafft Situationen, die Verärgerung hervorrufen. Diese Frau wird vielleicht auch mit Schimpfworten wie »faul« und »verantwortungslos« belegt.

Die Art, wie jeder Mensch die Zeit erlebt, ist verknüpft mit seiner Bewußtheit, seiner Motivation, seinen Kenntnissen und seinen Interessen; sie ist ein Teil seiner Einzigartigkeit. In Erfahrung zu bringen, wie jeder Mensch von der Zeit Gebrauch macht, ist ein wichtiger Faktor in jeder Beziehung — keine zwei Leute verwenden sie in der gleichen Weise.

Wenn Zeitpläne stärker als wünschenwerte Leitfäden statt als Bewertungsmaßstäbe für guten Charakter verwendet werden, kommen wir vielleicht der Beseitigung von einigen Problemen etwas näher, die sonst daraus entstehen. Nachdem ich über anderthalb Millionen Luftmeilen gereist bin, habe ich entdeckt, daß sogar das Flugzeug mit dem planmäßigen Abflug drei Uhr siebenundvierzig manchmal nicht vor acht Uhr zehn morgens oder abends startet. Ich habe für mich selbst einen Leitfaden entwickelt, der folgendermaßen aussieht: Um eine zeitliche Verpflichtung einzugehen, wende ich mein größtmögliches Urteilsvermögen auf. Dann tue ich mein möglichstes, um das einzuhalten. Wenn es sich herausstellt, daß sich die Dinge so entwickeln, daß ich es nicht einhalten kann und sie nicht ändern kann, ärgere ich mich nicht deswegen. — In meiner Erziehung war *Pünktlichkeit* ein unantastbares Gebot. Wenn ich nicht pünktlich war, wurde ich bestraft; deshalb *mußte* ich, egal was geschah, pünktlich sein. Das Ergebnis war natürlich, daß ich häufig zu spät kam. Mit meinem gegenwärtigen Leitfaden läuft jetzt die Sache. Ich komme selten zu spät. Ich kämpfe nicht mehr mit mir selbst.

Ohne daß wir es wissen, beherrscht die Uhr das Leben vieler von uns. Anstatt unsere Helferin zu sein, wird sie zu unserer Herrin. Unsere Haltung zur Zeit beeinflußt stark unsere Leistungsfähigkeit, mit der wir unsere Arbeit tun.

Zum Beispiel folgen viele Leute einem Plan strenger Einhaltung der Essenszeiten. Das bedeutet, daß von jedem erwartet wird, zu einer bestimmten Uhrzeit am Tisch zu sitzen. Von der Köchin wird erwartet, daß sie es so hinkriegt, daß das Essen dasteht. Es kann sein, daß zu dieser Zeit niemand hungrig ist. Es dürfte Schwierigkeiten verursachen, wenn diejenige, die gekocht hat, glaubt, man würde sie nicht lieben, wenn man zu diesem Zeitpunit nicht mit großem Appetit ißt. Ich weiß, daß so etwas häufig vorkommt. Also ißt man, um die Köchin nicht zu kränken. Man wird dick und erbricht, wenn man kann. Nicht zu essen hat nichts damit zu tun, ob man die Person, die gekocht hat, liebt, son-

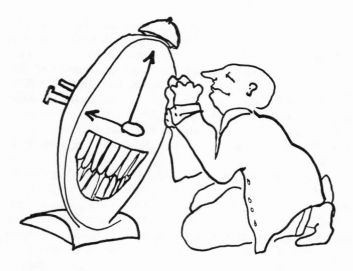

dern damit, wie es im eigenen Körper, besonders dem Magen, gerade steht. Ich plädiere jetzt keineswegs für Essen oder gegen Essen. Wichtig ist für mich, daß Menschen tun, *was für sie richtig ist!* Wenn sie nicht viel Hunger haben, brauchen sie nicht viel zu essen. Wenn sie Hunger haben, können sie mehr essen. Uhrzeit und eigene Zeit fallen nicht immer zusammen.

Es kommt selten vor, daß zwei Menschen zur selben Zeit innerlich an genau der gleichen Stelle sind. Das gilt für die Sexualität genauso wie für die Ernährung und sicherlich für Wünsche und Forderungen. Ich habe beobachtet, daß man Zugeständnisse macht, wenn man sich wirklich bewußt ist, daß die Menschen zu verschiedenen Zeiten an verschiedenen Punkten sind. Anstatt deswegen zu resignieren, beginnen sie mit Verhandlungen und kommen gewöhnlich zu irgendeiner Vereinbarung. Die ist vielleicht nicht für jeden das »Gelbe vom Ei«, jedem wird aber die Chance geboten, etwas zu bekommen.

Ich kenne ein Ehepaar, wo die Frau manchmal abends Lust hat, einkaufen zu gehen. Ihr Mann ist vielleicht müde und würde lieber nicht ausgehen. Sie teilt ihm ihren Wunsch mit und er antwortet, daß er ein bißchen müde sei, er würde aber mitgehen, wenn sie nicht erwartet, daß er sich besonders interessiert oder beteiligt. Wenn sie antwortet, daß ihr das schon recht sei, gehen die beiden vielleicht hinterher noch in einen Film. Sein Gefühl, seiner Verfassung entsprechend dabeigewesen zu sein, gibt ihm vielleicht mehr Energie, und schließlich kann er sich an dem Film wirklich freuen. Er muß nicht darum streiten, wer das Recht hat, wem was zu befehlen.

Die Auffassung, daß *du* genau dort sein sollst, wo *ich* bin, ist eine sehr kostspielige. Im Gegenteil: Wenn die Frau zu ihrem Mann gesagt hätte: »Ich möchte einkaufen gehen und du solltest mich begleiten, weil du mein Mann bist«, geht er, um Streit zu vermeiden. Er wird aber sehr steif und gezwungen sein und sich nicht gut unterhalten können. Das kann sie verärgern, und der Streit geht los. Wenn wir darauf warten wollten, bis jeder genau zur gleichen Zeit da ist, wo alle andern sind, könnten wir ewig warten. Wenn wir verlangen, daß die anderen Leute dort sind, wo wir stehen, riskieren wir, daß zwischenmenschliche Schwierigkeiten entstehen. Wenn wir fragen, wo die Leute stehen, und ihnen sagen, wo wir sind, und dann in Kontakt und eventuelle Verhandlungen eintreten und gleichzeitig akzeptieren, wie die gegenwärtige Realität aussieht, kann sich etwas Besseres entwickeln.

Die Frage lautet somit: Wie kann jeder dem anderen die nötige Information geben, und wie kann jeder dem anderen Raum geben auf solche Weise, daß beide davon profitieren?

Jedes Mitglied der Familie muß Raum für sich haben und einen Platz sein eigen nennen können, wo es sich darauf verlassen kann, daß es durch andere nicht gestört wird. Es spielt dabei keine Rolle, ob es groß oder klein ist. Es ist leichter, deinen Bereich zu respektieren und zu achten, wenn ich meinen habe, der von dir respektiert und geachtet wird. Fühlen zu können, daß ich selbst einen eigenen Bereich habe, buchstäblich einen sicheren Bezirk, bedeutet: »Ich bin jemand.« Diese Gewißheit nicht zu haben führt oft zu der Haltung: »Mir ist alles egal. Na, und? Was bedeutet alles das schon? Ich räume die Küche auf, und du bringst alles durcheinander.«

Wie oft hast du zum Beispiel von einem Kind schon bittere Bemerkungen darüber gehört, wie ein anderes Kind Sachen von ihm weggenommen hat oder in seinen Bereich eingedrungen ist? Oder hast du schon einmal einen Vater (vielleicht deinen) schimpfen gehört, weil ein Werkzeug von seinem Platz genommen worden war?

Das gleiche trifft für eine Frau zu, die in der Küche zu tun hat und nach etwas sucht, das jemand weggenommen und nicht wieder an seinen Platz getan hat. Ich habe ähnliche Klagen von älteren Geschwistern gehört. Stelle dir nur einmal selbst vor, was für ein Gefühl du hast, wenn du Angst hast, daß jemand deine Sachen stiehlt.

Das führt dazu, daß man Orte hat, wo man seine Kleider hintut und verwahrt. Sich darauf verlassen zu können, daß man über seine eigenen Sachen bestimmen und an der Entscheidung darüber teilhaben kann, wie und wann diese von anderen benutzt werden, ist sehr entscheidend dafür, daß ein Mensch sich geachtet und etwas wert fühlt. Das ermöglicht ihm mehr Sicherheit, sich auf andere verlassen zu können.« Materieller Besitz ist nicht immer leicht zu erwerben. Er braucht Pflege. Der Gebrauch von Sachen spiegelt oft das Selbstwertgefühl wieder. Ich sorge für mich und pflege meine Sachen; ich nehme auf dich Rücksicht und ich beachte deine Sachen. Es muß eine klare Besitzesanzeige geben, die, wie ich glaube, eng verbunden ist mit Intimsphäre und Achtgeben auf Eigentum.

Ich meine, daß eine klare und zuverlässige Erfahrung im Umgang mit Eigentum den Weg ebnet für gegenseitiges Mitteilen — miteinander teilen —, weil es ein Ausdruck des Selbstwertes ist und die Ängste in bezug auf das Teilen beseitigt. Ich glaube, daß ein Kind kristallklar wissen muß: »Das gehört mir, und ich kann damit machen, was ich will.«

Manche Eltern kaufen zum Beispiel einem Kind ein Spielzeug in der Erwartung, daß es das mit einem anderen Kind teilt. Dann geraten sie außer Fassung, weil es mit dem Teilen nicht klappt. Wenn es ein »allgemeines Spielzeug« ist, das gemeinsam benutzt wird, dann sollte es als solches bezeichnet werden. Sehr oft klappt die Sache deswegen nicht, weil das Versprechen der Intimsphäre und des Eigentums nicht sichergestellt wurde. Ich glaube, daß es gut ist, gegenseitiges (Mit-)teilen zu lehren. Teilen ist auch einer jener komplizierten Lernprozesse, die eine lange Zeit brauchen, bis sie völlig begriffen sind. (Mit-)teilen ist nur möglich, wenn Vertrauen besteht. Ich bin der Meinung, daß Eltern ihre Kinder oft zum Teilen anhalten, wenn sie es noch nicht können, und sie dann für schlechte Resultate bestrafen. In den gleichen Familien sehe ich oft keine Anzeichen dafür, daß die Erwachsenen erfolgreich teilen und mitteilen gelernt haben.

Miteinander (mit-)teilen heißt für mich: die Entscheidung eines Menschen, einen anderen in sein Eigentum, seine Zeit, seine Gedanken und seinen Raum hineinzulassen.

Übrigens habe ich nichts gegen gemeinsam benutzte Spielzeuge, aber ich finde, daß klar sein sollte, welches »Allgemeinspielzeuge« und welches persönliche Spielzeuge sind, die ausgeliehen werden *können*. Wie oft liegen gemeinsame Spielzeuge überall im Wohnzimmer verstreut, und wenn der Vater oder die Mutter ruft: »Zeit zum Aufräumen!« sagt jedes Kind »Das ist nicht *mein* Spielzeug.« Ich glaube, hier kann etwas gelernt werden. Warum könnte es nicht zu einem Allgemeinspielzeug erklärt und jeweils für einen Tag ausgeliehen werden? Für heute kannst du deinen Spaß damit haben und bist dafür verantwortlich. Viele Leute versuchen, das Teilen ohne das dazugehörige Vertrauen und Wertgefühl zu lehren.

Wenn du nun an diesem Punkt angelangt bist, hast du hoffentlich all die notwendigen Vorarbeiten geleistet für eine ganz klare, feste Liste derjenigen Aufgaben, die nötig sind, damit deine Familie funktioniert.

Vielleicht sind deine Prioritäten neu bewußt. Keine Organisationstechnik wäre notwendig, wenn es keine Leute gäbe. Sie ist nur wichtig, weil sie das Leben verbessern kann. Wenn sie das Leben erschwert, muß eine neue Organisationstechnik ausgearbeitet werden.

Vielleicht hast du jetzt durch das, worauf dieses Kapitel konzentriert war, umfassendere Vorstellungen darüber gewonnen, wie du weniger belastet und zuversichtlicher sein kannst.

Die ganze organisationstechnische Seite der Familie wird durch ein leistungsfähiges, wohlverstandenes Informationssystem zusammengehalten, das in einer Atmosphäre des Vertrauens und der Menschlichkeit wirkt.

16. Kapitel

Die erweiterte Familie

Jeder kennt die Wahrheit des alten Spruches: »Du kannst deine Freunde wählen, aber deine Verwandten hast du einfach.« Dabei sind Verwandte — Schwiegereltern und Verschwägerte, Großeltern, Tanten, Onkel, Nichten, Neffen und so weiter — alles Menschen, die gesetzlich und durch Blutsverwandtschaft in Beziehung zueinander stehen. Sie sind *vorhanden* durch den natürlichen Ablauf der Dinge, und auch der stärkste Wunsch kann sie nicht wegzaubern.

Ich halte es für sehr traurig, daß die meisten von uns ihren Verwandten bekannt wurden, als wir kleine Kinder waren, und sie so niemals *als Menschen* kennengelernt haben. Wir hängen mit ihnen einfach zusammen und erlauben uns nicht, sie zu genießen.

Erfreust du dich an deinen Schwiegereltern, Schwägern und Schwägerinnen, deinen Großeltern, Enkeln, Nichten und Neffen? Wenn ja, dann kannst du sie wirklich als Menschen behandeln, mit ihnen Kritik, Zweifel, Schmerz und Liebe teilen. Vielleicht ist es auch umgekehrt: wenn du deine Verwandten wirklich als Menschen behandelst, dann kannst du dich an ihnen vielleicht erfreuen.

An allen Menschen kann einiges zu bestimmten Zeiten erfreuen. Wer hat je gesagt, daß alles an jeder Person jederzeit erfreulich ist?

Wenn ich Ihnen in diesem Kapitel die Wichtigkeit und

Möglichkeit von Freude am Kennenlernen Ihrer Verwandten und Angeheirateten *als Menschen* vermitteln kann, habe ich mein Ziel erreicht.

Häufig geschieht es, daß wir unsere Verwandten erst kennenlernen, nachdem wir schon durch die Meinung anderer ein Vorurteil gebildet haben. Es ist bei Eheleuten üblich, daß sie Gespräche wie das folgende führen:
»Dein Vater ist ein Geizkragen.«
»Dein Vater ist bloß ein Waschlappen. Er tut alles, was deine Mutter ihm sagt.«
»Deine Mutter würde nie auf meine Kinder aufpassen.«
»Meine Mutter liebt *ihre* Enkelkinder.«
Es können sogar so direkte Bemerkungen fallen, wie:
»Nimm deine Zunge in Zaum, wenn deine Großmutter hier ist.«

Es ist leicht verständlich, wie Kinder zu stereotypen Vorstellungen über ihre Verwandten kommen. Bevor sie versuchen können, sie kennenzulernen, werden sie ihnen als Engel, Teufel, Plagen oder Nichtsnutze vorgestellt. Jedes Kind beginnt seine Großeltern durch die Augen seiner Eltern zu sehen, und das bringt einige ernsthafte Schwierigkeiten mit sich für den Versuch, sie je als menschliche Wesen zu sehen.

Der Himmel allein weiß, in wie viele Fallen Verwandte miteinander geraten können. Zwischen einigen besteht echter Krieg, zwischen anderen einfaches Aus-dem-Weg-Gehen. Einige versuchen, ein bestehendes Problem durch Selbstentfremdung zu lösen. Leute sagen zu mir: »Ich wünschte, meine Kinder könnten ihre Großeltern kennenlernen. Ich fühle mich darüber manchmal schlecht. Aber es ist so schmerzlich, sie zu besuchen.«
Oder: »Meine Mutter verwöhnt die Kinder nur, und ich mag das nicht.«
Oder: »Mein Vater zieht meinen Sohn vor und kümmert sich nicht um meine Tochter.« Oder umgekehrt.

Du hast vermutlich solche Aussagen und viele ähnliche gehört. Wenn ich so etwas höre, verstehe ich es als Auswirkung von nicht bewältigten Problemen im Sinne der Gefühle, die eine Person über sich selber hat. Dazu kommt noch, daß sie die Erwachsenen in ihrer Familie nicht als Menschen ansieht und sie außerdem noch mit ihren Rollen verwechselt. Dieser Fehler unterläuft sehr häufig.

Ehepartner machen das mit ihren Eltern, indem sie sie »die alten Herrschaften« nennen. Sobald du jemandem eine Bezeichnung gegeben hast (»alt«, »Tantchen«, »Großpapa« oder ähnliches), hörst du auf, von ihm als Person zu denken. Solche Klischees beherrschen einen Großteil der Atmosphäre innerhalb der erweiterten Verwandtschaft. Die Generationen-Kluft besteht somit gleichfalls zwischen Eltern und Großeltern wie zwischen Eltern und Kindern. Ich definiere die Kluft zwischen Generationen als einen Bereich der Entfremdung, der noch nicht überbrückt wurde.

Andererseits können alle miteinander menschlich sein, sobald die Ehepartner sich ihren Eltern gleichgestellt fühlen. Jeder einzelne wird dabei als eine einmalige, wertvolle Person behandelt. Jeder respektiert gegenseitig des anderen Privatraum und ist fähig, zu genießen, was aneinander Freude bereiten kann. Jeder ist imstande, jene Lebensbereiche zu verändern, die nicht so erfreulich sind.

Diese Leute nehmen den Standpunkt von *Menschen* ein, nicht den von *Rollen*. Wer heute Ehemann oder Ehefrau ist, ist in zwanzig Jahren Großvater beziehungsweise Großmutter. Heutige Kinder sind morgen Eltern und in dreißig oder vierzig Jahren Großeltern. Sie werden älter und übernehmen andere Rollen, während sie reifen. Jedoch ist es in allen diesen Stadien *Johanna*, die eine Ehefrau ist, *Johanna*, die eine Mutter ist, *Johanna*, die eine Großmutter ist.

Was ich damit sagen will, ist, daß Ehemann-Ehefrau, Eltern-Kind, Großeltern-Enkel und so weiter Rollennamen sind, die Menschen zu bestimmten Zeiten in ihrem Leben annehmen. Die Rollen bestehen aus zwei Teilen: der Beschreibung davon, wer zu wem in Beziehung steht, und der Beschreibung, wie diese bestimmte Rolle gelebt wird. Essie Hawkins ist meine *Großmutter väterlicherseits*, oder: Essie

Hawkins sagt, daß Jane Sutter ihr *Enkelkind* ist, die *Tochter* ihres *Sohnes* Harry. Wen treffen Essie und Jane, wenn sie zusammenkommen? Menschen oder Rollen? Rollen sind steril und ehrfurchtgebietend, Menschen sind anregend.

Ich versuche etwas auszudrücken, was ziemlich offensichtlich ist, wenn es einmal erkannt ist, aber doch von vielen, vielen übersehen wird. Hinter jedem Rollennamen steht ein persönlicher, ganz bestimmter Name — Alice, Heinrich, Maria Klingel oder Wasserschmitt. Rollen sind den verschiedenen Kleidern oder Hüten vergleichbar, die man trägt, je nachdem, mit wem man zu welchem Zeitpunkt zusammentrifft.

Laß es mich illustrieren: Hier ist Alice Süß, sechsundvierzig Jahre alt, mit Georg Süß, siebenundvierzig Jahre alt, verheiratet. Alice und Georg haben drei Kinder: Margarete, fünfundzwanzig, Bruno, dreiundzwanzig, und Adolf, siebzehn Jahre alt. Margarete ist mit Hans verheiratet. Er ist dreißig Jahre alt; Margarete und Hans haben drei Kinder. Bruno ist mit Anita verheiratet, sie ist auch dreiundzwanzig Jahre alt; sie haben zusammen ein Kind. Nehmen wir Georg als Beispiel.

Wenn er mit Alice zusammenkommt, nennt er sich Ehemann, weil sie seine Frau ist und sie verheiratet zusammen leben. Wenn er in die Nähe von Bruno, Margarete oder Adolf kommt, trägt er seinen Vater-Hut, wenn wir annehmen, daß er etwas tut, was seinen Vorstellungen von väterlichen Tätigkeiten entspricht. Wenn er mit Hans oder Anita zusammentrifft, ist er Schwiegervater und tut, was immer diese Rolle von ihm verlangt. Wenn er mit Margaretes Kindern zusammen ist, ist er Großvater. Nehmen wir jetzt an, er befindet sich in Gegenwart all dieser Personen. Dann kann er jeden einzelnen dieser Hüte aufsetzen. Nun kenne ich aber Leute, die zu der Zeit im Leben, wie Georg sie erreicht hat, nur noch den Hut des Großvaters tragen. Irgendwie sind ihre Teile des Selbst, die Schwiegervater, Vater und Ehemann darstellen, verschwunden.

Ich erinnere mich an eine Familie, die mich einmal besuchte. Ethel, die Ehefrau in der Familie, brachte ihre dreiundsiebzigjährige Mutter mit, die mir als Großmama vorgestellt wurde. Als ich ihre Hand nahm, sah ich sie an und fragte sie nach ihrem Namen. Zuerst schaute sie mich mit leerem Blick an, doch schließlich sagte sie nach einigen Momenten sehr weich: »Anita«. Darauf sagte ich zu ihr: »Guten Tag, Anita!« In diesem Moment strömten Tränen über ihre Backen. Sie sagte, daß sie seit fast zwanzig Jahren zum ersten Mal wieder ihren Vornamen gehört habe. Anita als Person und nicht bloß als Großmutter zu sehen wurde ein sehr wichtiger Faktor für diese Familie, als sie sich einigen neuen Vorstellungen öffnete, wie sie als Menschen zusammenarbeiten könnten.

Ich wünschte, daß Rollennamen neue Bedeutungen erhalten könnten. Statt der Emotionen, die wir in Rollennamen hineinlesen, würde ich sie gern lediglich als ›irgend etwas bezeichnend‹ sehen. Warum können nicht zwei, die zu irgendeinem Zeitpunkt zusammen sind, einfach Menschen *sein*, ohne Rücksicht darauf, ob sie Tante Fanni, Onkel Peter, Cousine Elly oder Baby Hanni sind. Zuallererst und vor allem sind sie Menschen. Ich kenne kein universelles Verhalten, das als Vaterverhalten, Mutter-, Ehemann-, Ehefrau-, Tanten- oder Onkelverhalten definierbar wäre, und ich habe nie jemanden gefunden, der es ausübte.

In wichtigem Zusammenhang mit dieser Tatsache steht, daß die Mitglieder einer Familie fast immer denken, sie würden sich gegenseitig wirklich kennen. Welcher Elternteil meint nicht, er kenne sein Kind, bis es etwa vierzehn oder fünfzehn Jahre alt ist? Welches Individuum denkt nicht, es kenne seine Mutter oder seinen Vater? In Wirklichkeit liegt der Fall häufig so, daß das, was die Person kennt, die *Rolle* des anderen ist. Um diese Lücke zu schließen, muß jeder mit dem anderen als Person vertraut werden, und die ändert sich von Zeit zu Zeit. Dabei sind die gleichen Mittel und Wege anzuwenden, wie bei dem Versuch zweier fremder Menschen, einander kennenzulernen. Laß uns dieser Tatsache gerade ins Gesicht sehen — es ist bedeutend schwieriger, das mit Leuten zu tun, mit denen du gesetzlich oder blutsmäßig verbunden ist, wegen dieser verflixten Unterstellung, daß du sie bereits kennst. In vielen Kontakten mit Familien fand ich, daß Familienmitglieder einander am ehesten Fremde sind.

Häufig passiert es, daß Familienmitglieder in einer ihrer Rollen steckenbleiben und dann die Rolle ihr ganzes Selbst beherrscht. Ich bin dessen sicher, daß ein Großteil der Schwierigkeiten, die zwischen älteren Personen und anderen Familienmitgliedern bestehen, allein darin begründet ist, daß die Gefühle der Älteren über sich selbst im »Großeltern-Sein« gebunden sind. Ich könnte hierzu sagen, daß wir die Opfer einer umfangreichen Mythologie geworden sind. Der Mythos lautet, daß du zu jung für die meisten Angelegenheiten bist, solange du noch nicht einundzwanzig bist (nach deutschem Gesetz achtzehn; Anmerkung der Übersetzer). Wenn du zwischen einundzwanzig und fünfundvierzig Jahren bist, wird unterstellt, daß du dich an deinem richtigen Platz befindest. Zwischen fünfundvierzig und dem Tod bist du meist zu alt, um irgend etwas tun zu können. Das eigentlich Interessante daran ist nun: Nachdem du einundzwanzig Jahre lang »zu jung zu« warst, bist du wirklich nicht vorbereitet, wenn du »an deinen richtigen Platz« kommst. So kannst du ihn nicht richtig nützen. Während du dann an deinem »richtigen Platz« bist, kannst du lediglich dem entgegensehen, daß du bald nicht mehr am »richtigen Platz« sein wirst, so daß du dich nicht echt freuen kannst. Auf diese eigenartige Weise gehen viele von uns durchs Leben und haben nie wirklich den Eindruck, an dem Platz zu sein, an dem sie sein sollten.

Wenn wir uns einmal zu sehen erlauben, daß wir, *unabhängig von unserem Alter, dort am richtigen Platz sind, (weil und) wo wir uns gerade jetzt befinden, können wir unsere Gefühle des eigenen Wertes frei entwickeln und uns an der augenblicklichen Entwicklungsphase erfreuen.* Wie kannst du dich denn schließlich gut fühlen, wenn dir immer gesagt wird »Du bist zu jung, das zu tun« oder »Du bist zu alt, das zu tun«?

Ich meine, daß eine Person mit ihrer Geburt in einen Prozeß des Wachsens und Reifens tritt, der sich fortsetzt, bis sie stirbt. Was danach kommt, weiß ich nicht. Wenn wir tun würden, was uns als menschliche Wesen zu tun möglich ist, würden wir uns ständig weiterentwickeln. Man kann heute mit weitgehender Sicherheit sagen, daß der Körper sich den Gefühlen über den eigenen Wert anpaßt — die Haut, die Muskeln, die Knochen stehen stärker zum eigenen Selbstwertgefühl in Beziehung als zu irgend etwas anderem, vielleicht mit Ausnahme der Beziehung zur Ernährung. Und ich möchte meinen, daß fast jeder weiß, daß Menschen, die stärker zu Krankheiten neigen, unvollständige, verzerrte und unerwünschte Vorstellungen von sich selbst haben.

Ich möchte hier etwas über Familienrituale und Traditionen einfügen, was häufig eines der schwierigsten Gebiete im Umgang innerhalb der erweiterten Familie ist. Rituale (gemeint sind sich wiederholende Handlungsabläufe; Anmerkung der Übersetzer) können auf viele Weisen angewendet werden. Wo regelhafte Handlungsabläufe entwickelt werden, die den bestimmten Lebensstil einer individuellen

Familie widerspiegeln, kommt es zu einem effektiven Gebrauch dieser Rituale, wenn sie nicht »in Blut geschrieben« sind und von Zeit zu Zeit geändert werden können. Sie dienen als Indikatoren dessen, was in der Familie wichtig ist. Ich kenne eine Familie mit dem Ritual, daß jedes Kind automatisch eine Uhr geschenkt bekommt, wenn es fünfzehn Jahre alt ist; sobald es sechzehn ist, kann es Moped fahren und so weiter. Ein Ritual kann in anderer Form dazu benutzt werden, eine Zugehörigkeit anzuzeigen — eine Art Clan-Symbol. Außerdem muß ein Ritual nicht verlangen, daß jeder anwesend ist. Die unabänderliche Anforderung, daß jedes Familienmitglied zu erscheinen hat, etwa zu den Feiertagen im Hause der älteren Generation, sind einige der schlimmsten Dinge, die in Familien geschehen können. Auf diese Weise wird das Ritual häufig zur *Pflicht,* da es von einer *Regel* begleitet wird. Ich kenne einige junge Paare, die ihre Feiertage vollkommen verderben, weil sie Weihnachten sowohl mit den Eltern des Mannes wie der Frau zu verbringen haben. Sie befleißigen sich daher, zwei Festessen einzunehmen und ähnlich unsinnige Dinge und haben keine Chance, ihre eigene Selbständigkeit als Familie zu entwickeln. Wenn vielleicht alle Familienmitglieder miteinander befreundet wären und zueinander als *Menschen* in Beziehung stünden, würden sie die Gelegenheit des Zusammenkommens pflegen. Ihre Rituale wären flexibel und zugänglich. Sie würden zusammensein, wenn es gut möglich ist.

Zusammen zu sein, weil es die Familie verlangt, kann für die meisten Menschen eine abscheuliche Erfahrung sein. Hinsichtlich einer Überbrückung von inneren Abständen wird dadurch sehr wenig erreicht.

Das junge Paar, das die Spannung erlebt, zu beiden Elternpaaren zu müssen, und gleichzeitig wünscht, etwas für sich selbst zu haben, erlebt eine furchtbare Frustration. Vielleicht wäre es gut, wenn Rituale aufgelöst würden, sobald die Kinder ihre eigene Familie gegründet haben. Ich weiß, daß wir alle dazu neigen, Rituale so zu übertreiben. Ich lernte einmal ein junges Paar kennen, das glaubte, daß es jeden Freitag abend seine Mutter besuchen müßte, anderenfalls würden fürchterliche Sachen passieren: seine Mutter, die Schwiegermutter seiner Frau und Großmutter seiner Kinder würde einen Herzanfall bekommen, niemals wieder mit ihnen sprechen, sie würden aus irgendeiner Erbschaft ausgeschlossen werden oder ähnliches. Das ist ein ziemlich hoher Preis für den »Frieden in der Familie«.

Am meisten würde mich von meiner Tochter verletzen, wenn ich herausfände, daß sie glaubt, sie *müsse* zu mir zum Weihnachtsessen kommen, damit ich nicht verletzt wäre. Ich würde mich als miserabler Versager empfinden, weil ich sie nicht zu einer autonomen Persönlichkeit heranwachsen ließ und weil ich zwischen uns die Art der Kommunikation nicht entwickelt habe, die jedem möglich macht, den anderen zu erfreuen.

Aufgrund meines Erlebens glaube ich fairerweise sagen zu können, daß ein Großteil dessen, was in Familien Schwierigkeiten bedingt, von Erwachsenen verursacht wurde, die nicht gelernt haben, ihre Eltern-Kind-Beziehung zu ihren eigenen Eltern aufzugeben. Sie müssen in eine Beziehung als gleiche miteinander treten, in der jeder den Privatraum und die Autonomie des anderen respektiert und in der *Freude* der Grund des Zusammenkommens ist.

Umgekehrt haben mich viele Leute in den sechziger Jahren um Hilfe dabei gebeten, ihre erwachsenen Kinder von ihrem Hals zu bekommen. »Sie kommandieren mich ständig herum und sagen mir, was ich tun soll.« Für einige »Erwachsene« dürfte es ein neuer Gedanke sein, daß ihren Eltern ihre Vorstellungen keineswegs so willkommen sind!

Viel Gebundenheit entsteht aus unserem Bewußtsein von der Einsamkeit anderer, die wir dadurch zu beheben suchen, da wir uns selbst frustrieren. Das endet gewöhnlich in einer Pflicht, die sich in eine schwere Last wenden kann. Zum Beispiel: Du bist meine Mutter, und ich meine, daß du einsam bist. Du hast keinerlei Freunde. Du tust nichts, und ich empfinde wenig Freude mit dir, weil du immer klagst. Aber ich gehe zu dir hinüber und besuche dich und sitze die ganze Zeit mit zusammengebissenen Zähnen da. Oder ich ärgere dich, indem ich dir sage, was du tun solltest, und mich dann frustriert fühle, wenn du es nicht tust. Das versuchen viele Leute und bezahlen dafür mit eigenenen niedrigen Selbstwertgefühlen. Eine erwachsene Person muß frei sein, in realistischer Weise *ja* und *nein* zu sagen, und zur gleichen Zeit fähig sein zu fühlen, daß sie nichts dabei verliert, wenn sie für sich selber hinsteht.

Das führt mich auf ein anderes Thema — helfen. Es gibt viele ältere Leute, die krankheitshalber auf ihre Kinder angewiesen sind. Wie können sich zwei Menschen als gleiche begegnen, obwohl sie einander Hilfe geben und voneinander empfangen? Manchmal mündet die Anstrengung zu helfen in der bekannten Art von Erpressung (der »Klette«). Das heißt: »Du mußt mir helfen, weil du mein Sohn bist. Ich kann nichts tun. Ich bin so arm und schwach.« Oder: »Du bist mein Vater (meine Mutter), und du mußt dir von mir helfen lassen.« Erneut handelt es sich hier um zwei Menschen, die bis jetzt nicht gelernt haben, auf ihren eigenen beiden Beinen zu stehen. Wer sich heute in Familien umschaut, wird Hunderte von Beispielen finden, wo Leute sich gegenseitig unter dem Zeichen von Hilflosigkeit und Hilfsbereitschaft erpressen, was jedesmal zu einem Klettendasein führt. Wenn sich Eltern von ihren Kindern geschätzt, nützlich, beachtet und geliebt, aber nicht angekettet fühlen, beweist das Erfolg für sie, meine ich. Ich denke, daß das gleiche für die Kinder gilt. Wenn sie sich von ihren Eltern geschätzt, als brauchbar angesehen, gemocht und beachtet fühlen und diese nicht an ihnen klebend empfinden, haben auch sie den Eindruck, daß ihre Eltern und sie selbst als Personen erfolgreich sind.

Es gibt natürlich Zeiten, in denen Menschen unbedingt Hilfe brauchen. Doch die Gelegenheiten, wo »Hilfe« benutzt wird, um sich anzuhängen, sind bedeutend häufiger. Einige unter den Lesern werden jetzt denken: »Um Himmels willen, wie soll ich je Kontakt zu meiner Schwiegertochter (meinem Schwiegersohn, meiner Schwiegermutter, meinem Schwiegervater, meiner Mutter, meinem Vater, meiner Tochter, meinem Sohn) haben, denn was du beschreibst, kann zwischen uns niemals zustande kommen; wir haben uns noch nie miteinander freuen können. Meine Schwiegermutter wollte ohnehin nicht, daß ich ihren Sohn heirate. (Mein Vater kann meinen Mann nicht leiden. Meine Mutter wünschte nicht, daß ich meine Frau heirate. Meine Schwiegermutter verlangt von meinem Mann ständig, daß er etwas für sie tut.)«

Laß mich dazu etwas sagen. Es kann nicht über Nacht geschehen, und es ist nicht leicht, aber es ist möglich. Das einzige, was ich dir antworten kann, ist, daß es niemanden gibt, der in irgendeiner Beziehung hundertprozentig ist. Versuche mit einer neuen Sicht der Dinge manches nachzuprüfen und auf Entdeckungsreisen zu gehen.

Weiter möchte ich anmerken, daß Menschen sich verschieden leicht und viel an anderen freuen können. Mit Sicherheit sage ich nicht, daß jeder jeden anderen gleich gern haben kann. Jedoch kann in den meisten Familien viel geleistet werden, sobald einmal der Gedanke ihren Mitgliedern in Fleisch und Blut übergegangen ist, daß alle Menschen sich aus verschiedenen Teilen (zum Beispiel Eigenschaften, Fähigkeiten; Anmerkung der Übersetzer) zusammensetzen und niemand *verpflichtet* ist, die wenig angenehmen Teile zu lieben. Außerdem verändern sich diese Seiten von Zeit zu Zeit. Ich denke, daß es Menschen möglich ist, ehrliche, reale Beziehungen miteinander zu haben und daß sie untereinander in Harmonie leben können. Wie ich schon sagte: es ist einfach, aber *nicht* leicht. Es ist wichtig, diesen Punkt in Erinnerung zu behalten, denn es ist sehr leicht, daß Kinder zwischen Eltern und Großeltern hin- und hergerissen werden. Das ist eine fast unerträgliche Situation für Kinder. Wie können sie gegen ihre Großmutter vorgehen, mit der sie sehr viel Freude erleben, wenn ihre Mutter ihnen sagt, daß sie schlecht ist? Ihre eigene Erfahrung mit der Großmutter hat ihnen das nicht erlebbar gemacht — ihre Mutter sprach über ihre Beziehung zu ihrer Schwiegermutter.

Oder nimm das Beispiel eines Großvaters, der dem Enkel sagt, daß sein Vater nichts tauge, während die Treue des Kindes und vielleicht auch seine Erfahrungen die Wortes des Großvaters nicht bestätigen. Es ist nur zu leicht, auf eine andere Person die eigenen Probleme zu projizieren und dann von jemand anderem zu verlangen, daß er dem beistimmt, damit das, was man tat, als richtig erscheint. Viele Schwierigkeiten in der erweiterten Familie entstehen aus solchen Vorgängen.

Ich möchte einige Bemerkungen an jene Leute richten, die jetzt Großeltern und Schwiegereltern sind und die darauf zugehen, helfende Geister in den Familien ihrer erwachsenen Kinder zu werden. Viele Großeltern hüten die kleinen Enkel gerne und bieten dies freiwillig an. Ich kenne eine Reihe anderer, die es als unangenehm empfanden, ihren Kindern zu sagen, daß sie auf die Kleinen nicht aufpassen möchten. Wenn eine solche Art von Gebundenheit besteht, werden sich mit Sicherheit Schwierigkeiten ergeben. Manchmal erlauben die Lebensbedürfnisse oder Lebenspläne der Menschen, die Großeltern sind, es nicht, die Enkel zu hüten. Manchmal nützen die erwachsenen Kinder ihre eigenen Eltern aus, wenn sie mit ihnen keine Partnerbeziehung aufgebaut haben. Dann antworten die Eltern, die sich damit abgefunden haben, nur noch eine Großelternrolle im Leben zu spielen, mit geheimen Ressentiments. Und manchmal kommen die Frauen in der Familie — die Mutter und die Großmutter — nicht miteinander aus. Wenn Großmama dann trotzdem noch auf die Kinder aufpaßt, führt das unweigerlich zu Schwierigkeiten.

Ich finde nichts Verkehrtes daran, wenn Sie Ihrer Familie helfen, wenn es das Resultat des Zusammentreffens zweier Menschen ist, die unter Berücksichtigung der Lebensbedürfnisse beider über die Hilfe frei entscheiden. Auszunutzen, »Du mußt das tun, weil du meine Mutter bist«, »Du mußt es mich machen lassen, weil ich deine Tochter bin«, bedeutet für mich, die gesamte Verhandlung über Hilfe in ein kontrolliertes Muß umzuwandeln — wieder die alte

Klette. Unglücklicherweise werden dabei die Kinder geopfert. Wie schon erwähnt, erpressen Familienmitglieder sich häufig im Namen von Liebe und verwandtschaftlichen Beziehungen. Ich denke, daß das einer der Gründe ist, warum es so viel Leid in Familien gibt.

Wenn wir tatsächlich einmal hinsehen, ist jede Familie aus drei, manchmal vier Generationen zusammengesetzt. Alle diese Generationen sind irgendwie aufeinander bezogen und beeinflussen einander. Wenn ich an eine Familie denke, fällt es mir schwer, sie mir ohne die dritte Generation vorzustellen — ohne die Menschen, die die Eltern beziehungsweise die Großeltern der gegenwärtigen Eheleute sind.

Noch etwas sehr Interessantes kann geschehen. Die gegenwärtigen jungen Eheleute der Familie übernehmen oft elterliche Rollen gegenüber ihren Eltern, gleichgültig, ob jene es mögen oder nicht. Sie entscheiden, was für sie das

Beste ist, sagen ihnen, was sie tun sollen und so weiter. Dies bringt uns erneut auf die umfassende Frage, ob solche Beziehungen wirklich hilfreich sind. Ich kann die Zeit vorhersehen, in der Familien sich so verhalten, daß die Kinder, sobald sie erwachsen werden, Partner ihrer Eltern sind — selbstsicher und selbständig, anstatt deren Kinder zu bleiben oder deren Eltern zu werden. Für mich ist dies das Ziel der Kindererziehung, daß sie autonome, unabhängige, kreative Menschen werden, die jetzt ebenbürtig mit jenen sind, die sie mit der Welt bekannt gemacht haben.

17. Kapitel

Die Familie in der Gesellschaft

Setzt du alle gegenwärtig lebenden Familien zusammen, hast du die Gesellschaft. So einfach ist das. Was je in der einzelnen Familie gelehrt wurde, reflektiert sich in der Art der Gesellschaft, die entsteht. Institutionen wie Schulen, Kiren, Firmen und Regierung sind im großen und ganzen die Erweiterung der Familienformen in nicht-familiäre Formen.

Auf diese Weise sind Familien und Gesellschaft die sich gegenseitig spiegelnde kleine und große Version ihrer selbst. Beide bestehen aus Menschen, die zusammenarbeiten müssen, deren Bestimmung miteinander verbunden ist. Die gleichen Komponenten geben beiden ihr Gepräge: die Beziehungen zwischen Leitenden und Geführten, zwischen Jungen und Alten, zwischen männlichen und weiblichen Personen. Beide sind durch die Prozesse der Entscheidungsfindung, des Gebrauchs der Autorität und der Suche nach gemeinsamen Zielen bestimmt.

Einige Familien lehren Konformität der Individuen, andere Rebellion, andere Gruppenverantwortung, andere Gleichgültigkeit durch mangelnde Verbindlichkeit. Jede Familie lehrt etwas bezüglich des Umgangs mit der weiteren Umwelt: wie man zurechtkommt, was bei Ungerechtigkeit und hinsichtlich des Schlechten in der Welt zu tun sei, und wie man sich zu all dem in Beziehung setzt.

Die Einstellung des Laissez-faire kann Kindern leicht beigebracht werden, wenn man sie wie eine Seidenraupe um-
spinnt, indem man ihre Schritte so führt und beschützt, daß
sie Häßlichkeit und Ungerechtigkeit nicht sehen sollen. Kurz
gesagt: die Kinder werden davor beschützt, jegliches Anzeichen der Schattenseite des Lebens zu sehen. Die Welt wird
stets zu dem, was sie wissen — was ihnen erlaubt war wahrzunehmen. Das Fernsehen erschwert diese Art des Schutzes
etwas. Es ist ziemlich schwierig, in der Schutzhülle zu bleiben, wenn man durch das Fenster des Fernsehens gleichzeitig
sieht, was in der Welt vorgeht. Jedoch ist es möglich, vieles
davon zu disqualifizieren, denn schließlich kannst du sagen,
daß es dir fremd ist, und es vergessen, wenn du kaum etwas
davon weißt oder selbst erfahren hast, was vorgeht. Ob du es
glaubst oder nicht, ich begegne immer noch jungen Leuten
im Alter von zwölf bis achtzehn Jahren in den USA, die nie
einen Menschen einer anderen Rasse als der eigenen gesehen
haben, die noch nie eine arme oder eine reiche Person sahen,
die noch nie erlebten, daß es Ehrlichkeit gibt. Auf diese
Weise werden Kinder sowohl in den Ghettos wie in den
Villengegenden isoliert, auf ihre eigene Nachbarschaft und
soziale Klasse beschränkt.

Um ganz zu verstehen, was heute in Familie und Gesellschaft vor sich geht, mag eine kleine historische Perspektive
hilfreich sein. Vor langer Zeit war die Familie die einzige
Schule ihrer Mitglieder, die sie lehrte, was sie zum Erwachsensein wissen mußten. Sie lernten da, sich selbst zu versorgen
und zu erhalten, für andere zu sorgen und mit ihnen umzugehen und wie Dinge zu behandeln sind. Die zur Verfügung stehenden Kenntnisse waren begrenzt und eine oder
zwei Personen konnten sie beherrschen.

Ursprünglich war der Inhalt dieser Lehren vermutlich
sehr einfach. Das Leben war damals hauptsächlich ein Über-
lebenskampf — wie man überleben kann, wie man genug zu
essen bekommt, wie man sich vor dem Erfrierungstod schützen kann oder nicht von wilden Tieren gefressen wird und
ähnliches. Das war relativ einfach zu erlernen. Man mußte

lediglich beobachten und für sich selbst lernen. Offensichtlich wären viele unserer heutigen »Grundbedürfnisse« für unsere Vorfahren entweder nicht ausreichend oder sogar unsinnig. Warum hätten sie lesen oder schreiben sollen, die richtige Diät einnehmen oder ihre Pensionierung vorbereiten müssen? Viele Geheimnisse über das Leben und die Menschheit waren der Erkenntnis noch verschlossen. Der Mensch wußte nicht, was ihm alles noch unbekannt war.

Zum Beispiel ist uns heute kaum vorstellbar, daß die Menschheit einmal nicht wußte, daß Babies beim sexuellen Verkehr entstehen. Geschlechtsverkehr wurde vielleicht als Beantwortung eines Instinktes durchgeführt und bewußt als Vergnügen erlebt, jedoch in keiner Weise mit der Entwicklung eines Kindes in Zusammenhang gebracht. Der große Bauch einer schwangeren Frau wurde mit dem Gebären in Verbindung gesehen – das war einfacher zu erkennen. Bei der Frage, wie das Baby in sie gelangte, wurde nicht an den geschlechtlichen Kontakt gedacht, sondern etwa an die Nahrung, die eine Frau einnahm, an ihre Gedanken und an himmlische oder teuflische Interventionen irgendwelcher Art. Nachdem einmal die Verbindung zwischen Geschlechtsverkehr und Schwangerschaft gezogen war, war die Möglichkeit für weitere Entdeckungen geschaffen. Ich erwähne dies, um die Einfachheit der Informationen damals zu belegen und wie weit wir uns von dort entfernt haben. Wir stimmen sicher alle darin überein, daß es heute bedeutend mehr als die Information über Nahrungszufuhr geben muß, wenn wir ein Mädchen über die verwickelten Fragen der Schwangerschaft aufklären wollen.

Offensichtlich kann bei der Komplexität unserer Gesellschaft heute von keiner Familie mehr erwartet werden, daß sie alles allein lehren kann. Dafür gibt es Spezialisten in speziellen Institutionen, die einen Teil des Lehrprozesses für uns übernehmen. Gerade durch den Reichtum unserer technologischen Fortschritte sind wir buchstäblich in ein Zeitalter der Spezialisierung hineingezwungen worden. Ich versuche, mich nicht im Sumpf der Details zu verlieren und doch

gleichzeitig nicht übermäßig zu vereinfachen. Laß es mich so ausdrücken: Weil wir stückweise unsere Lernerfahrungen an Institutionen außerhalb der Familie übertragen haben, verloren wir im Zusammenhang mit unserem enormen technischen Fortschritt den Blick für die Tatsache, daß unser wirklicher Reichtum in den Menschen liegt. Es stellt sich nun heraus, daß die Familie bekommt, was übrig bleibt, nachdem sich Wirtschaft, Schule, Kirche und Regierung ihres geholt haben. Diese Institutionen (die wir selbst geschaffen haben, damit sie uns helfen sollen, zu reifen Menschen zu werden, wenden sich in Wirklichkeit gegen die Gesundheit der Familie. Die Schulen trennen die Kinder von ihren Eltern, die Wirtschaft erwartet selbstverständlich von den Männern, daß sie die meiste Zeit ihrer Familie fern sind, die Regierung verlangt von unseren jungen Männern, daß sie ihr Zuhause verlassen und auf fremder Erde kämpfen sollen.

Natürlich wünsche ich, daß sich alle Institutionen auf das Wohlergehen der Familie bezögen und an ihm orientiert wären. Ich sehe überhaupt keinen Grund, warum dies nicht möglich sein sollte, ohne daß die Ziele der Organisationen aufgegeben werden müßten.

Jedoch fürchte ich, daß wir eine Macht- und Eigentums-orientierte Gesellschaft sind. Unsere Familien haben sich daran gewöhnt, einfach mitzulaufen. Wir lehren unsere Kinder, wie sie alles an sich reißen und ausnützen können, um sich in der Welt draußen zu behaupten. Doch was geschieht? Nachdem du über jemanden anderen gesiegt hast — wo bist du wirklich? Du bist allein mit der Angst und mußt aufpassen, daß dich nicht ein anderer übers Ohr haut, und du lebst dein Leben in Unsicherheit, Vorsicht, Absicherung und Angst. Stelle dir einmal vor, du behältst deine Macht und bekommst alle materiellen Dinge, die du möchtest. Können diese Sachen zu dir sprechen, haben sie Arme, um dich zu trösten und zu stützen? Ich habe nie Eigentum oder Geld gesehen, das liebevoll sein konnte. Ich denke auch keinen Augenblick, das sei eine Angelegenheit von entweder—oder, d. h. entweder wir haben menschliche Werte und keine Macht und keine materiellen Dinge oder wir sind mächtig und haben keine menschlichen Werte. Die ganze Frage zentriert sich für mich um den Gebrauch von Macht; Gebrauch ist das Schlüsselwort. Zu häufig verwechseln wir den Status von Macht mit der Person, die sie innehat. (»Ich bin mächtig, ich bin jemand. Ich habe keine Macht, ich tauge nichts.«) Vergleiche diese Denkweise mit — sagen wir — der Art, wie ich meine Macht für mein Reifen und Wachsen und deine Weiterentwicklung verwende. Diese Art Macht zu gebrauchen schließt menschliche Werte nicht aus.

Aber laß uns nicht zu weit vom Thema dieses Kapitels abkommen. Wir müssen notwendigerweise die Beziehung zwischen der Schulung in der Familie und der Entwicklung unserer Institutionen prüfen und erkennen.

Ich könnte Hunderte von Beispielen anführen, doch aus Gründen der Klarheit und Kürze glaube ich, daß ich es an wenigen darlegen kann.

Die meisten Erwachsenen in Familien halten sich für die besten Autoritäten, ihre Kinder richtiges Verhalten, Sex, Umgang mit Geld und so weiter zu lehren. Dann werden die Kinder zur Schule fortgeschickt, wo eine andere Gruppe

Erwachsener meint, auf diesen Gebieten am besten lehren zu können. Was die Eltern und die Lehrer lehren, kann sehr unterschiedlich sein. Nun folgt die interessante Frage, wie diese beiden Quellen von Information und Inhalten für das Kind zusammengefügt werden und was auf Grund dieser Differenzen mit den beteiligten Personen geschieht.

Ich denke gerade an einen Jungen, dessen Vater Automechaniker ist. Er besucht eine Fachschule und gerät häufig mit seinem Vater in einen heftigen Streit darüber, wie Autos richtig repariert werden müssen. Dieser Konfliktfall ist nicht einfach eine Meinungsverschiedenheit zwischen althergebrachter Vorstellung über Autoreparaturen und den neuen Ideen einer Mechanikerfachschule. Sie ist gleichzeitig eine Folge der fast universell verbreiteten Überzeugung, daß es für jedes Tun einen allgemeingültigen, richtigen Weg gebe. Einige von uns erkennen vielleicht, daß dies eine fehlerhafte Grundeinstellung ist, doch viele von uns gebrauchen sie auch weiterhin.

Laß uns ein anderes Beispiel heranziehen. Ein frühreifer Fünfjähriger in einem städtischen Kindergarten konnte lesen, einfache Rechenaufgaben lösen und war sehr kreativ. Der Kindergarten langweilte ihn und er sagte das zu Hause. Seine Mutter schrieb an die Leiterin einen Brief und bemerkte, daß der Kindergarten für ihren Sohn nicht anregend genug sei und die Kindergärtnerin die Stunden interessanter gestalten möge. Dieses Kind war zufällig eines von vierzig, das die Leiterin als »immer störend« empfand. Sie sandte den Eltern ein Schreiben, daß sie den Buben nicht länger behalten würde, wenn die Eltern nichts dagegen unternähmen. Diese beiden Briefe kreuzten sich zufällig in der Post. Die Leiterin wußte nicht, daß der Junge lesen konnte. Die Mutter wußte nicht, daß er störte. Beide hatten ungenügende Information, Verletztheit und Streit bahnten sich an. Die Hauptschuldigen in diesem Drama waren »jene nachsichtigen Eltern«, von seiten der Kindergärtnerin, und »diese inkompetente Frau«, von seiten der Eltern gesehen. Fest stand nur, daß das Kind verlieren mußte, solange das so ging. Benötigt wurde ein Feedback-System (System für Rückmeldung), das ermöglicht, daß Informationen von allen Beteiligten miteinander geteilt werden können.

So ein Rückmeldungssystem ermöglicht passende Veränderungen, denn todsicher weiß niemand alles. Ich kann mit Sicherheit nicht ermessen, welche Wirkung mein Tun auf dich hat, außer du berichtest es mir. Welche Hoffnung kann eine Kindergärtnerin hegen, Eltern zu ändern, die sie bereits mit »nachsichtig« etikettierte? Wie können die Eltern hoffen, eine Leiterin zu erreichen, geschweige denn zu ändern, die sie bereits als inkompetent abgestempelt haben? In dieser Beziehung ist die Einstellung »Ich weiß, daß ich nicht alles weiß« sehr hilfreich. Denken Sie auch daran, daß bei allem, was geschieht, viele Seiten und Aspekte bestehen, von denen nicht alle leicht erkennbar sind. Richten Sie ein Rückmeldungssystem auf jeglichem Gebiet ein – Familie, Institution oder Bereiche, wo die beiden ein gemeinsames Ziel verfolgen. Ohne solches Feedback müssen Angriffe, Kapitulation und Gleichgültigkeit unweigerlich folgen.

Dies sind heimtückische und verletzende Weisen, das Selbstwertgefühl zu mindern. Sie verhindern wahrhaft jede Art von Problemlösung. Sie bauen Wände um die Menschen auf und erweitern Mißverständnisse, Fehler und Lücken. Auf diese Weise erleiden Menschen einen Verlust ihres Selbstwertes, wenn sie sich mißverstanden und angegriffen fühlen; das wiederum beschneidet ihre Produktivität und ihre Lebensfreude. Das geschieht, gleichgültig ob die mißverstandene und angegriffene Person ein Elternteil, ein Lehrer, Pfarrer, Geschäftsmann, Gemeindemitglied oder sonst jemand ist.

Ich denke, daß es an dieser Stelle gut wäre, wenn wir zu den einzelnen Punkten zurückkehren würden, die am Anfang dieses Kapitels erwähnt wurden und die gleichermaßen von einzelnen Familien und der Gesamtgesellschaft geteilt werden. Beide müssen mit den Beziehungen ringen, die zwischen Führern und Geführten, Jungen und Etablierten, Männern und Frauen bestehen, sowie mit den Prozessen der

Entscheidungsfindung, des Gebrauchs von Autorität, und dem Erreichen gemeinsamer Ziele.

Heutzutage werden alle diese Komponenten in Familien und Organisationen herausgefordert und in Frage gestellt — überall auf der Welt und besonders in diesem Lande. Die Menschen beginnen den allgemeinen roten Faden zu erkennen, der in allen Beziehungen liegt, und fangen an, von unseren Institutionen zu fordern, daß sie ihn auch erkennen. Dieser rote Faden ist: jeder Leiter ist eine Person, jedes Kind ist eine Person, Männer und Frauen sind Personen. Entscheidungen, der Gebrauch von Autorität und Zielsuche dienen grundsätzlich dem persönlichen Miteinander-Zurecht-kommen.

Endlich müssen wir alle erkennen, daß das Leben von und mit Menschen gelebt wird. Was zwischen den Personen vorgeht, entscheidet in erster Linie darüber, was ihnen geschieht und wie sich ihre Umgebung gestaltet. Was Leute wissen, was sie glauben, wie sie ihr Anderssein bewältigen, das alles beginnt in der Familie. Zu jedem Zeitpunkt spiegeln die Institutionen das in der Familie Gelernte wider. Ferner erkennen wir, daß einige dieser Lerninhalte Weiterentwicklung verhinderten, so daß die Zeit gekommen ist, wo wir unsere grundlegenden Konzepte ändern müssen, nach denen wir handeln und uns verhalten. Sehr einfach ausgedrückt: Das alles hat mit dem Selbstwert (Pott) zu tun, (das wird dich nicht verwundern) — wie er sich darstellt, wie du darüber sprichst und ihn zum Ausdruck bringst, was für Beziehungen Menschen mit vollem Pott entwickeln, die in kongruenter Weise miteinander kommunizieren, die wissen, wie sie Intimität leben können, und die offen vertrauen können.

Ich sehe es als notwendig an, daß Familien verlangen, in jeglicher Institution, in dem eines ihrer Mitglieder eingegliedert ist, Partner zu werden und als ein Teil jener Einrichtung angesehen zu werden. Die Familie ist *die* wesentlichste Einheit der Gesellschaft. In der Tat ist die Familie eine jener wenigen Einheiten, deren Mitgliederzahl gering genug ist, damit ihre Mitglieder in einem Raum zusammensitzen und sich kennen können.

Die Familie ist ferner die einzige Einheit, deren geographisch besetztes Gebiet klein genug ist, daß wirkliche Kommunikation, Austausch, unter allen Beteiligten stattfinden kann. Wenig Familien haben mehr als fünfzehn Mitglieder. Fünfzehn ist eine anerkannte, vollständige Gruppe günstiger Größe. Wenn eine Gruppe unter gleicher Prämisse zusammenkommt und nicht mehr als fünfzehn Mitglieder hat, kann jeder in angemessenem Zeitraum erwarten, daß er gekannt, gehört und gesehen wird und daß er kennt, sieht und hört.

Erinnern Sie sich an die Familientreffen, über die wir in einem früheren Kapitel sprachen?

Setzen Sie sich mit ihrer Familie zusammen zu einem gemeinsamen Austausch darüber, wie jeder zu den Institutionen außerhalb in Beziehung steht — zur Schule, zum Geschäft, zur Kirche, zu den Pfadfindern, den Straßenarbeitern, dem Lagerfeuer und was sonst immer.

Diese Familiensitzungen wären der eine Ort, wo Versagen, Übersehenes, Ungerechtigkeiten, Belohnungen und Erfahrungen der Individuen angeschaut werden können im Lichte der Bedürfnisse von jedem und im Sinne von Neuregelungen und Veränderungen, die gemacht werden könnten. Dies würde Ihnen das Rückmeldesystem geben, über das wir vorher gesprochen haben.

Was will ich damit tatsächlich sagen? Beginnen Sie mit Ihrer Familie. Ihr alle wißt von Pott, Kommunikation und Prozeß. Setzt diese mächtigen Kräfte jetzt in eurer Familie ein. Wenn sie beginnen, in eurer Familie zu funktionieren und diese zu einer ›nährenderen‹, sich weiterentwickelnden wird, werden diese gleichen Kräfte in der Gesellschaft angewendet. Es könnte sogar der Beginn zu einer neuen Gesellschaftsart sein. Schließlich ist es ja die Summe der Familien, die die Gesellschaft als Ganzes ausmacht.

18. Kapitel

Die Familie der Zukunft

Bevor ich darüber spreche, wie die Familie der Zukunft aussehen könnte, möchte ich einige der uns tief eingefleischten Vorstellungen wiederholen, die sich für die Familie der Zukunft ändern müssen.

Bisher haben wir nur eine anerkannte, wünschenswerte Norm. Ein Mann und eine Frau der gleichen Rasse, Religion, ähnlichen Alters mit gesundem Geist und Körper, die in den zwanziger Jahren ihres Lebens heiraten und einander bis an ihr Lebensende treu bleiben, haben eigene Kinder, ziehen diese auf, lassen sich pensionieren und sterben. Wenn einer den Partner durch den Tod verliert, ist er frei, sich einen neuen zu suchen. Was immer in dieses Bild nicht paßt, trägt irgendeine Art von Stigmatisierung. Du weißt, was das alles sein kann. Jeder, der sich scheiden läßt, wird als Versager betrachtet. Kinder, die vorehelich geboren werden, sind »illegitim«. Jeder, der mit jemandem seines eigenen Geschlechtes zusammenleben will, ist »homosexuell«. Die Mehrfachverheirateten werden als neurotisch angesehen und gleichfalls jene, die jemanden einer anderen Rasse heiraten wollen. Solche, die eine Gruppenehe wünschen, sind Sexfanatiker.

Was, wenn alles, was wir soeben als moralisch schlecht etikettiert haben, in Wirklichkeit ein Beweis der großen Variationsbreite des Menschseins wäre? Im Falle der Mehrfachverheirateten gibt es vielleicht einige Leute, deren

Spannungsbreite kurz ist, so daß sie einen Gatten nach dem anderen wählen. Statt dies als eine Unzulänglichkeit zu bewerten — was würde geschehen, wenn wir es einfach als weitere Möglichkeit ansähen? Solche Leute könnten dann einen auf Zeit begrenzten Ehekontrakt eingehen, etwa zwischen einem und fünf Jahren. Wenn der Kontrakt am Ende dieser Zeit nicht erneuert würde, würde die Ehe aufgelöst. Vielleicht sind die Personen, die außerhalb ihrer Ehe gegengeschlechtlichen Kontakt haben, nicht einfach »Ehebrecher«, sondern Menschen mit einem menschlichen Bedürfnis. Schließlich waren Vielmännerei und Vielweiberei einmal anerkannte Eheformen. Und warum soll es keine Gruppen- oder Kommunenehe geben? Wenn man darüber nachdenkt, ist Ehe lediglich eine Legalisierung einer Beziehung zwischen einem männlichen und einem weiblichen Erwachsenen, die sie unter bestimmte Eigentumsverhältnisse stellt und ihnen eine gewisse Garantie gegen Ausnützung gibt. Warum soll das auf nur einen Mann und eine Frau begrenzt sein? Wenn wir einander voll vertrauen würden und wirklich verantwortungsbewußt wären, würden wir einander nicht ausnützen und könnten fair teilen.

Wenn Menschen voll entwickelt sind, warum sollen sie dann überhaupt heiraten? Vielleicht wäre es sinnvoll, zum jeweiligen Zeitpunkt genau ausfindig zu machen, was man fühlt, und auszuarbeiten, was man frei und verantwortlich handhaben kann, und einen dementsprechenden Plan zu entwickeln.

Sehr wenige von den Möglichkeiten des Zusammenlebens für Menschen, die ich beschrieben habe, sind neu. Wenn wir uns in der Literatur umsehen, finden wir auf alle gelegentlich Bezug genommen. Ich glaube, daß in einer reiferen Gesellschaft mehr Nachdruck darauf gelegt würde, soviele kreative Möglichkeiten als man finden kann zu haben, damit die Menschen ihr Leben genießen und es sinnvoll gestalten könnten. Es könnte ihnen die Gelegenheit geboten werden, ihre eigenen Vereinbarungen zu treffen, statt daß sie gezwungen wären, dem Diktat eines anderen zu folgen.

Während ich nun beim letzten Kapitel dieses Buches angekommen bin, empfinde ich stärker als je, daß meine Hoffnungen für die Menschen Wirklichkeit werden können. Manchmal denke ich, was passieren würde, wenn an einem bestimmten Morgen durch ein Wunder jeder aufwachen würde und die fließende, kongruente Reaktionsform kennen und fühlen würde und fähig wäre, sie zu gebrauchen. Es ist fast zu schwer, sich das vorzustellen, und doch ist es für jeden von uns möglich. In diesem Augenblick denke ich an all die Orte in unserer Gesellschaft, wo Menschen leben — Familien, Erziehungsheime, Gefängnisse, Krankenhäuser —, sowie an all die Plätze, wo Menschen arbeiten, die sich drastisch ändern würden.

Nun, ein solches Wunder wird nicht eintreten. Diese Art der Veränderung wird jeder von uns selbst durchleben müssen. Wir müssen dort anfangen, wo wir gerade stehen und von da ausgehen. Wenn irgend etwas in diesem Buch dir eingeleuchtet hat, wirst du vermutlich das gleiche sagen können.

Eine Tatsache steht absolut nicht in Frage. Der Erwachsene von heute steht auf den Schultern der Person, die zu sein er in seiner Kindheit gelernt hat. Die Kindheit ist die Zeit, in der die Grundlagen für das Leben gelegt werden; sie werden von den Erwachsenen gelegt, die für den Prozeß des Aufwachsens verantwortlich sind. Auf diese Weise ist die Gegenwart die »Kindheit« der Zukunft.

Wird es in der Zukunft Familien geben? Solange wie Menschen in dieser Welt als Babies anfangen, wird die Her-

ausforderung bestehen, sie aufzuziehen. Solange die Notwendigkeit besteht, Kinder aufzuziehen, werden wir das Problem zu lösen haben, daß wir Überzeugungen und Einstellungen entwickeln müssen, die dem gerecht werden, was wir als »menschliches Wesen« ansehen. Deutlich ist, daß die Einstellungen der bereits Erwachsenen das neue menschliche Wesen formen werden.

An dieser Stelle des Buches wissen Sie, was ich für gute Erfahrungen halte und was ich als eine gute Erziehung eines Kindes betrachte.

Wenn — wie ich hoffe — mehr Leute die Möglichkeit fühlen können, was es bedeuten würde, wahrhaft und voll Mensch zu sein, und lernen, wie sie Wege entwickeln können, damit dies geschieht, sieht die Zukunft der Familie freundlich aus. Dies könnte eine Welt schaffen, die bisher nie in großem Rahmen existiert hat. Es gibt eine wachsende Zahl von Menschen, die wissen, wie es ist, sich ganz und real zu fühlen, zu lieben und geliebt zu werden, produktiv zu sein und zu empfinden, daß die Welt dadurch ein besserer Platz geworden ist, daß sie da sind. Jedoch ist ihre Anzahl klein im Verhältnis zu dem, wie sie sein könnte. Ich kenne ein starkes Gefühl von Ehrfurcht und Staunen, wenn ich mir vorstelle, wie die Menschen in der Zukunft wären, wenn sie in ›nährenden‹ Familien aufgewachsen wären und in ›nährenden‹ Umgebungen lebten. Das einzige, was wir dazu wirklich tun müßten, wäre, der kongruenten Reaktionsform zu folgen mit all dem, was sie einschließt.

Dann würden wir einer menschlicheren Entwicklung unserer Kinder zusteuern, einige Änderungen in unseren Überzeugungen und Verhaltenseinstellungen vornehmen, und einen Rahmen schaffen, in dem die Erwachsenen sich weiterentwickeln könnten, während sie zur gleichen Zeit das Aufwachsen der Kinder im Auge behielten. Das würde bedeuten, daß Kinder vom ersten Tag an als Menschen anerkannt und behandelt würden. Das würde heißen, daß sie als ganze Menschen gesehen würden, die fühlen, sehen und sich verhalten in Übereinstimmung mit ihrem Wachstumsstand. Sie würden als Individuen erkannt, die sich von jedem anderen menschlichen Wesen unterscheiden. Dasselbe würde für ihre Eltern gelten.

Diese Menschen wären geradeheraus, stark, zart, gesund, energisch, anziehend und könnten ihre Intelligenz dafür einsetzen, daß notwendige Veränderungen in ihrer Welt eintreten, um diese auf dem laufenden zu halten. Sie wären fähig, in einer konstruktiven Weise die Initiative zu ergreifen und nicht auf den Michel zu warten, daß der es für sie tue, und ihn hinterher dafür schlecht zu machen, weil er es nicht so tat, wie sie es sich wünschten.

Es würden offenbar Personen sein, die ganz und geistig wach wären. Sie würden sich bei dem Gedanken an Kritik nicht zusammenziehen, sondern sie ermutigen und willkommen heißen.

Es wären Leute, die ihre Körper schätzen würden, die das innere Zusammenarbeiten in ihren Körpern verstehen würden und die deswegen weder ihren eigenen Körper noch den anderer mißbrauchen würden. Sie würden ihre Sexualität wirklich verstehen und wertschätzen als einen wichtigen und wunderbaren Teil ihrer Selbst.

Diese Menschen könnten leicht in Kontakt mit ihren Gefühlen treten, denn sie wüßten sehr genau, daß Fühlen der Schlüssel zum Menschsein ist.

Ich könnte vorhersagen, daß die wirklichen Weltprobleme wie Armut, Unwissenheit, sozialer und körperlicher Mißbrauch endlich gelöst werden könnten.

Die ›nährende‹ Familie würde den kleinen Kreis um sich erweitern, so daß für jeden Gelegenheiten zum Wachsen entstehen würden.

Beispielsweise sehe ich Familien, die die Kinder anderer annehmen und zusammen eine Kommune bilden würden, wo sie gemeinsam Erleichterungen hätten. Dies entstünde aus dem Wissen, wie man Gruppenbemühungen besser nützt, so daß jedes dazugehörige Individuum bereichert würde. Männer könnten mit anderen Männern mehr Kontakte pflegen, Frauen mit anderen Frauen und Kinder untereinander. Dies hat nichts mit den utopischen Vorstellungen der Vergangenheit zu tun, wo manche perfekte Pläne geschmiedet wurden, wie Menschen sich zueinander zu verhalten haben. Dies wären Menschen, die zusammenkommen und versuchen würden, das Leben gegenseitig und für sich selbst zu bereichern unter der Voraussetzung, daß Variation eine wichtige Hilfe zur Anregung von Lebendigkeit ist.

Ich bin sicher, daß sich viele Familien unnötig einsam fühlen, weil niemand in ähnlicher Position vorhanden ist. Beispielsweise ist in einer Familie nur eine erwachsene Frau. Kann sie wirklich alles durch ihre Rolle als Ehefrau und Mutter bekommen, was sie braucht, um sich selbst als Frau ausgefüllt zu fühlen? Dasselbe gilt für den männlichen Erwachsenen. Wie steht das bei den Kindern, die, mit der Ausnahme von Zwillingen, einzeln geboren werden? Menschen sind soziale Wesen. Die Erfüllung des Selbstseins ist in einer Einzelfamilie extrem schwierig. Ich meine, daß es das an dieser Stelle aufkommende Bewußtsein ist, das viele Leute mit Kommunen und verschiedenen Ehestrukturen experimentieren läßt.

Wir kennen Kinder, die von allen möglichen Erwachsenen aufgezogen wurden, von Tanten, Onkeln, Nachbarn, Kindermädchen. In fast jedem dieser Fälle hatte die Qualität dieser Erziehung keinen Bezug zu der Etikettierung der betroffenen Person, wohl aber zur Beziehung, die zwischen diesen beiden bestand, und zur Beziehung zu anderen elterlichen Figuren, und auch in zweiter Linie zu der Art von Sanktionierung dieser Situation. Menschliche Wesen sind erstaunlich flexibel. Die Einstellungsbreite, zu der sie fähig sind, ist unendlich. Die letzten fünfzig Jahre brachten mehr weitreichende Veränderungen in Familienangelegenheiten als alle Jahre davor. Wenn man das mit den nächsten fünfzig Jahren gleichsetzt, dann wird die Familie im Jahr 2020 sehr verschieden aussehen von der heute.

Wir haben heute sehr viel mehr Information über die Natur des Menschen als frühere Generationen, sowohl physiologisch wie psychologisch.

In den letzten Jahren kam es zu entscheidenden Neueinstellungen spezifischen familiären Angelegenheiten gegenüber. Scheidung wird immer stärker als soziale Notwendigkeit gesehen und nicht mehr sosehr als eine persönliche Katastrophe wie bisher. Empfängnisverhütung, größere Freiheiten bei Schwangerschaftsunterbrechung, Familienplanung, die Anwesenheit des Vaters bei der Geburt seines Kindes, Pensionierung, die neue Bereitschaft für die Vorstellung, eine zweite Berufslaufbahn zu beginnen, offene Gespräche über Sexualangelegenheiten, die Pille, emanzipatorische Haltungen der Frauen, sich erweiternde Eingliederung der Frauen im Wirtschaftsleben, veränderte Rechtspositionen der Altersgruppen (zum Beispiel Herabsetzung der Volljährigkeit auf achtzehn Jahre), Veränderungen im Schulwesen, Verlängerung der durchschnittlichen Lebenserwartung − all das sind Auswirkungen der sich verändernden Positionen.

All dies spricht bereits für eine neue Basis im Hinblick auf eine höhere Wertung des Menschen. Diese Veränderungen bereiten weitere Veränderungen vor.

In diesem Licht gesehen: worauf steuern wir zu? Auf ein verantwortungsbewußteres menschliches Wesen, das wählen kann, das entsprechend seinen Bedürfnissen planen kann und das keinen anderen braucht, der für es plant; auf jemanden, der Unterschiede zwischen den Personen genauso erkennen wie die vorhersagbaren Gleichheiten.

Ich denke, daß wir am Anfang einer neuen Evolutionsphase in der Menschheitsentwicklung stehen. Vermutlich haben früher noch nie so viele Menschen sich mit dem gegenwärtigen Status so unzufrieden und sich so entmutigt gefühlt wie heute. Überall bilden sich riesige Menschengruppen, die Veränderungen verlangen. Der lauteste Schrei geht anscheinend auf verbesserte Gefühle des Selbstwertes der Individuen und auf liebende, fördernde Umgebungen, die dies ermöglichen.

Ich meine, wir könnten den Beginn des Endes der durch Gewalt, Diktatur, Gehorsam und Stereotype geschaffenen menschlichen Beziehungen sehen. Wenn dieses

Ende zu lang auf sich warten läßt, sind vielleicht nicht mehr genug von uns übrig, um etwas Entscheidendes auszurichten. Ich hatte früher immer gemeint, daß wir der Atombombe verfallen würden. Heute glaube ich, wenn wir überhaupt etwas verfallen, dann unseren mißtrauensvollen, lieblosen, unmenschlichen Beziehungen untereinander, die uns in »Besitzende« und »Nichtbesitzende« einteilen, in Kommandierer und Kommandierte und konsequenterweise zu grober, menschenunwürdiger Behandlung führen. Letzteres nicht länger auszuhalten und lieber darunter zu sterben — dazu sind viele Menschen entschlossen.

Alte, traditionsgeladene, verschanzte, familiäre Einstellungen verschwinden schwer. Es ist heute die Frage, ob die alten Verhaltensweisen aussterben und neue entwickelt werden oder ob die Zivilisation ausstirbt. Ich arbeite auf der Seite des Weiterbestehens der Zivilisation durch neue Werte für Menschen.

Ich hoffe, daß Sie jetzt auf der gleichen Seite stehen.

Richard Bandler / John Grinder / Virginia Satir:
Mit Familien reden
Gesprächsmuster und therapeutische Veränderung
5. Auflage 1999. 156 Seiten, broschiert, ISBN 3-608-89616-3

Leben lernen 30

Unvollständige Mitteilungen lassen Raum für Mißverständnisse,
Verdacht, Bitterkeit. Die Autoren zeigen auf, wie die immer
wiederkehrenden Muster solcher verstümmelten Kommunikation
erkannt und analysiert werden können. Berater oder Therapeuten
erhalten damit einen wichtigen Schlüssel zur Entwirrung seelischer
Probleme und zur Veränderung unerträglicher familiärer
Verhältnisse.

Michael B. Buchholz:
Die unbewußte Familie
Lehrbuch der psychoanalytischen Familientherapie
1995. 489 Seiten, broschiert, ISBN 3-608-89645-7

Leben lernen 104

Diese Arbeit zur psychoanalytischen Familientherapie reflektiert
zum einen den Stand des familientherapeutischen Diskurses und
entwickelt zum anderen ein neues und differenziertes
Therapiekonzept. Anhand zahlreicher Fallbeispiele demonstriert
Michael Buchholz die praktische Anwendung des Konzeptes und
liefert dem familientherapeutischen Praktiker damit Modelle für
therapeutische Interventionen.

pfeiffer
bei Klett-Cotta